LA BOÎTE À OUTILS

DU Responsable Communication

Bernadette Jézéquel

Philippe Gérard

DUNOD

Avec les remerciements des auteurs
pour leur aimable contridution à :

- *AFCI*
- *Cegos*
- *Danone*
- *Eurotandem*
- *SUEZ*
- *Une bulle en plus*
- *Xerox*

Traduction des rubriques *En résumé* : Jon Amos

Conseiller éditorial : Nathalie Van Laethem

Maquette de couverture : Maogani
Maquette intérieure : Nord Compo

ISBN : 978-2-10-050831-0

Avant-propos

Qu'est-ce que la boîte à outils du responsable de communication ?
Tout simplement un guide pratique pour aider les cadres de la communication récemment nommés à prendre la mesure de leurs fonctions et à s'appuyer sur une méthodologie éprouvée. Les professionnels déjà en poste trouveront ici une gamme d'outils destinés à leur rappeler des fondamentaux qu'il est souvent utile de réactiver après quelques années de pratique... D'autant que la panoplie des outils mis à leur disposition a passablement changé et s'est notoirement élargie, en particulier avec l'apparition des nouvelles technologies.

Notre ambition : vous proposer des fiches pratiques que vous pourrez mettre immédiatement en application. L'ouvrage est structuré en neuf dossiers, chacun pourra se reporter directement à l'outil correspondant à sa recherche du moment. Les plus enclins à se faire une idée globale de la profession et de ses missions le liront dans l'ordre logique de ces dossiers qui démarrent de la stratégie pour finir par les relations avec les agences.

Quel est le rôle d'un responsable ou d'un chargé de communication ?
Sa mission consiste, rappelons-le, à analyser avec pertinence les besoins de l'entreprise, les attentes du public pour construire une stratégie cohérente avec la politique de l'entreprise. On attend de lui, ou plutôt d'elle (le métier est très féminin), d'éclairer et de donner du sens aux décisions prises par la direction. Les axes peuvent varier en fonction du positionnement choisi. Très souvent, il s'agit d'accroître la notoriété de l'entreprise, favoriser son développement, renforcer son image de marque à l'extérieur et la promouvoir en interne, fédérer le personnel autour de valeurs communes, rassurer et séduire les publics cibles... Le programme ne manque pas d'ambition ! Et les exigences sont souvent à la hauteur des résultats attendus. Les directions générales veulent pouvoir évaluer la pertinence des actions de communication.

Avant-propos

Il était donc indispensable de commencer par cerner les outils de **pilotage** dont dispose le responsable de communication pour mener à bien sa mission dans l'entreprise. Nous nous sommes ensuite attachés aux composantes qui forgent **l'identité** de la marque, qui assoient sa notoriété et représentent l'entreprise, notamment grâce au logo. Le dossier suivant est consacré aux **supports écrits**, au texte, cette « matière première » que le responsable de communication doit pouvoir exploiter, retravailler et mettre en valeur. Si les supports imprimés gardent un rôle majeur, nul ne saurait plus ignorer celui de la **communication numérique**, de l'Internet, du Web et des réseaux, un dossier est donc consacré à ces nouvelles ressources, si précieuses pour les communicants, dans tous les domaines.

Nous avons fait le choix de porter un éclairage particulier à cinq domaines de communication. Vous trouverez des conseils pratiques et des outils pour renforcer l'efficacité des **relations presse** et des **relations publiques**. Nous avons également consacré un dossier à la communication en **période de crise**.

La communication d'entreprise n'est pas seulement tournée vers l'extérieur, l'image d'une entreprise ou d'une institution se construit aussi de l'intérieur, par l'opinion que se font les salariés de la marque pour laquelle ils travaillent : les salariés sont les premiers ambassadeurs de l'entreprise. La **communication interne** vise justement à fédérer le personnel autour d'une culture et d'enjeux communs.
Le dernier dossier est consacré au travail avec les **prestataires**, point essentiel car, si le service communication se résume parfois à une seule et même personne, sa tâche ne consiste pas à réaliser des événements ou des supports, mais bien à les initier, à en suivre la réalisation et à en vérifier l'impact. Il ne faudrait donc pas réduire le rôle du responsable de communication à celui d'un attaché de presse ou d'un organisateur de cocktail. Bien qu'il faille, évidemment, savoir faire et assurer ces prestations, il sera tout aussi important de faire appel à des spécialistes lorsque nécessaire.

Sommaire

La Boîte à outils, mode d'emploi

Une double page de présentation de la thématique

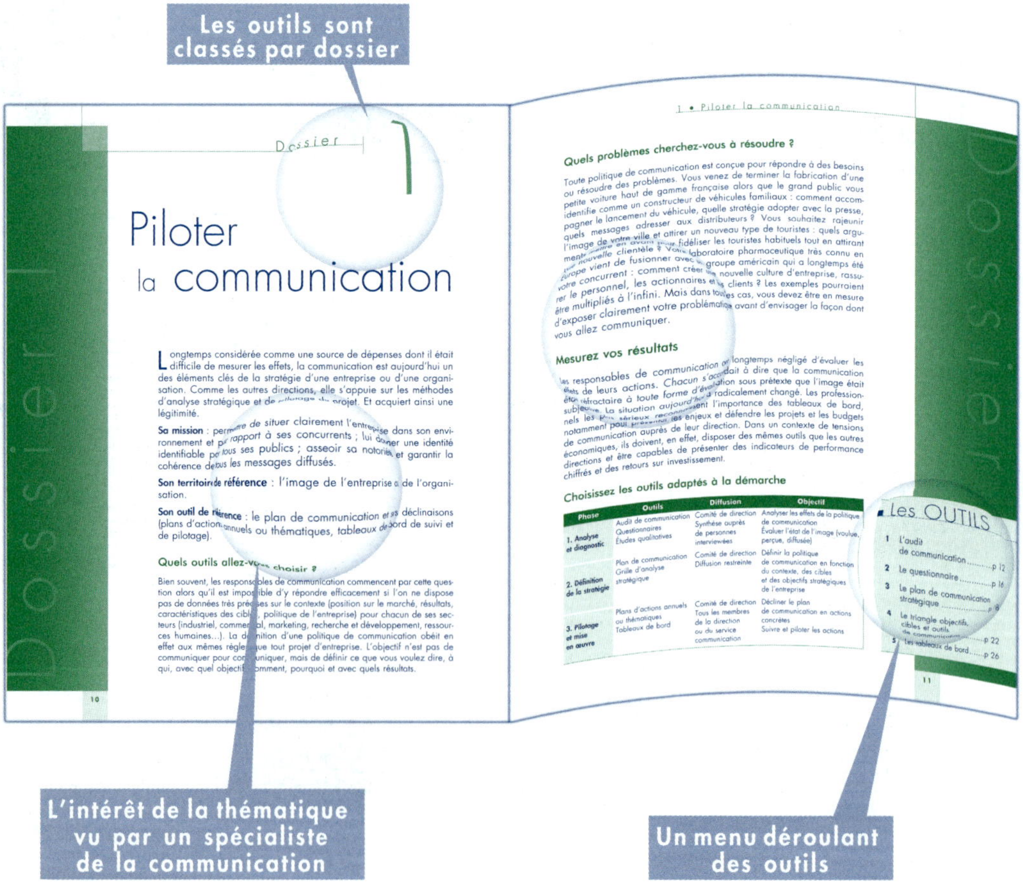

Dossier 1

Piloter la communication

Longtemps considérée comme une source de dépenses dont il était difficile de mesurer les effets, la communication est aujourd'hui un des éléments clés de la stratégie d'une entreprise ou d'une organisation. Comme les autres directions, elle s'appuie sur les méthodes d'analyse stratégique et de pilotage de projet. Et acquiert ainsi une légitimité.

Sa mission : permettre de situer clairement l'entreprise dans son environnement et par rapport à ses concurrents ; lui donner une identité identifiable par tous ses publics ; asseoir sa notoriété et garantir la cohérence de tous les messages diffusés.

Son territoire de référence : l'image de l'entreprise ou de l'organisation.

Son outil de référence : le plan de communication et ses déclinaisons (plans d'actions annuels ou thématiques, tableaux de bord de suivi et de pilotage).

Quels outils allez-vous choisir ?

Bien souvent, les responsables de communication commencent par cette question alors qu'il est impossible d'y répondre efficacement si l'on ne dispose pas de données très précises sur le contexte (position sur le marché, résultats, caractéristiques des cibles, politique de l'entreprise) pour chacun de ses secteurs (industriel, commercial, marketing, recherche et développement, ressources humaines...). La définition d'une politique de communication obéit en effet aux mêmes règles que tout projet d'entreprise. L'objectif n'est pas de communiquer pour communiquer, mais de définir ce que vous voulez dire, à qui, avec quel objectif, comment, pourquoi et avec quels résultats.

10

1 • Piloter la communication

Quels problèmes cherchez-vous à résoudre ?

Toute politique de communication est conçue pour répondre à des besoins ou résoudre des problèmes. Vous venez de terminer la fabrication d'une petite voiture haut de gamme française alors que le grand public vous identifie comme un constructeur de véhicules familiaux : comment accompagner le lancement du véhicule, quelle stratégie adopter avec la presse, quels messages adresser aux distributeurs ? Vous souhaitez rajeunir l'image de votre ville et attirer un nouveau type de touristes : quels arguments mettre en avant pour fidéliser les touristes habituels tout en attirant une nouvelle clientèle ? Votre laboratoire pharmaceutique très connu en Europe vient de fusionner avec un groupe américain qui a longtemps été votre concurrent : comment créer une nouvelle culture d'entreprise, rassurer le personnel, les actionnaires et les clients ? Les exemples pourraient être multipliés à l'infini. Mais dans tous les cas, vous devez être en mesure d'exposer clairement votre problématique avant d'envisager la façon dont vous allez communiquer.

Mesurez vos résultats

Les responsables de communication ont longtemps négligé d'évaluer les effets de leurs actions. Chacun s'accordait à dire que la communication était réfractaire à toute forme d'évaluation sous prétexte que l'image était subjective. La situation aujourd'hui a radicalement changé. Les professionnels les plus sérieux reconnaissent l'importance des tableaux de bord, notamment pour présenter les enjeux et défendre les projets et les budgets de communication auprès de leur direction. Dans un contexte de tensions économiques, ils doivent, en effet, disposer des mêmes outils que les autres directions et être capables de présenter des indicateurs de performance chiffrés et des retours sur investissement.

Choisissez les outils adaptés à la démarche

Phase	Outils	Diffusion	Objectif
1. Analyse et diagnostic	Audit de communication Questionnaires Études qualitatives	Comité de direction Synthèse auprès de personnes interviewées	Analyser les effets de la politique de communication Évaluer l'état de l'image (voulue, perçue, diffusée)
2. Définition de la stratégie	Plan de communication Grille d'analyse stratégique	Comité de direction Diffusion restreinte	Définir la politique de communication en fonction du contexte, des cibles et des objectifs stratégiques de l'entreprise
3. Pilotage et mise en œuvre	Plans d'actions annuels ou thématiques Tableaux de bord	Comité de direction Tous les membres de la direction ou du service communication	Décliner le plan de communication en actions concrètes Suivre et piloter les actions

Les OUTILS

11

Dossier

Chaque outil de communication sur 2 ou 4 pages

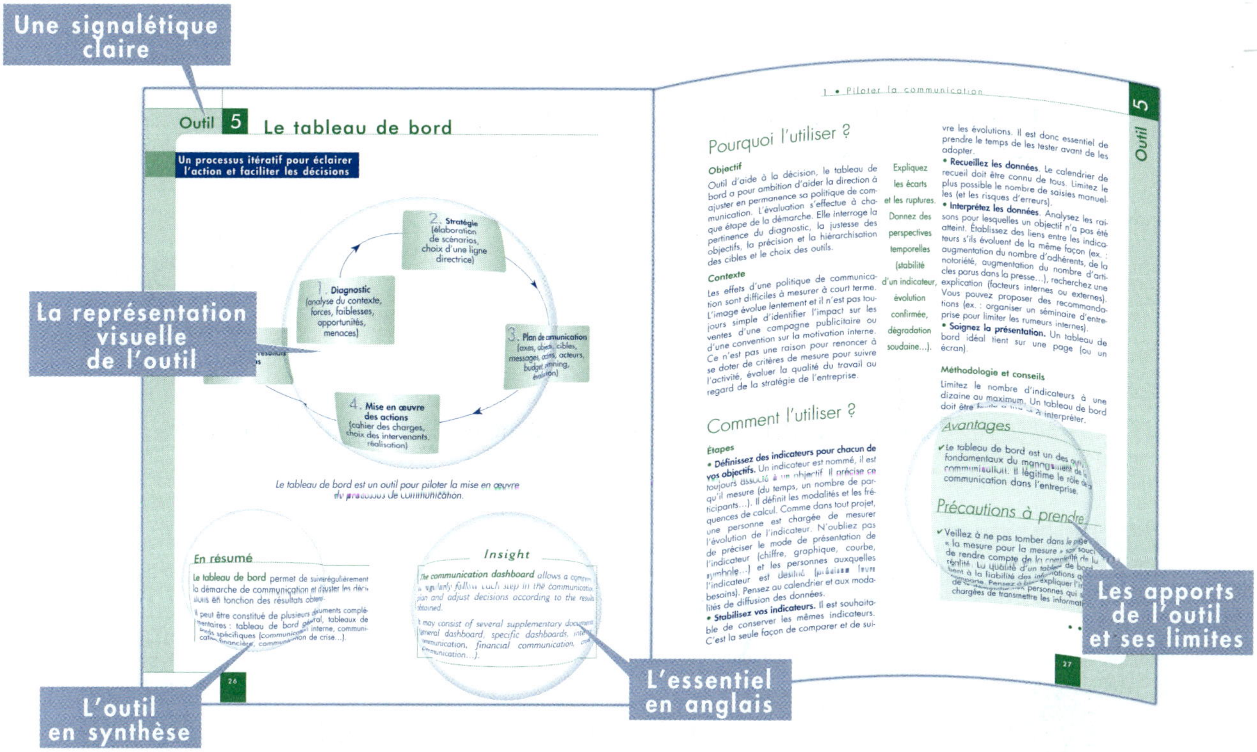

Piloter la communication

Longtemps considérée comme une source de dépenses dont il était difficile de mesurer les effets, la communication est aujourd'hui un des éléments clés de la stratégie d'une entreprise ou d'une organisation. Comme les autres directions, elle s'appuie sur les méthodes d'analyse stratégique et de pilotage de projet. Et acquiert ainsi une légitimité.

Sa mission : permettre de situer clairement l'entreprise dans son environnement et par rapport à ses concurrents ; lui donner une identité identifiable par tous ses publics ; asseoir sa notoriété et garantir la cohérence de tous les messages diffusés.

Son territoire de référence : l'image de l'entreprise ou de l'organisation.

Son outil de référence : le plan de communication et ses déclinaisons (plans d'actions annuels ou thématiques, tableaux de bord de suivi et de pilotage).

Quels outils allez-vous choisir ?

Bien souvent, les responsables de communication commencent par cette question alors qu'il est impossible d'y répondre efficacement si l'on ne dispose pas de données très précises sur le contexte (position sur le marché, résultats, caractéristiques des cibles, politique de l'entreprise) pour chacun de ses secteurs (industriel, commercial, marketing, recherche et développement, ressources humaines…). La définition d'une politique de communication obéit en effet aux mêmes règles que tout projet d'entreprise. L'objectif n'est pas de communiquer pour communiquer, mais de définir ce que vous voulez dire, à qui, avec quel objectif, comment, pourquoi et avec quels résultats.

Quels problèmes cherchez-vous à résoudre ?

Toute politique de communication est conçue pour répondre à des besoins ou résoudre des problèmes. Vous venez de terminer la fabrication d'une petite voiture haut de gamme française alors que le grand public vous identifie comme un constructeur de véhicules familiaux : comment accompagner le lancement du véhicule, quelle stratégie adopter avec la presse, quels messages adresser aux distributeurs ? Vous souhaitez rajeunir l'image de votre ville et attirer un nouveau type de touristes : quels arguments mettre en avant pour fidéliser les touristes habituels tout en attirant une nouvelle clientèle ? Votre laboratoire pharmaceutique très connu en Europe vient de fusionner avec un groupe américain qui a longtemps été votre concurrent : comment créer une nouvelle culture d'entreprise, rassurer le personnel, les actionnaires et les clients ? Les exemples pourraient être multipliés à l'infini. Mais dans tous les cas, vous devez être en mesure d'exposer clairement votre problématique avant d'envisager la façon dont vous allez communiquer.

Mesurez vos résultats

Les responsables de communication ont longtemps négligé d'évaluer les effets de leurs actions. Chacun s'accordait à dire que la communication était réfractaire à toute forme d'évaluation sous prétexte que l'image était subjective. La situation aujourd'hui a radicalement changé. Les professionnels les plus sérieux reconnaissent l'importance des tableaux de bord, notamment pour présenter les enjeux et défendre les projets et les budgets de communication auprès de leur direction. Dans un contexte de tensions économiques, ils doivent, en effet, disposer des mêmes outils que les autres directions et être capables de présenter des indicateurs de performance chiffrés et des retours sur investissement.

Choisissez les outils adaptés à la démarche

Phase	Outils	Diffusion	Objectif
1. Analyse et diagnostic	Audit de communication Questionnaires Études qualitatives	Comité de direction Synthèse auprès de personnes interviewées	Analyser les effets de la politique de communication Évaluer l'état de l'image (voulue, perçue, diffusée)
2. Définition de la stratégie	Plan de communication Grille d'analyse stratégique	Comité de direction Diffusion restreinte	Définir la politique de communication en fonction du contexte, des cibles et des objectifs stratégiques de l'entreprise
3. Pilotage et mise en œuvre	Plans d'actions annuels ou thématiques Tableaux de bord	Comité de direction Tous les membres de la direction ou du service communication	Décliner le plan de communication en actions concrètes Suivre et piloter les actions

Les OUTILS

Outil 1

L'audit de communication

Les cinq objectifs de l'audit

1. Évaluer les effets d'une politique de communication.
2. Mesurer les écarts entre les objectifs voulus et les résultats obtenus.
3. Identifier les dysfonctionnements.
4. Mettre à jour les forces et les faiblesses d'une entreprise dans sa communication.
5. Élaborer une stratégie et ajuster sa communication aux attentes de ses publics.

En résumé

L'audit de communication constitue l'étape préalable à l'élaboration d'une politique de communication. Il étaye la réflexion lorsqu'une entreprise décide de bâtir ou d'actualiser un plan de communication.

Il est également utilisé comme outil d'évaluation régulier pour mesurer l'impact des actions, l'évolution de l'image et de l'opinion.

L'audit de communication peut être conduit en utilisant plusieurs outils : enquêtes quantitatives ou qualitatives, analyse documentaire.

Insight

A ***communication audit*** *is the first step in establishing a communication policy. It backs up thought and direction when a company decides to begin or update a communication plan.*

It is also used as a regular evaluation tool to measure the impact of its communication actions and the evolution of its image and opinion.

The communication audit may be conducted using many different resources : quantitative or qualitative surveys, documentary analysis.

Pourquoi l'utiliser ?

Objectif

À l'issue de l'audit, vous disposez de données factuelles pour mesurer les écarts entre ce que vous souhaitez (image voulue, par exemple « une entreprise jeune à la pointe de la technologie »), la façon dont vous êtes perçus par vos publics cibles (clients, prospects, journalistes, hommes politiques, encadrement, opérateurs...) et la façon dont vous communiquez (supports utilisés, fréquence, coût...). Vous pouvez ainsi identifier la contribution de la communication dans la stratégie de l'entreprise et définir de nouvelles orientations.

L'audit s'attache à mesurer les effets de la communication par rapport aux objectifs fixés et à définir le chemin qu'il reste à parcourir.

Contexte

De plus en plus d'entreprises comprennent aujourd'hui l'intérêt de réaliser régulièrement des études et des enquêtes pour mesurer l'état de leur image en interne et vis-à-vis de l'extérieur. Beaucoup se dotent de baromètres d'image et lancent des enquêtes pour évaluer l'impact de leurs actions de communication.

Comment l'utiliser ?

Étapes

- **Définir un cahier des charges**. Ce document cadré et négocié avec la direction précise les objectifs de l'audit, les grandes phases, les méthodes de travail et le planning pour chacune des phases ainsi que le budget et les modalités de restitution lors de chaque phase.
- **Recueillir les données** (discours, opinions, points de vue, pratiques de communication) auprès des publics cibles (direction, cadres, commerciaux, opérateurs, clients, prospects...). Les méthodes de recueil sont variées : enquêtes qualitatives (entretiens en face-à-face ou entretiens de groupe), méthodes projectives (portrait chinois, photo-collage, photo-langage...), questionnaires.
- **Analyser, proposer des pistes d'amélioration.** Les données recueillies sont mises en perspective avec les résultats de l'audit précédent et avec la politique de communication. Les écarts sont mis en lumière et analysés pour proposer des pistes de progrès.
- **Communiquer sur les résultats**. Cette dernière étape est incontournable. Trop d'entreprises négligent, en effet, de rendre compte des résultats des études qu'elles mènent. En interne, c'est le plus sûr moyen de décourager les personnes interrogées qui ont le sentiment de ne pas être entendues.

Méthodologie et conseils

- Avant de vous lancer dans cette démarche, vous devez avoir défini vos intentions (évaluer le climat interne, mesurer l'impact des actions de communication, identifier la façon dont l'entreprise est perçue par ses clients...).
- Il est préférable de faire appel à un cabinet extérieur pour mener l'étude. Vous éviterez ainsi d'être juge et partie. Les consultants seront plus légitimes que vous, vis-à-vis de la direction et de vos cibles internes et externes. Ce sont des professionnels et ils disposent du temps nécessaire pour analyser et exploiter questionnaires, entretiens individuels et collectifs, documentation.

Avantage

✔ L'audit vous permet de mesurer les effets de votre communication et d'ajuster vos outils et vos messages aux attentes de vos publics.

Précautions à prendre

✔ Un audit de communication peut réserver des surprises « désagréables ». Ne vous lancez pas dans cette aventure si votre direction (et vous-mêmes) n'est pas prête à faire face et à se saisir des résultats de l'étude pour progresser.

• • •

Comment être plus efficace

Impliquez la direction

Les moments de restitution à l'équipe de direction constituent des moments clés. Ils permettent d'affiner progressivement les objectifs et de créer les conditions d'un partage par l'équipe de direction d'une vision de la communication et de son rôle dans celle-ci. N'attendez pas la fin de l'audit pour communiquer. Entourez-vous d'un comité de pilotage qui validera chacune des phases. Cela suppose un programme de travail précis échéancé dans le temps avec des méthodes rigoureuses. L'équipe de direction devra être régulièrement informée et par la suite, à partir des résultats, déterminera les choix stratégiques adaptés et les démarches à engager.

Communiquez régulièrement

Pas d'audit sans dispositif de communication. En premier lieu, pensez à informer les personnes concernées par la conduite du projet : vos collaborateurs et ceux de l'agence de communication ou du cabinet d'études. Expliquez les objectifs et la méthode d'enquête à tous ceux qui seront interviewés (et aux autres en interne, notamment si vous voulez éviter les rumeurs).

Distinguez les différentes formes de recueil de données

Les études qualitatives. Elles visent à comprendre les modalités et les effets de la communication de l'entreprise sur ses cibles internes et externes. Un panel de vingt à quarante personnes (quelquefois soixante) est constitué. Les enquêteurs mènent des entretiens individuels ou collectifs. Ils peuvent compléter ce travail par une observation des comportements.

Les études quantitatives. Elles ont pour objectif de localiser et hiérarchiser les dysfonctionnements du système de communication que ce soit dans ses effets (image, impact d'une campagne) ou dans son fonctionnement (taux de lecture d'un support...). Elles concernent des échantillons statistiquement représentatifs. L'approche se fait principalement par questionnaire envoyé au domicile, par téléphone ou administré en face-à-face.

L'analyse sémio-sémantique. Elle concerne les supports de communication (documentation, outils écrits et visuels, coupures de presse...) Elle peut porter sur un type de méthode ou discours tenu et proposé par l'entreprise (mots-clés, systèmes symboliques, structures syntaxiques, style...).

Soignez la phase de diagnostic

Le diagnostic établit des constats, analyse des écarts et explique l'origine des dysfonctionnements pour élaborer des solutions. Les constats portent sur les résultats de la politique de communication et le fonctionnement du système de communication. Les écarts sont identifiés et mesurés en fonction de critères généraux d'efficacité (indicateurs de lisibilité...) ou de conformité aux objectifs de communication de l'entreprise (écarts d'image, part d'image auprès des marchés financiers, taux de pénétration du magazine interne auprès des agents de maîtrise, taux de citation dans la presse vis-à-vis de la concurrence...). Le diagnostic s'appuie sur une synthèse des dysfonctionnements en matière de communication pour expliquer l'origine des écarts. Il s'accompagne de propositions de scénarios alternatifs.

Exemple d'un **Audit à la portée de tous**

Tous les audits de communication ne sont pas compliqués à mettre en œuvre. Si vous ne disposez pas de budget et ne pouvez pas faire appel à un cabinet extérieur, vous pouvez effectuer par vous-mêmes une enquête très simple à utiliser et très utile pour élaborer votre plan de communication.

– Recensez les outils de communication. Faites une liste des supports et actions de communication : journal interne, notes d'information, flash d'information, documentation technico-commerciale, livre d'histoire de l'entreprise, séminaire de motivation, soirée de fin d'année, journée portes ouvertes, participation à des salons, signalétique, logo, charte graphique, cartes de vœux, affiches, publicité, film ou vidéo, intranet/Internet…

– Créez une grille d'analyse reprenant tous les supports. En face de chacun d'eux, prévoyez plusieurs cases : objectif, cible visée, type de communication (institutionnelle, commerciale, événementielle, financière, interne, relations presse) et modalité dominante (communication ascendante, de la base vers la direction ; communication descendante, de la direction vers la base ; communication latérale, entre collègues), coût, périodicité, utilité. Commencez à remplir vous-mêmes ce tableau. Ce premier travail peut en soi constituer une base de travail précieuse pour un responsable de communication nouveau dans sa fonction.

– Déterminez un échantillon de personnes à interviewer et précisez vos objectifs et la façon dont vous allez conduire votre enquête. En interne, vous pouvez demander rendez-vous à chacun des membres du comité de direction et à un échantillon de cadres. Quelques réunions collectives peuvent être organisées pour recueillir le point de vue des représentants d'une population cible (commerciaux, opérateurs, publics externes).

– Présentez le projet à votre direction.

– Réalisez votre enquête. Faites des statistiques pour montrer les écarts et les différences de point de vue. Par exemple, 10 % des opérateurs connaissent tous les outils de communication, 80 % des cadres jugent utile la journée portes ouvertes… Proposez des pistes d'amélioration.

– Communiquez les résultats de cette enquête à la direction. Proposez de les publier dans le journal interne, sur intranet ou sur un tableau d'affichage situé dans un lieu fréquenté (cafétéria, ascenseur, accueil…). Vous pouvez également organiser une réunion à l'attention du personnel. ■

Support/action	Journée portes ouvertes	Journal interne
Objectif	Rassurer les riverains 80 % de participation à la journée	Fédérer le personnel. 90 % du personnel est en mesure de citer les 3 axes clés du schéma directeur
Cible	300 personnes habitant à proximité du site Le maire et les adjoints Le député Les 3 journalistes (correspondants locaux)	Tout le personnel du site
Périodicité	1 fois par an	Trimestriel
Type de communication	Institutionnelle (événement + relation presse)	Interne
Modalité dominante (ascendante, descendante, latérale)	Descendante et latérale	Descendante
Coût	20 000 €	2 500 € par numéro 1 500 exemplaires (16 pages)
Utilité	+ Taux de participation en 2007 : 65 % ; 2008 : 70 %. 3 articles positifs parus dans la presse régionale en 2007 et 2008	Difficile à évaluer, pas d'outil mis en place pour vérifier si les objectifs ont été atteints

Le questionnaire

Exemple de questionnaire utilisable en communication interne

Activités pouvant être confiées au responsable de communication interne	Font-elles partie de vos missions ?	
	Oui	Non
Être à l'écoute de la circulation informelle d'information, (rumeur, culture d'entreprise…)		
Assurer une fonction d'écoute formelle (diagnostic, état des lieux de la communication, évaluation du niveau d'information des agents…)		
Conseiller l'encadrement et la direction générale		
Apporter un appui opérationnel à la direction des Ressources humaines		
Participer à la gestion de crise		
Élaborer une stratégie de communication interne		
Réaliser des outils et des supports d'information		
Développer et entretenir une culture d'entreprise		
Organiser le débat, la participation des salariés		
Créer et organiser des événements		
Animer un réseau de correspondants		
Assurer une veille sur les pratiques en matière de communication (réseau de communicants, liste de diffusion…)		

En résumé

Le questionnaire est l'un des outils les plus utilisés pour évaluer la communication. Les questions posées sont le plus souvent fermées (un seul choix possible) ou à choix multiple (plusieurs réponses possibles proposées). Le questionnaire peut être administré (les questions sont posées par un enquêteur qui remplit le document) ou rempli directement.

Insight

The questionnaire is one of the most often used tools for evaluating communication impact. The questions may be either closed-end (only one response is possible), or multiple-choice (several possible responses are proposed). The questionnaire may be personally administered (the questions are asked by an interviewer who fills out the document) or it may be completed directly by the interviewee.

Pourquoi l'utiliser ?

Objectif

Le questionnaire est un des outils de l'audit de communication. Il est utilisé pour vérifier ou quantifier des opinions et des points de vue exprimés lors d'entretiens individuels ou de groupe. Si quelques clients estiment que le service est dégradé ou encore si l'enquête montre des écarts importants entre l'image perçue par les anciens salariés et par les nouveaux embauchés, il peut être utile de recourir à un questionnaire. Le questionnaire est également un outil facile à mettre à œuvre pour évaluer une action (journal interne, service, événement, Internet…).

Contexte

Tous les jours, nous recevons des questionnaires et des enquêtes à notre bureau, à notre domicile ou dans notre boîte aux lettres électroniques. Face à cette prolifération de sollicitations, rares sont ceux d'entre nous qui prennent le temps de répondre. Réfléchissez bien à vos objectifs et à l'intérêt de votre enquête pour votre cible avant de vous engager dans cette démarche.

Ne posez pas une question si vous n'êtes pas prêt à entendre les critiques et à en tenir compte.

Comment l'utiliser ?

Étapes

- **Bâtissez votre questionnaire en fonction de la cible que vous visez.** Évitez les questionnaires trop longs. Un recto ou un recto verso sont un maximum.
- **Définissez les modalités de recueil de l'information.** Le questionnaire peut être envoyé par courrier au domicile des personnes sollicitées, adressé par courrier électronique, laissé à disposition (dans le hall de l'entreprise ou d'un magasin, à l'accueil d'un salon ou d'une manifestation), mis en ligne sur votre site Internet ou administré en face-à-face.
- **Exploitez le questionnaire.** Analysez les réponses. Indiquez combien de personnes ont répondu par rapport au nombre d'envoi. Notez le nombre de réponses à chaque question.
- **Communiquez les résultats le plus rapidement possible.** Idéalement, quelques jours après l'enquête.

Méthodologie et conseils

Privilégiez les questions fermées. Les réponses à des questions ouvertes comme « que pensez-vous de la politique de communication » sont difficiles à exploiter. Elles risquent de bloquer votre interlocuteur qui ne saura pas quoi dire ou au contraire de laisser libre court à son imagination. Là, c'est vous qui ne saurez pas que faire des informations recueillies. Les questions fermées sont les plus faciles à exploiter. Elles impliquent une seule réponse (exemple : consultez-vous le panneau d'affichage ? Oui ou non). Il est alors facile d'indiquer combien de personnes ont répondu positivement ou négativement. Les questions à choix multiple (QCM) s'inscrivent dans la même logique (ex. : combien de fois consultez-vous le panneau d'affichage : jamais, une fois par mois, une fois par semaine, une fois par jour, plusieurs fois par jour). ■

Avantages

✔ Un questionnaire bien construit est facile à exploiter. Il permet de réaliser régulièrement des enquêtes et sondages.

Précautions à prendre

✔ Pour être lu et avoir des chances d'être complété et retourné à l'expéditeur, un questionnaire doit attirer l'attention de son lecteur. Il doit lui prouver que le temps passé à répondre n'est pas perdu pour lui, qu'il a des chances d'améliorer son quotidien, que son point de vue sera pris en considération, qu'il peut recevoir un cadeau…

Outil 3

Le plan de communication

Démarche pour élaborer une stratégie de communication

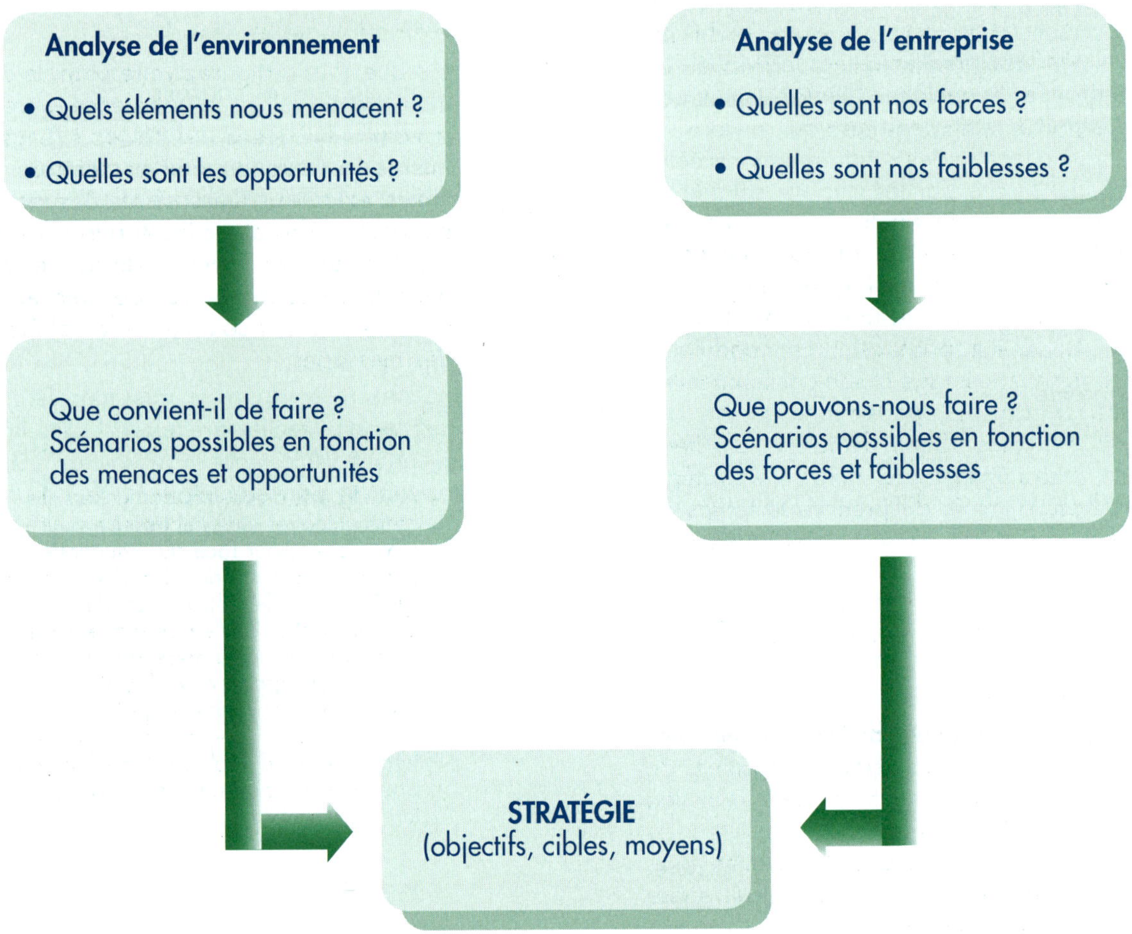

En résumé

Le plan de communication permet de définir et de piloter la stratégie de communication de l'entreprise.

Son élaboration repose sur une analyse des enjeux de la communication au regard de la stratégie de l'entreprise. Une ligne directrice d'action est fixée à partir de scénarios prospectifs. Elle précise les moyens nécessaires pour atteindre le résultat le plus désirable et le mieux à même de résoudre les problèmes de communication mis en évidence par l'audit.

Insight

The communication plan defines and directs the company's communication strategy.

Its development is based on an analysis of the stakes of the communication plan related to the company's strategy. A line of action is established from prospective scenarios. That action then outlines the means for achieving the result, and even better, resolves those communication problems brought to light by the audit.

Pourquoi l'utiliser ?

Objectif

Le plan a pour objectif de clarifier le rôle et la contribution de la fonction communication dès le démarrage des actions et d'éviter bien des obstacles (absence d'objectifs, pas de lien entre les actions et la politique de l'entreprise, cibles imprécises...).

Contexte

La fonction communication a progressivement acquis ses lettres de noblesse en se démarquant du marketing et des ressources humaines et en élaborant une stratégie globale. L'entreprise est ainsi conduite à interroger son image et son positionnement vis-à-vis de ses partenaires et de ses publics cibles. Cette démarche est itérative. Il ne s'agit pas de choisir une stratégie au hasard, mais de prendre le temps de réfléchir à différents scénarios possibles.

Un plan de communication ne s'improvise pas en deux semaines. Laissez-vous le temps d'analyser et de réfléchir en impliquant tout le comité de direction.

Comment l'utiliser ?

Étapes

• **Analysez le contexte de la communication.** Quelles sont les orientations stratégiques de l'entreprise ? Comment la communication contribue-t-elle à les atteindre ? Qui sont les cibles de communication ? Comment se caractérisent-elles ? Comment l'entreprise est-elle perçue par ses clients, ses concurrents, son personnel ? Quelles sont ses forces et ses faiblesses en termes d'image et de communication ? Quels sont ses atouts ? Quelles sont ses contraintes ?

• **Envisagez plusieurs scénarios de communication.** Que convient-il de faire en fonction des menaces et opportunités liées à l'environnement ? Comment jouer sur les forces, les faiblesses et les valeurs de l'entreprise ? Comment communiquer sur la stratégie ? Comment accompagner les projets des différentes directions ?

• **Définissez un plan de communication.** Décrivez ce que vous allez faire : axes stratégiques, objectifs, cibles, messages, outils, budget, acteurs impliqués, pilotage, planning, modalités d'évaluation.

Méthodologie et conseils

Lorsque vous rédigerez votre plan de communication, veillez la cohérence entre les actions simultanées, les discours tenus en interne par rapport aux perceptions des cibles externes. Hiérarchisez les actions en fonction des objectifs. Arbitrez les conflits éventuels en fonction de la meilleure allocation des ressources de communication et en tenant compte de la cohérence des messages.

Avantages

✔ Au-delà des dispositifs particuliers de communication que l'entreprise peut développer pour face aux situations imprévues (cellules de crise, documents de synthèse détaillés...), le plan de communication fait en permanence le point des actions et messages mis en œuvre par rapport aux objectifs poursuivis. Il constitue un point de référence pour éviter les dérapages fréquents lors d'improvisations face à la presse, aux organisations syndicales ou à tout autre public.

Précautions à prendre

✔ La formalisation du plan n'a pas comme objectif de rigidifier l'ensemble du système. C'est une étape obligée si l'on veut maîtriser l'ensemble de la communication, en assurer la cohérence tout en garantissant la souplesse indispensable à tout dispositif de communication. Outil de pilotage, le plan de communication peut être ajusté en fonction de l'évolution des projets au cours de la période considérée.

• • •

Comment être plus efficace

Affinez votre analyse

1. Situez l'entreprise dans son environnement et réfléchissez à la meilleure politique de communication possible.

Opportunités	Menaces	Quelle communication ?
Ouverture du marché à la concurrence → Possibilité de conquérir une nouvelle clientèle en Europe	Ouverture du marché → Risque de perdre une partie de la clientèle en France Risque de voir l'image de l'entreprise dégradée auprès de ses clients les moins riches	Rassurer les clients actuels (campagne publicitaire), valoriser le capital image et sympathie (par exemple en parrainant des actions humanitaires au profit des plus démunis)...

2. Identifiez les forces et faiblesses de l'entreprise, déterminez le mode de communication le plus adapté.

Forces	Faiblesses	Quelle communication ?
Le réseau (couverture nationale) La qualité et la sécurité des infrastructures et du service L'image (capital confiance et sympathie) auprès du grand public Le chiffre d'affaires important, les bénéfices Les compétences des salariés	La taille importante de l'entreprise qui est perçue comme distante par certains de ses clients → pas ou peu de proximité (→ risque de voir fuir les clients attirés par la nouveauté) L'image d'une entreprise arrogante et distante	Fidéliser les clients actuels (communication de proximité, relations publiques) Valoriser le capital image et sympathie par des opérations de parrainage social...

Rédigez un plan de communication cohérent avec vos plans d'actions

Le plan de communication comporte trois parties :

- l'étude du contexte et l'analyse du système de communication (émetteurs, relais, cibles) ;
- la stratégie (les axes et les objectifs visés) ;
- les modalités de l'action.

D'une longueur variable, le plan peut atteindre 50 à 100 pages. La tendance actuelle est plutôt à l'élaboration de documents plus succincts, mais ne descendez pas sous la barre de 10 pages, à moins de vous limiter à un plan d'actions.

Souvent confondu avec le plan de communication, le plan d'action décrit les actions à mener sur une période donnée ou un thème précis. Le plan d'action peut être annuel, thématique (relations presse, parrainage, communication interne) ou lié à une action particulière (déménagement, changement d'identité...). Ce dernier cas est souvent proche de la check-list et éventuellement du rétro planning. Un plan d'action pour une opération de type relations publiques peut être rédigé en deux pages. Un plan annuel sera plus détaillé et demandera une dizaine de pages.

Exemple d'Élaboration d'une stratégie de communication dans une association humanitaire

• Le contexte

Une association humanitaire française a longtemps vécu à l'ombre de son fondateur sans se soucier de structurer sa communication. Constituée d'une quarantaine de communautés accueillant des personnes marginalisées (sans travail et sans logement fixe), l'association tire ses revenus du recyclage et de la vente de vêtements, d'objets et de meubles donnés par des particuliers ou des entreprises qui souhaitent s'en débarrasser. Cette activité est aujourd'hui concurrencée par des associations de réinsertion ou des entreprises de recyclage de tissus. L'association humanitaire a donc souhaité disposer d'outils et de repères pour mieux organiser sa communication.

• La démarche choisie

Un groupe d'une dizaine de responsables de communautés et de bénévoles s'est réuni une fois par mois pendant une année pour définir la stratégie de communication globale et doter chaque communauté d'un livre ou carnet de bord des bonnes pratiques.

1re étape : la stratégie de communication

Définir la problématique et les enjeux de la communication. Méthode brainstorming, analyse des forces et faiblesses structurelles et des menaces et opportunités liées à l'environnement.

2e étape : le plan d'action

La grille ci-dessous a été utilisée pour définir le plan d'action.

Pourquoi	Axes de communication	Ex. : « Développer les relations presse »
	Objectifs 1. 2. 3...	Formulés en termes de résultats attendus mesurables Ex. : « Chaque communauté rédige trois communiqués de presse par an »
Pour qui	Cibles	Caractéristiques de cibles visées : exemple : les clients des communautés (moyenne d'âge, centres d'intérêt, pouvoir d'achat, niveau d'études...)
Quoi	Messages	Doivent se distinguer, être facilement mémorisables et s'appuyer sur la réalité économique et sociale de l'entreprise Ex. : « Ne jetez pas vos vêtements, donnez leur une nouvelle vie »
	Actions, moyens	Toutes les actions de communication envisagées (chacune faisant l'objet d'un cahier des charges détaillé)
Qui	Pilote	Qui est responsable (le chef de projet)
	Acteurs	Qui met en œuvre, réalise en interne et à l'extérieur (imprimeur, traiteur, agence...)
Quand	Planning	Prévisionnel : les dates clés. Prévoir un tableau de suivi (actions réalisées, différées, explication des retards...)
Combien	Budget	Prévisionnel. Prévoir un tableau global pour toutes les actions et un tableau de suivi (budget prévu, réel, explication des écarts)
Avec quel résultat	Indicateurs de mesure	Les changements visibles d'attitude, de comportement, d'opinion Ex. : le taux de participation, les effets sur l'organisation du travail (plus de coopération entre équipes...). Doivent répondre aux objectifs

3e étape : la réalisation d'un guide des bonnes pratiques. ■

Outil 4 Le triangle objectifs, cibles et outils de communication

Trois paramètres clés de la communication

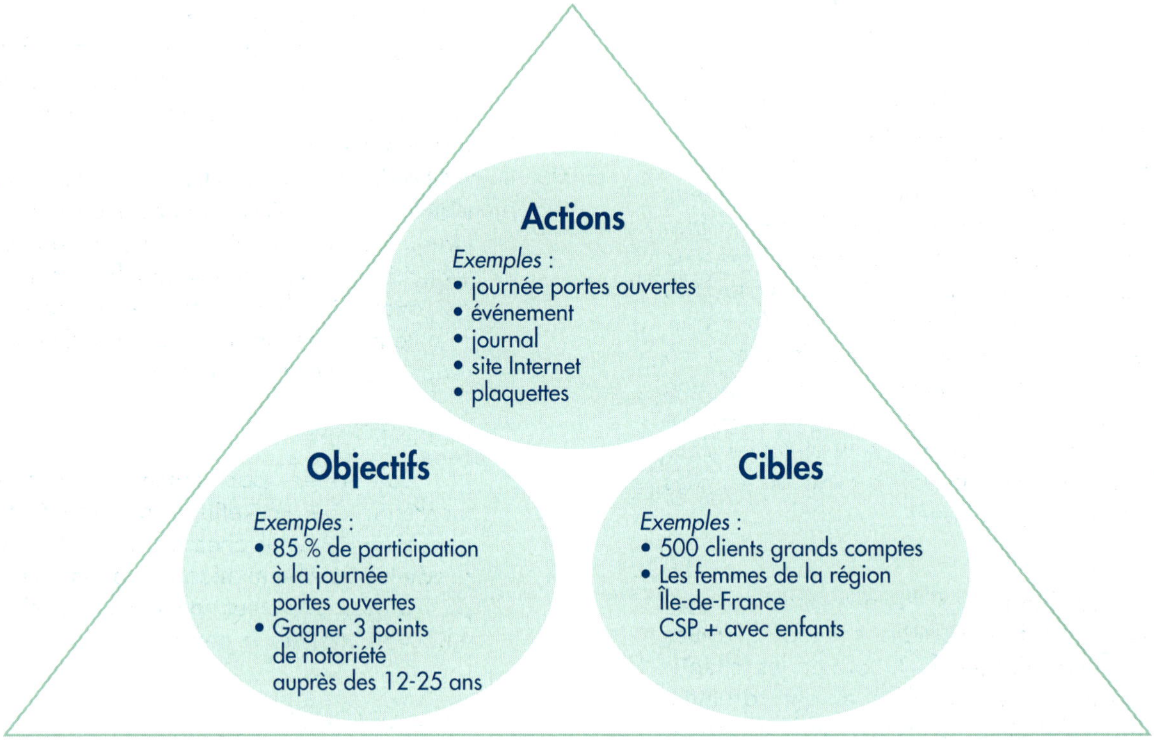

En résumé

Un outil de communication n'a de valeur que pour une cible donnée et un objectif particulier.

Les responsables de communication doivent donc s'attacher à préciser les objectifs visés et à définir le plus finement possible les cibles.

Insight

*A **communication tool** only has value if it is for a given **target** and a particular **objective**.*

Communication managers must give clear, precise objectives and define their targets as clearly as possible.

Pourquoi l'utiliser ?

Objectif

L'objectif précise le résultat que l'entreprise attend d'une action de communication (par exemple « rajeunir l'image de l'entreprise »). La cible définit clairement les caractéristiques des publics visés (par exemple les femmes de 40 à 50 ans citadines et célibataires soit une population de x milliers de personnes, avec un pouvoir d'achat moyen de x euros...). La combinaison des deux permet de définir des objectifs mesurables (par exemple : « être identifié comme une entreprise innovante par 75 % des citadines célibataires de 40 à 50 ans »). Vous pouvez ainsi plus facilement choisir un outil ou une action de communication qui réponde à l'objectif et soit adapté à votre cible. Par exemple : une campagne publicitaire dans les magazines lus par la cible ou les sites Internet les plus visités.

La cohérence entre objectifs, cibles et outils constitue la clé de voûte du plan d'actions.

Contexte

Pendant longtemps, les entreprises se sont bornées à formuler des intentions vagues en guise d'objectifs (informer les clients, fédérer le personnel...) et ont rarement précisé les caractéristiques de leurs cibles. Cette approche est aujourd'hui révolue.

Comment l'utiliser ?

Étapes

• **Rédigez clairement des objectifs MALIN (mesurables, accessibles, limités dans le temps, négociés).** Énoncez vos intentions (valoriser, fédérer, rassurer). Donnez des éléments quantitatifs de mesure (60 % des commerciaux, 80 % des CSP +...). Indiquez un délai (d'ici la fin du premier semestre, dans les deux ans...). Formulez chaque objectif en une phrase courte avec un verbe d'action qui définisse concrètement le résultat à obtenir. Et bien sûr, pensez à négocier vos objectifs avec votre direction.

• **Caractérisez vos cibles.** Vous devez identifier les personnes les plus utiles à toucher pour atteindre le résultat que vous souhaitez. Pour y parvenir, vous devez déterminer leur mode de pensée, leur style de vie, leurs préoccupations, leur culture. Plus, vous serez précis, mieux vous pourrez affiner vos choix et trouver les arguments qui feront mouche.

• **Choisissez vos outils.** Il n'existe pas d'action ou d'outil de communication miracle ou prêt à l'emploi. Vous devez toujours réfléchir à ce que vous voulez faire et pour qui avant de choisir. Vous vous poserez ensuite les questions de budget et de cohérence des actions entre elles.

Méthodologie et conseils

Ne confondez pas communication et marketing. Le marketing s'adresse à des consommateurs. Il cherche à vendre des produits. La communication a une visée plus large. Elle veut influencer, toucher, émouvoir, donner à penser.

Avantages

✔ En visant la cohérence entre objectifs, cibles et actions de communication, vous résolvez la plupart des problèmes liés à l'évaluation. Vous savez où vous allez, qui vous voulez toucher et comment vous allez vous y prendre.

Précautions à prendre

✔ Les trois étapes peuvent se mener de façon itérative. Si cela vous semble plus simple, vous pouvez commencer par choisir un outil. Mais n'oubliez surtout pas de vous demander quel est l'objectif visé pour quelle cible.

• • • ▶

Comment être plus efficace

Distinguez trois niveaux d'objectifs

Cognitifs (informer). Ils visent à modifier l'identité et la notoriété de l'entreprise en apportant des informations aux différentes cibles visées (caractéristiques des produits, cours de la Bourse, actualité sociale...). Exemples : communication externe, « accroître la notoriété de trois points après la campagne publicitaire » ; communication interne, « informer des modalités du projet de service en septembre 2008 ».

Affectifs (émouvoir, toucher). Ils cherchent à modifier le point de vue ou l'opinion d'une cible vis-à-vis de l'entreprise (améliorer l'image, accroître la proximité avec la marque). Exemples : communication externe, « devenir la marque préférée des 18-25 ans » ; communication interne, « fédérer les cadres autour du projet de service ».

Comportementaux (faire agir). Il s'agit d'amener la cible à changer son comportement et ses habitudes. Exemple : communication externe, « 80 % des élèves ingénieurs participent au salon de l'Étudiant » ; communication interne, « 60 % des salariés participent à l'opération "vis mon job" ».

Établissez une typologie de vos cibles

Cibles possibles à détailler et préciser en fonction de votre environnement.

Communication commerciale	Clients, prospects, prescripteurs, journalistes spécialisés...
Relations publiques	Clients, associations, prescripteurs et relais d'opinion, politiques, élèves (d'écoles dans lesquelles vous recrutez), journalistes, personnel, syndicats...
Relations presse	Presse quotidienne nationale, presse quotidienne régionale, magazines spécialisés, TV, radio...
Communication interne	Le personnel (à détailler par entreprise, établissement, fonction, service, catégorie hiérarchique...)
Communication publique	La population, les administrés, les élus, les leaders d'opinion, les journalistes, les entreprises locales, les agents des collectivités...

Quantifiez et qualifiez

Déterminez précisément le nombre de personnes visées en utilisant les critères socio-démographiques : âge, sexe, catégorie socioprofessionnelle (CSP). Exemple : 4 500 riverains, âge moyen : 38 ans, CSP : classe moyenne. Précisez les caractéristiques de chacune de vos cibles en indiquant ce qu'elle aime, pense, fait, ses préoccupations, ses habitudes d'achat, ses pratiques culturelles... L'audit de communication et les études réalisées par le marketing et les ressources humaines peuvent vous aider. Vous pouvez également vous appuyer sur les études, essais et articles consacrés à ce thème (styles de vie, études de motivation, courants socioculturels...).

Hiérarchisez

Tous les objectifs de communication ne sont pas équivalents. Vous devez également déterminer comment passer d'un objectif cognitif à un objectif affectif ou comportemental. De même, vous pouvez avoir à définir un cœur de cible (la catégorie de personnes à toucher prioritairement et à laquelle vous consacrerez plus de budget) et des cibles secondaires pour lesquelles vous concevrez des actions destinées à renforcer votre démarche.

Cas d'une **Entreprise engagée dans une politique de développement durable**

• Contexte

Une entreprise de la grande distribution s'est engagée depuis quelques mois dans une politique de développement durable et de respect de l'environnement. Elle souhaite associer ses salariés à cette démarche en renforçant la proximité avec ses clients.

• Problématique

Ce cas combine les problématiques de communication interne (impliquer les salariés dans la mise en œuvre de la stratégie de l'entreprise) et celles de la communication externe (se différencier de la concurrence, développer une image d'entreprise responsable…). Le responsable de la communication interne doit travailler avec le responsable de la communication externe pour garantir la cohérence des actions.

• Axe de communication

« Mobiliser les salariés ; en faire les ambassadeurs de la stratégie de l'entreprise ».

• Objectifs de communication

– 100 % des salariés sont capables de citer les 3 valeurs clés de l'entreprise (transparence, souci de l'environnement, qualité) d'ici la fin de l'année ;

– 80 % des salariés ont participé aux journées de l'environnement organisées par l'entreprise dans chacun des magasins ;

– 100 % des managers relaient les messages de la communication (une réunion d'information par magasin, une réunion de bilan au bout de trois mois) ;

– 80 % des clients sont capables de citer un élément du message de la campagne publicitaire ;

– 50 % des journalistes sollicités ont repris le communiqué de presse ou rédigé un article positif.

• Cibles concernées

– le personnel en contact avec la clientèle : 3 000 caissières, 4 000 vendeurs ; 20 % d'hommes, 80 % de femmes ; 42 ans d'âge moyen ; centres d'intérêt des femmes (les enfants) et des hommes (le foot) ;

– les managers : 200, 80 % d'hommes, 32 ans d'âge moyen, centres d'intérêt (hommes : loisirs et foot, femmes : mode, voyages) ;

– les clients des magasins : cœur de cible : femmes de moins de 50 ans (500 000 personnes), citadines (pour l'essentiel dans des villes de plus de 100 000 habitants), moyenne d'âge 38 ans, mères de deux enfants à 70 %, centres d'intérêt (les enfants, les loisirs, les voyages…).

• Actions

– réaliser une charte « environnement et développement durable ». En envoyer un exemplaire à chaque salarié avec un mot du PDG. Créer des affiches et les exposer dans chaque magasin. Faire une campagne publicitaire sur ce thème (affichage, presse) ;

– mener une campagne de relations presse (envoi de communiqués de presse) ;

– accompagner la création d'un label « environnement et développement durable » par des actions de communication interne (exemple : organisation d'une journée « environnement et développement durable » avec invitation des enfants…) ;

– organiser un jeu concours interne sur l'environnement et le développement pour les enfants du personnel. Offrir au gagnant un voyage dans un pays de production de produits équitables (exemple café) ;

– communiquer sur l'opération dans le journal interne (papier et intranet) ;

– réaliser un kit de communication à l'attention des managers ;

– etc. ■

Outil 5 Le tableau de bord

Un processus itératif pour éclairer l'action et faciliter les décisions

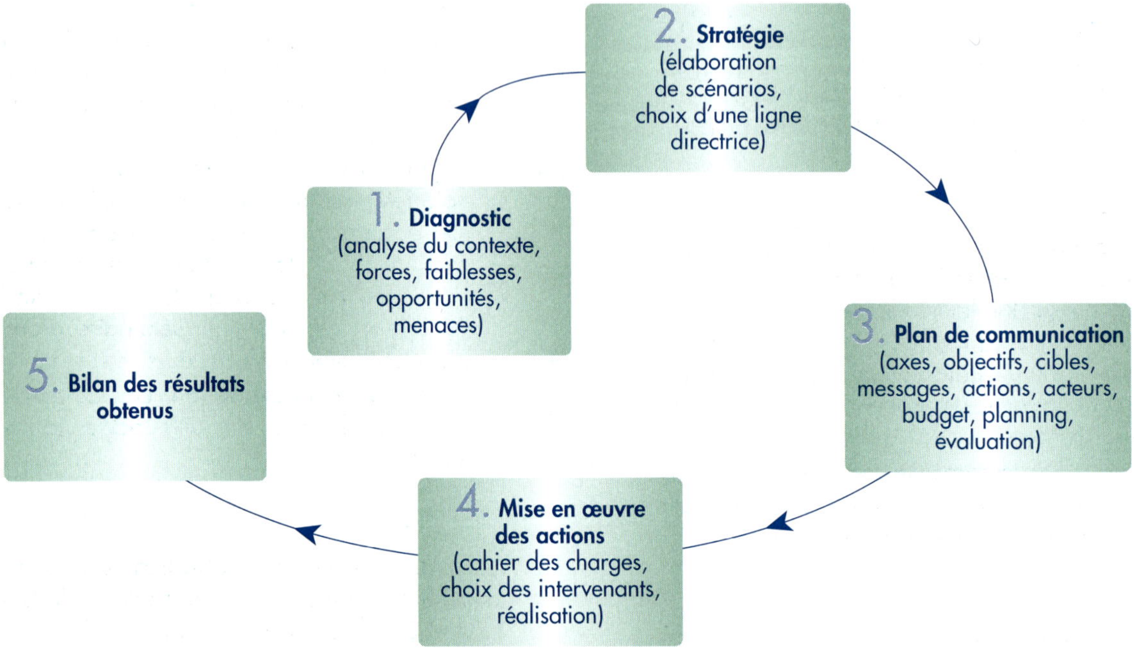

Le tableau de bord est un outil pour piloter la mise en œuvre du processus de communication.

En résumé

Le tableau de bord permet de suivre régulièrement la démarche de communication et d'ajuster les décisions en fonction des résultats obtenus.

Il peut être constitué de plusieurs documents complémentaires : tableau de bord général, tableaux de bords spécifiques (communication interne, communication financière, communication de crise...).

Insight

***The communication dashboard** allows a company to regularly follow each step in the communication plan and adjust decisions according to the results obtained.*

It may consist of several supplementary documents (general dashboard, specific dashboards, internal communication, financial communication, crisis communication...).

Pourquoi l'utiliser ?

Objectif

Outil d'aide à la décision, le tableau de bord a pour ambition d'aider la direction à ajuster en permanence sa politique de communication. L'évaluation s'effectue à chaque étape de la démarche. Elle interroge la pertinence du diagnostic, la justesse des objectifs, la précision et la hiérarchisation des cibles et le choix des outils.

Contexte

Les effets d'une politique de communication sont difficiles à mesurer à court terme. L'image évolue lentement et il n'est pas toujours simple d'identifier l'impact sur les ventes d'une campagne publicitaire ou d'une convention sur la motivation interne. Ce n'est pas une raison pour renoncer à se doter de critères de mesure pour suivre l'activité, évaluer la qualité du travail au regard de la stratégie de l'entreprise.

Expliquez les écarts et les ruptures. Donnez des perspectives temporelles (stabilité d'un indicateur, évolution confirmée, dégradation soudaine...).

Comment l'utiliser ?

Étapes

• **Définissez des indicateurs pour chacun de vos objectifs.** Un indicateur est nommé, il est toujours associé à un objectif. Il précise ce qu'il mesure (du temps, un nombre de participants...). Il définit les modalités et les fréquences de calcul. Comme dans tout projet, une personne est chargée de mesurer l'évolution de l'indicateur. N'oubliez pas de préciser le mode de présentation de l'indicateur (chiffre, graphique, courbe, symbole...) et les personnes auxquelles l'indicateur est destiné (précisez leurs besoins). Pensez au calendrier et aux modalités de diffusion des données.

• **Stabilisez vos indicateurs.** Il est souhaitable de conserver les mêmes indicateurs. C'est la seule façon de comparer et de suivre les évolutions. Il est donc essentiel de prendre le temps de les tester avant de les adopter.

• **Recueillez les données**. Le calendrier de recueil doit être connu de tous. Limitez le plus possible le nombre de saisies manuelles (et les risques d'erreurs).

• **Interprétez les données**. Analysez les raisons pour lesquelles un objectif n'a pas été atteint. Établissez des liens entre les indicateurs s'ils évoluent de la même façon (ex. : augmentation du nombre d'adhérents, de la notoriété, augmentation du nombre d'articles parus dans la presse...), recherchez une explication (facteurs internes ou externes). Vous pouvez proposer des recommandations (ex. : organiser un séminaire d'entreprise pour limiter les rumeurs internes).

• **Soignez la présentation.** Un tableau de bord idéal tient sur une page (ou un écran).

Méthodologie et conseils

Limitez le nombre d'indicateurs à une dizaine au maximum. Un tableau de bord doit être facile à lire et à interpréter.

Avantages

✔ Le tableau de bord est un des outils fondamentaux du management de la communication. Il légitime le rôle de la communication dans l'entreprise.

Précautions à prendre

✔ Veillez à ne pas tomber dans le piège de « la mesure pour la mesure » sans souci de rendre compte de la complexité de la réalité. La qualité d'un tableau de bord tient à la fiabilité des informations qu'il comporte. Pensez à bien expliquer l'intérêt de la démarche aux personnes qui sont chargées de transmettre les informations.

• • • ▶

Comment être plus efficace

Le tableau de bord doit respecter trois principales clés :

1. Couvrir toutes les facettes de la communication. Le tableau de bord suit la communication dans sa globalité : image institutionnelle, marques, produits et services. Des indicateurs doivent mesurer l'impact de chaque activité : relations presse, communication financière, événementiel, mécénat, édition, communication interne, communication de crise…

2. Mesurer les évolutions. Un tableau de bord doit être dynamique et permettre d'identifier les évolutions et le chemin parcouru. Quels sont les objectifs initiaux ? Comment ont-ils évolué depuis le mois dernier ? Quel effort doit-il encore être fourni ? En combien de temps ? Quelle mesure doit-on prendre pour atteindre nos objectifs ?

3. Être un outil d'aide à la décision. Un bon tableau de bord doit être simple. D'un simple coup d'œil, le responsable de communication doit pouvoir identifier les retards et les dysfonctionnements.

Exemple de tableau de bord synoptique

Suivi budgétaire

Actions de communication	Budget prévu	Budget réel
Publicité Relations presse Événementiel Édition Communication financière Communication de crise Communication interne		

Évolution des indicateurs clés

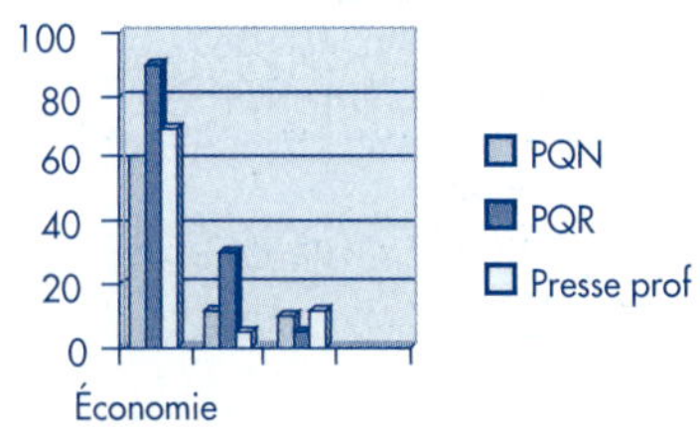

Retombées presse

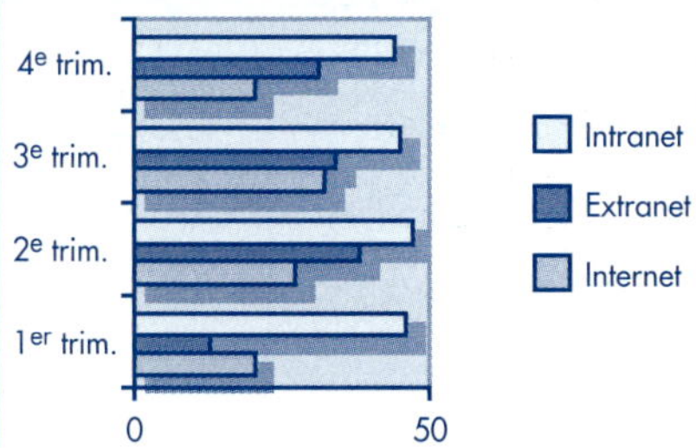

Fréquentation Web

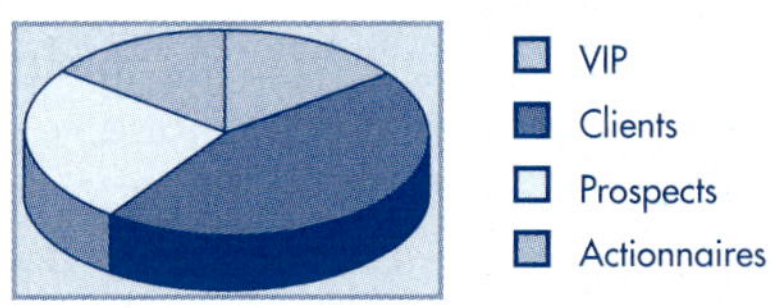

Image : estimation du service rendu.

Évaluation des actions du mois

Salon de l'auto	Campagne publicitaire TV	Étude de lectorat (journal interne)
56 % de nouveaux contacts sur le stand 89 % des VIP présents lors de la soirée de clôture	56 % de nouveaux contacts sur le stand 89 % des VIP présents lors de la soirée de clôture	85 % de participation Rubriques les plus lues : mobilité (89 %), portraits (78 %). Rubriques les moins lues : les nouvelles technologies (21 %).

Exemple de **Tableau de bord pour l'organisation d'expositions**

Les entreprises sont de plus en plus nombreuses à organiser des expositions itinérantes à travers la France (train du rugby, à l'occasion de la coupe du monde de rugby, train de l'Internet, train du Génome, bus événementiels pour accompagner une campagne publicitaire ou sensibiliser l'opinion...). L'opération s'accompagne quasi systématiquement d'une campagne de relations presse, de l'édition d'une brochure et d'un relais d'information sur Internet.

L'élaboration d'un tableau de bord est indispensable pour évaluer les retombées de l'action, non seulement sur le plan financier (en cas d'appel à des dons), mais également en termes d'image.

Ce tableau de bord est utilisé tout au long de la manifestation. Les résultats sont analysés ville par ville, puis consolidés à la fin de l'opération. ■

	Nombre	Typologie	Outil de mesure
Visiteurs	Ex. : 800 000	30 % lycéens et étudiants 25 % parents de malades 20 % sympathisants (associations caritatives) 20 % entreprises	Bornes de pointage de badges Accueil par des hôtesses
Donateurs	Ex. : 150 000	60 % entreprises (dons supérieurs à 1 000 €)	Nbre de chèques et de virement Nbre d'intention de dons sur Internet Taux de concrétisation
Retombées presse	Nbre articles Nbre de reportages	% TV, radio, PQN, PQR % articles positifs % articles avec citations de la direction...	Pige presse
Site Internet	Nbre de connexions	Nb de visites Nb de pages vues Type de visiteurs	Outil de comptage Baromètre d'analyse de l'audience, à partir d'un panel
Opinion	Nbre de personnes interviewées	Thèmes abordés Évolution des points de vue et des questions	Interviews à la sortie des conférences Envoi pour consolidation à un institut de sondage Livre d'or à la sortie de chaque conférence

Communiquer par l'image

Pour une entreprise, communiquer c'est d'abord instaurer la confiance vis-à-vis de ses publics et, pour cela, projeter une image positive grâce à un ensemble de signes et de comportements. Le but de la communication institutionnelle consiste à forger cette image et l'identité qui en découle, pour rendre l'entreprise unique et se distinguer des concurrents.

Qu'est-ce que l'image de l'entreprise ?

L'image de l'entreprise n'existe pas en tant que telle, il convient plutôt de parler *des* images de l'entreprise. On en distingue trois :

- L'image **voulue** ou idéale est la manière dont l'entreprise aimerait être perçue, celle qu'elle souhaite diffuser.
- L'image **transmise** est la traduction, sur les supports de communication, de l'image voulue.
- L'image **perçue** ou subjective est celle que reflète l'opinion, celle que se font les publics cibles de l'entreprise.

Toute la difficulté réside dans la **cohérence** de ces trois images ; l'exercice principal de la communication institutionnelle consiste à les rapprocher les unes des autres et à **réduire les décalages** entre réalité et perception. Ces trois images forment l'image **réelle** ou objective de l'entreprise.

Image voulue
Objectifs de communication
+
Image transmise
Supports de communication
+
Image perçue
Opinion des publics cibles
=
Image réelle
Identité de l'entreprise

Quels sont les éléments qui façonnent l'image ?

L'activité même de l'entreprise, la nature de ses **produits** ou services, déterminent son image. Produire des montres de luxe, des friandises chocolatées ou des lance-roquettes n'aura évidemment pas les mêmes conséquences sur l'édification de l'image auprès du public. Éléments constitutifs de l'image :

- **L'histoire** de l'entreprise ou celle de ses fondateurs.
- Son lieu d'implantation ou d'origine.
- La réussite ou l'échec d'un produit phare.
- La **personnalité** et la médiatisation du dirigeant.
- Autres paramètres influents : les véhicules de société, l'uniforme des salariés, la couleur des murs, l'épaisseur de la moquette, ou simplement un sourire à l'accueil…
- Les **campagnes de communication**, les événements, le parrainage et le sponsoring.
- **L'expérience** des différents acteurs et de leur relation à l'entreprise : celle des clients, fournisseurs, institutions et employés.
- Le **comportement** de l'entreprise, sa stratégie, ses actions commerciales.

Pourquoi et comment mener une politique d'image ?

Une image forte permet de légitimer l'entreprise dans son domaine d'activité, de la distinguer face à ses concurrents, d'améliorer ses résultats économiques et ses **performances** financières.
Pour créer une image cohérente et convaincante, l'entreprise doit d'abord savoir exactement ce qu'elle est, ce qu'elle peut faire et où elle va. L'image d'une entreprise doit être développée et définie sur la base de ses **objectifs stratégiques**, ses forces, comme sur les attentes de ses clients et partenaires.

Quelles sont les clés de succès ?

L'image doit être juste, **crédible** et respecter la réalité. L'entreprise doit se faire connaître pour ce qu'elle est.
L'image doit être positive et **valorisante** pour l'entreprise. En particulier dans les secteurs à faible valeur ajoutée de communication (activités mal aimées, méconnues ou peu considérées).
L'image doit être **originale**, avoir de la personnalité, pour marquer sa différence vis-à-vis des concurrents.
L'image doit être **durable** et pérenne, elle se construit dans l'instant pour perdurer dans l'avenir.

Comment se matérialise l'image de l'entreprise ?

L'image reflète **l'identité** de l'entreprise. Elle peut, dans une certaine mesure, être comparée aux signes distinctifs qui identifient un être humain : un visage, un nom, une signature. En terme de communication, le **logo** donne un « visage » à l'entreprise, le **nom** une « identité », et la **signature** une « personnalité ».

Dossier 2

Les OUTILS

Outil 6

Le nom de marque

Du sigle au néologisme

		Registre de communication	Fondements	Exemples
Réel				
Ø	1	Authenticité Réalisme sécurité	Statut Acronyme	IBM (International business machines) EDF (Électricité de France)
Ø	2	Légitimité Leadership Expertise	Produit Composition Activité	Coca-cola Camping-gaz Terres d'aventure
Ø	3	Valeurs Philosophie Modèle	Personnage fondateur ou origine géographique	Peugeot Panzani Yamaha Evian Laguiole Murano
Ø	4	Mythe Symbole Évocation	Représentation	Une forme (Apple) Une couleur (Orange), Un personnage légendaire (Hermès) ou historique (Vinci)
Ø	5	Créativité Invention Innovation	Inspiration Néologisme Sonorité	Nivea Fortis Vivendi Altedia
Imaginaire				

En résumé

Le nom de marque est celui sous lequel l'entreprise développe son activité ou par laquelle son activité, ses produits ou services sont identifiés.

Le nom de marque doit faire une première impression positive sur le consommateur.

Un nom de marque doit être court. Les experts recommandent de se limiter à onze lettres et quatre syllabes au maximum.

Insight

***The trade name** is the name under which a company or develops its business, or by which its business, product/service is identified.*

A trade name should make a positive first impression on a consumer.

A trade name needs to be short. Experts recommend that a business name be limited eleven letters (or less) and have no more than four syllables.

Pourquoi l'utiliser ?

Objectif

Le nom sert à identifier l'entreprise et à la faire **reconnaître** de son public. Il reflète la culture et le « tempérament » de l'entreprise : Nike (surnom de la déesse Athéna) choisit le symbole de la victoire ; les Banques Populaires définissent leur positionnement ; Jaguar incarne les qualités du félin... Le nom s'inscrit dans l'imaginaire du public. Toutefois, de nombreuses marques connues portent des noms, sans signification ni connotations préalables, qui se sont chargés de sens, au fil des ans, grâce à des produits couronnés de succès ou une communication efficace.

Contexte

Un nom de marque réunit des qualités de « **sens** » et de « **son** » (l'euphonie ou harmonie sonore). Le sens repose sur les valeurs, l'origine, l'activité, le savoir-faire... La consonance du nom peut troubler ou renforcer la perception de l'entreprise. Restez vigilant à la signification d'un nom dans une langue étrangère. Les sociétés doivent parfois modifier le nom de leur entreprise, en raison d'une connotation inadaptée dans une langue donnée : Alcatel signifie « assassin » en arabe et Cegos, « aveugle » en portugais (et devient Cegoc au Portugal).

Le nom de la marque doit être facilement prononçable et mémorisable.

Comment l'utiliser ?

Étapes

- **Définissez votre univers de marque** (positionnement, produit, secteur d'activité, archétypes...).
- **Faites un brainstorming** (notez toute idée sans censure : concepts, images fortes, sons, jeux de mots...)
- **Choisissez le nom** en vérifiant sa conformité avec l'univers de marque.
- **Évaluez** son impact auprès d'un échantillon de clients et prospects.
- **Adoptez ou modifiez le nom** en fonction des réactions. Recommencer le processus créatif en cas de rejet par l'échantillon test.

Méthodologie et conseils

Inspirez-vous du « réel », l'activité de l'entreprise, ou bien allez chercher du côté du symbole et de la création. Dans ce cas, basez-vous sur un ou deux **concepts** dominants, qui définissent l'entreprise (proximité, innovation, international...). Procédez ensuite par **analogie**, en listant des mots apparentés à ces idées de départ.

Autre technique, celle du « **portrait chinois** », tout à fait adaptée à « l'invention » d'un nom de marque : si la marque était une couleur, une saison, un animal, une qualité, un végétal, une chanson, etc.

Les sonorités ne sont pas neutres, les dominantes en « v » évoquent la vie et le mouvement, celles en « ke », « pe », « te » sont plus dynamiques. Certaines lettres sont plus féminines que d'autres : « a, y, f, l, m ». ■

Avantages

✔ Un nom original permet de matérialiser la notion de marque, de positionner l'entreprise et de la distinguer de ses concurrents. En outre, le nom est souvent le premier élément de contact avec le public (sur une affiche, un annuaire, un moteur de recherche...).

Précautions à prendre

✔ Trouvez le juste équilibre entre recherche d'originalité et authenticité. Un nom ne doit pas être trompeur (et rester, bien sûr, dans le cadre de la légalité).

✔ Vérifier la disponibilité du nom de marque et le protéger auprès de l'Institut national de la propriété industrielle (INPI).

Outil 7 La signature d'entreprise

La signature définit la marque

Caractériser l'entreprise

MAIF

Assureur militant

Exposer un bénéfice client

Sanex

Garde la peau saine

Utiliser la sonorité des mots

Décathlon

À fond la forme

Jouer sur un double sens

Direct assurance

efficacité sur toute la ligne

Exprimer une injonction

Speedy

N'attendez pas que votre voiture vous le demande

En résumé

La signature est une phrase clé ou un groupe de mots choisis pour définir une entreprise.

Elle incarne la stratégie de marque et exprime, en quelques mots, les valeurs et les buts de la marque.

Elle s'avère particulièrement efficace pour communiquer sur un changement fondamental de stratégie.

Insight

*A **tagline** is a key catch phrase or small group of words chosen to define a company.*

Taglines represent the essence of brand strategy. A tagline communicates the values and goals of a brand in a few words.

A tagline is particularly effective to communicate a major shift in strategy.

Pourquoi l'utiliser ?

Objectif

La signature (également appelée *slogan, phrase vocation, base-line, tagline* ou encore *claim*) renforce la valeur de la marque. Elle permet de préciser le « **caractère** » de l'entreprise, la nature de son activité ou la qualité de ses prestations. Elle soutient la marque par une définition intelligente, drôle, subtile ou originale qui laissera un **souvenir** significatif dans l'esprit du consommateur. La signature évoque souvent un engagement de l'entreprise vis-à-vis de ses clients. Ou bien revendique une **identité**, affiche une déclaration d'intention, une profession de foi, pour ne pas dire un « cri de guerre » (du gaélique *sluagh-ghair*, sens étymologique du mot « slogan »).

Contexte

La signature est-elle indispensable ? Si beaucoup de marques s'en passent, les plus célèbres en jouent : les slogans « parce que je le vaux bien » ou « just do it » ont acquis une telle **notoriété** que les citer suffit à évoquer les marques auxquelles elles font référence. Une signature souligne efficacement le **positionnement marketing** de l'entreprise. Elle est porteuse de sens, indique une vision du marché, ou prône la « mission » de l'entreprise (exemple : « Dexia, la banque du développement durable »).

La signature est le « sous-titre » de la marque, elle précise sa vocation, sa qualité, ou mieux, elle formule un bénéfice client.

Comment l'utiliser ?

Étapes

- **Listez les avantages** de vos produits ou services, ou les **valeurs** qui caractérisent l'entreprise, ou encore les termes liés à son **activité**.
- **Sélectionnez** ensuite ceux qui vous paraissent les plus pertinent.
- **Imaginez la signature** à partir de ces éléments clés par un travail de brainstorming.

Il n'existe pas de recette miracle. Toutefois, l'utilisation ou le détournement habile d'un proverbe, d'un dicton, ou d'un adage peut concourir à l'**invention** d'une signature originale.

Méthodologie et conseils

Avant de « phosphorer » sur la rédaction d'une signature, recensez et observez celles des autres… Cela vous aidera à choisir le registre de communication sur lequel vous souhaitez vous positionner.

Pour trouver une signature, il est vital, comme souvent, de ne pas mener cet exercice en vase clos mais, au contraire, de recueillir de multiples avis (un groupe de salariés, un groupe de clients, etc.).

Enfin, vérifiez que les futures actions de communication soient bien cohérentes avec les « valeurs » et « l'imaginaire » véhiculés par la signature. ■

Avantages

- ✔ La signature atteste le positionnement marketing de l'entreprise.
- ✔ Elle favorise la mémorisation et la reconnaissance de la marque (certaines signatures restent longtemps dans les mémoires).
- ✔ Elle rapproche l'entreprise de son public et permet de créer une complicité avec la marque.

Précautions à prendre

- ✔ Renoncer aux signatures incantatoires : s'affirmer « leader du marché » peut vite discréditer la marque (à moins que ce ne soit vraiment le cas…)
- ✔ Les signatures vieillissent ; pensez à en changer en fonction des réorientations stratégiques de l'entreprise.
- ✔ Les signatures, comme les marques, peuvent être déposées à l'INPI. Pensez à vérifier.

Outil 8 Le logo

La forme du logo dessine l'entreprise

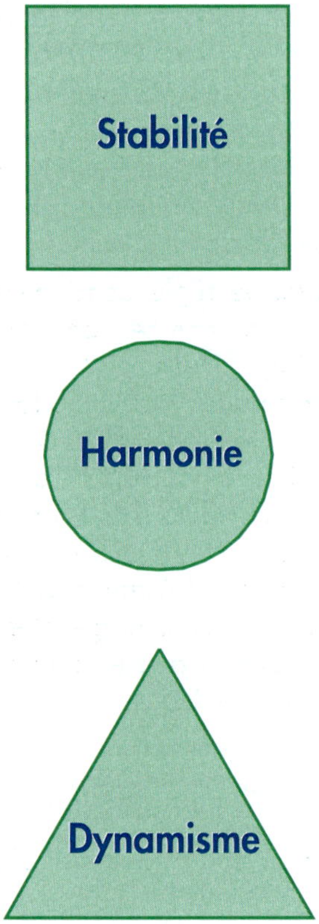

Les logos sont avant tout des dessins, et donc des formes inspirées des trois figures fondamentales qui portent chacune une signification différente :

- Le carré : stabilité, force.
- Le cercle : harmonie, communication.
- Le triangle : dynamisme, action.

En optant pour l'une ou pour l'autre, ou pour leur déclinaison (rectangle, ovale...), voire leur combinaison, on obtiendra une figure appropriée au sens que l'on souhaite donner à la marque.

En résumé

Un logo est un élément graphique, un symbole ou une icône conçu pour représenter une entreprise ou une marque de manière appropriée et être immédiatement reconnu par le public.

Le meilleur moyen de protéger un logo consiste à l'enregistrer comme marque déposée.

Insight

A logo is a graphic element, symbol, or icon. It is designed to appropriately represent a company or a brand and to be immediately recognized by the public.

The most effective means for protecting a logo is through a process called trademark registration.

Pourquoi l'utiliser ?

Objectif

Le logo est l'abréviation du mot « logotype » qui associe le « sens » (*logos*, en grec) et le « type » (pour *typeface*, la police de caractère). Par extension, le logo est souvent assimilé au **visuel** qui représente la marque, au-delà du nom et de la signature. Il rend la marque **familière**, rappelle des souvenirs et met le consommateur en confiance (ou non...). Le graphisme matérialise l'image de marque. Les logos les plus simples se résument parfois à une typographie particulière, sans dessin spécifique. Pour un logo plus expressif, les entreprises utilisent une **forme géométrique** (les chevrons Citroën), ou recourent à un motif symbolique (la coquille Shell, le crocodile Lacoste), voire à une création originale (le Bibendum Michelin, le « swoosh » Nike).

Le logo rend la marque unique et renforce son pouvoir de séduction.

Contexte

Le logo identifie l'entreprise face à la concurrence, et constitue le moyen le plus évident de représenter et valoriser la marque. Il sert également à fédérer les différentes entités d'une entreprise sous une même **bannière**, à rallier l'ensemble des acteurs autour d'un signe identique. Une fonction particulièrement utile dans le cadre de sociétés qui agissent dans des secteurs d'activité divers ou sur des marchés variés, ou de filiales regroupées auprès d'une société-mère, et qui souhaitent bénéficier de sa notoriété. On parle alors de « marques ombrelles » (Nestlé, LVMH, Accor...).

Comment l'utiliser ?

Étapes

• **Établissez un cahier des charges** contenant un maximum d'indications sur l'entreprise (histoire, valeurs, culture, atouts...) ainsi que des informations sur les contraintes (par exemple les types de support sur lesquels figurera le logo).

• **Insistez également sur le sens** que vous souhaitez donner à votre logo (que veut-on communiquer ?).

• **Confiez le cahier des charges à un graphiste**. Ce document lui servira de base de travail.

• **Sélectionnez la proposition** la plus en phase avec votre cahier des charges parmi les différentes **pistes** graphiques présentées. Apportez si nécessaire des commentaires et recommandations pour rectifier la proposition afin que le graphiste finalise le **projet** selon vos directives.

Méthodologie et conseils

Il n'existe pas de règle académique pour vous aider à déterminer par avance le choix d'un logo. Dans le domaine de la création graphique, l'imagination est de rigueur. Il est préférable de recourir à des professionnels du design. Dessinateurs, graphistes, illustrateurs sauront traduire en termes visuels les principes et les valeurs que vous aurez préalablement définis dans votre positionnement d'image et expliqués dans votre « brief » auprès d'une agence ou d'un créatif free-lance.

Avantages

✔ Le logo est reconnu plus vite et plus facilement que le texte.

✔ La présence d'un logo associe une « image » au nom de l'entreprise et en facilite la mémorisation.

Précautions à prendre

✔ Veillez à l'originalité : votre logo ne doit pas « rappeler » celui d'une autre marque.

✔ Un logo doit être déclinable sur les supports les plus variés, du plus petit (la carte de visite) au plus grand (l'enseigne murale), en couleurs comme en noir et blanc.

• • • ▶

Comment être plus efficace

Évoluez en préservant l'identité de l'entreprise

Le logo doit correspondre à la réalité de l'entreprise, à son positionnement, à son activité. Si la stratégie évolue, l'identité visuelle doit suivre. Plusieurs raisons peuvent mener à faire évoluer, ou à changer radicalement de logo.

Lorsque le capital change de main, où à l'occasion d'une **fusion**, d'une absorption, la marque doit évidemment être redessinée, se fondre et parfois disparaître au profit d'une nouvelle identité : l'enseigne Arcelor cédera ainsi la place à celle de Mitalarcelor.

Les raisons de changer ou de faire évoluer un logo ne sont pas toujours aussi radicales. Elles peuvent viser à restaurer une image dégradée et à indiquer au public un changement de stratégie marketing : Le Crédit Lyonnais devient LCL. La marque évolue sans s'effacer totalement, les initiales évoquent encore l'ancienne institution bancaire, mais indiquent que les pages des « affaires » qui ternirent un temps son blason ont été définitivement tournées. Outre les initiales, les couleurs restent les mêmes (jaune et bleu) ; l'identité de la marque évolue sans réelle rupture, au profit d'une mutation en douceur. La signature visuelle d'une entreprise doit ainsi refléter ses transformations sans pour autant trahir sa personnalité, son passé ou ses origines.

Parfois, le **capital-marque** est si fort que le logo en devient pratiquement intouchable : La Poste a très légèrement « relifté » son fameux « oiseau » pour le dynamiser et le mettre au goût du jour sans porter atteinte au motif originel.

Le changement de logo répond parfois à des motivations beaucoup plus prosaïques et techniques : le logo, par sa complexité graphique peut, par exemple, poser des problèmes d'impression. On va, dans ce cas, l'épurer, le simplifier afin de pouvoir l'utiliser et le **reproduire** sans difficulté sur tous types de supports.

Faites accepter le changement d'image

La création d'un logo est une entreprise coûteuse (une exception célèbre confirme pourtant cette règle : le logo de Nike, commandé en 1971 par Phil Knight à une étudiante en arts, Carolyn Davidson, fut facturé… 35 $). Un changement de logo doit donc être réservé à matérialiser un tournant **stratégique** dans la vie de l'entreprise. Ce qui explique que les logos ont une durée de vie particulièrement longue, et ne changent en moyenne que tous les 15 ans. Par ailleurs, la substitution ne se fait pas du jour au lendemain. Une modification de l'identité visuelle est une opération lourde qui doit être accompagnée d'une réelle **campagne de lancement**. En interne, il est primordial d'expliquer le changement de signature visuelle qui doit non seulement être accepté, mais aussi promu par l'ensemble du personnel. Il en va de même pour les publics externes de l'entreprise : une campagne institutionnelle de lancement devra soutenir l'apparition du nouveau logo. Mais il faudra aussi prévoir des actions réitérées pour imposer cette nouvelle image.

On estime qu'un nouveau logo met en moyenne **trois ans** pour prendre sa place et « faire oublier » le précédent.

Cas du **Logo Xerox**

Xerox a dévoilé début 2008 son nouveau logo. Celui-ci vise à mieux refléter l'orientation client et l'esprit d'innovation de la marque.

Le nouveau logo Xerox s'écrit en minuscules, en rouge vif, accolé à un symbole sphérique intégrant des lignes croisées afin d'illustrer le « X » représentant le lien entre Xerox, ses clients, ses partenaires, son industrie et l'innovation. Ce logo est également conçu pour être plus aisément animé sur des plates-formes multimédias.

En plus du nouveau logo, l'identité institutionnelle de Xerox comprend désormais une police déposée et des éléments visuels de sa marque utilisant une palette de huit couleurs qui peuvent être appliquées sur différents supports allant de l'impression au Web, en passant par les diffusions audio et vidéo et les présentations interactives.

La police de caractère – dénommée *Xerox Sans* – adopte une graphie résolument moderne, épurée et souple qui porte des valeurs d'ouverture et de proximité.

Ce nouveau design s'inspire des changements précédents du logo qui étaient des variations de la police de caractère. La nouvelle marque a été développée par un cabinet à la suite d'une étude conduite auprès des salariés, des clients et des partenaires.

Après l'avoir d'abord affiché sur son site web, Xerox va ensuite effectuer les changements de logo sur ses produits, ses infrastructures, ses véhicules, ses outils marketing. Cette transition devrait durer près de 18 mois.

L'annonce a également servi à un événement de communication interne particulièrement innovant puisque le logo a été révélé le 7 janvier 2008 aux 57 000 collaborateurs de l'entreprise lors d'un webcast (émission vidéo diffusée sur Internet). ■

Outil 9 La typographie

L'identité du caractère

Formes		Caractéristiques	Valeurs
Avec empattement (serif)			
Courbe	g	Empattements triangulaires Pleins et déliés	Classicisme, souplesse, harmonie
Rectiligne	g	Empattements filiformes Pleins et déliés très marqués	Élégance, raffinement, rigueur
Épaisse	g	Empattements triangulaires Épaisseur uniforme	Force, intensité, solidité
Sans empattement (sans serif)			
Droite	g	Sans empattements Épaisseur uniforme	Simplicité, authenticité, neutralité
Ronde	g	Sans empattements Épaisseur uniforme	Dynamisme, agilité, douceur
Cursive	g	Sans empattements Style manuscrit	Distinction, délicatesse, prestige

Résumé

La typographie incarne le nom d'une entreprise ou d'une marque dans un style particulier de police de caractère.

Une police de caractère spécifique renforce l'image de marque.

Les polices de caractères doivent être choisies avec attention pour attirer l'œil et susciter l'intérêt, en restant fidèles aux valeurs de l'entreprise.

Insight

***Typography** is a uniquely styled type font treatment incarnates a company or a brand name.*

A specific typeface reinforces the company's identity.

Typefaces should be carefully chosen to intrigue the eye, capture interest and, at the same time, remain faithful to corporate values.

Pourquoi l'utiliser ?

Objectif

La typographie est synonyme d'identité. Une police affiche le « caractère » d'une entreprise, au sens propre comme au figuré. Des marques prestigieuses (Cartier, Sony, Baccarat, Arte...) misent sur un logo dont le visuel se résume à la seule typographie pour les représenter, sans recourir ni à l'image ni au symbole. Le caractère gothique du journal *Le Monde* et le caractère raffiné et féminin du magazine *Elle* bénéficient d'un fort taux de reconnaissance. Sur Internet, le célèbre moteur de recherche *Google* se distingue aussi par ses lettres multicolores, sans recourir au visuel.

C'est dire l'impact que peut exercer la simple **forme des lettres** dans la constitution d'une identité graphique.

Une typographie spécifique, personnalisée ou originale suffit à incarner l'entreprise.

Contexte

Le choix d'une police de caractère doit aussi correspondre au secteur d'activité de l'entreprise. Une police aux formes simples et épaisses conviendra parfaitement à un leader du secteur des bâtiments et travaux publics ; un grand couturier aura davantage de raisons d'opter pour une police classique et élancée pour caractériser sa marque. Au-delà d'une représentation d'un domaine professionnel, la typographie est aussi un bon moyen d'affirmer un **positionnement** dans un secteur concurrentiel.

Comment l'utiliser ?

Étapes

• Définissez l'univers de communication de l'entreprise et sélectionnez une première famille de caractère qui lui correspond : soit une police **sans** empattement (moderne), soit une police **avec** empattement (classique).

• **Affinez la recherche** en déterminant plus précisément la forme de la lettre elle-même en fonction des connotations **symboliques** et graphiques qu'elle évoque.

• **Modifier le dessin du caractère** pour en renforcer la personnalité, par exemple en tronquant le texte (le logo de la chaîne Arte), en le striant (IBM), etc.

Méthodologie et conseils

Le nombre et la variété des polices disponibles sur le marché offrent la possibilité de choisir un caractère original et différenciant. Par ailleurs, une police de caractère peut être légèrement modifiée, transformée, voire altérée, pour apporter une touche **d'originalité** et se démarquer de l'utilisation qui peut en être faite sur d'autres logos. Certaines entreprises n'hésitent pas à recourir au travail d'un dessinateur pour créer une **police de caractère unique** et spécifique pour la marque. Une pratique très développée dans le secteur automobile où les constructeurs éditent leurs propres polices (Audi, Renault...) pour renforcer la personnalité de leur marque, allant parfois même jusqu'à créer une police pour un modèle précis (la Twingo, par exemple). ■

Avantages

✔ Une identité visuelle fondée sur la seule typographie confère sobriété et élégance. Elle met en valeur le nom de l'entreprise et convient bien aux cabinets de conseils et aux professions libérales.

✔ Par sa très grande richesse, la typographie permet d'exprimer les valeurs les plus variées.

Précautions à prendre

✔ Certaines polices peuvent être délicates à imprimer sur certains supports, penser à faire des essais.

✔ Vérifier que les polices institutionnelles choisies sont bien installées sur les ordinateurs de l'entreprise...

La couleur

Le langage symbolique

Couleurs	Évocations	Secteurs
Blanc	La pureté, la légèreté	Santé, recherche, nouvelles technologies, enfance
Noir	Le luxe, l'autorité	Institutions, finances, luxe, bâtiment, marketing, négoce
Gris	La neutralité, la sobriété	Bâtiment, services, juridique, finances
Bleu	La vie de l'esprit, la pensée	Santé, recherche, organismes publics, services à la personne, technologies, recrutement, négoce, juridique
Vert	L'apaisement, le repos	Santé, recherche, organismes publics, recrutement, Ressources humaines, tourisme, développement durable
Jaune	La lumière, la gaieté	Jeunesse, alimentation, divertissement, tourisme, nouvelles technologies
Orange	L'expansion, l'irradiation	Alimentation, divertissement, recrutement, jeunesse, nouvelles technologies
Rouge	La force, l'énergie	Alimentation, habillement, cosmétiques, divertissement, immobilier, marketing, relations publiques, sport
Marron	Le réalisme, le matérialisme	Industrie, bâtiment, finances, immobilier
Violet	Le mysticisme, l'utopie, la rêverie	Soins corporels, cosmétiques, luxe, paramédical

En résumé

Les couleurs ont un effet sur notre psychologie et influencent nos comportements.

La personnalité d'une entreprise peut être reconnue par les couleurs qu'elle utilise dans son logo.

Chaque couleur dégage sa propre ambiance. Positive ou négative. Par la compréhension de la symbolique des couleurs, vous pourrez choisir celle ou celles qui correspondent à la personnalité de votre entreprise.

Insight

Colors have an effect on our psychology. They influence our behavior.

The personality of a company is identified by the colors used in their logo.

Each color exudes its own mood, positive or negative. By understanding the symbolic nature of the colors you choose, you can select those colors that best correspond to the personality of your company.

Pourquoi l'utiliser ?

Objectif

Le choix d'une couleur pour représenter la marque dépendra de l'activité, des objectifs ou des valeurs de l'entreprise. Il n'y a pas de bonnes ou de mauvaises couleurs. Mais chacune exerce un **pouvoir d'évocation** partagé par tous. Une couleur appropriée renforcera l'identité de votre entreprise. À vous d'opter pour une dominante de couleurs **chaudes** (rouge, orange, jaune) qui **attirent l'attention** (car elles stimulent le système nerveux). Ou pour une dominante de couleurs **froides** (bleu, vert, violet) qui sont apaisantes et **inspirent le calme et la sécurité**. Les couleurs neutres (blanc, gris, noir, beige) sont plutôt utilisées en complément d'autres couleurs, pour nuancer l'impact de la couleur principale.

Contexte

Les couleurs prennent une signification toute différente en fonction du contexte professionnel. Le rouge conviendra bien à l'enseigne d'un fleuriste, en lien avec la couleur des roses ; mais c'est aussi la couleur du sang, plutôt inadaptée à l'enseigne d'un kinésithérapeute ou d'un pharmacien, secteur où la couleur consacrée est le **vert**, associé à l'idée de nature et de santé. Vous devrez donc être attentif aux « codes » sociologiques des couleurs. Le **bleu** est la couleur favorite des Occidentaux et sous-tend la notion de dignité, de moralité. Le **rouge**, synonyme de danger (signal d'alarme, stop...) frappe par sa force, attire l'œil et met en évidence des notions d'action et de dynamisme.

Les couleurs apportent une dimension émotive à l'image de l'entreprise.

Comment l'utiliser ?

Étapes

- Définissez ce que la couleur doit **« dire »** : créer une liste d'adjectifs qui caractérisent les valeurs censées représenter votre activité et votre entreprise (par exemple : sérieux, enthousiaste, évolutif...).
- Repérer la ou les couleurs qui conviennent le mieux aux **adjectifs** que vous avez trouvés pour définir celles qui conviendront le mieux à votre logo.
- Vérifiez que ces couleurs sont bien adaptées à tous vos **supports** de communication.

Méthodologie et conseils

Une seule et unique couleur peut suffire à symboliser votre entreprise. Et c'est parfois, déjà, une petite révolution. **Noir** depuis près d'un siècle, le logo Renault adopte la couleur, le jaune, seulement à l'aube des années 1990.

Le pouvoir d'évocation peut être amplifié et rendu plus subtil par l'ajout d'une **couleur complémentaire** : avant de choisir l'« Orange », France Télécom l'ajoute au « bleu » traditionnel de la marque.

Enfin, pour renforcer l'ensemble, une **troisième couleur**, dite « tonique », peut encore s'additionner aux deux précédentes. Par exemple, « l'accent » rouge du Crédit Agricole complète le bleu et le vert des lettres de la marque.

Avantages

✔ La ou les couleurs ajoutent une touche sensible et expressive au logo ; elles expriment le sentiment invisible des autres signes de la marque (le nom, le logo, la signature).

Précautions à prendre

✔ Les entreprises opérant à l'international doivent tenir compte des symboliques liées aux cultures du monde.

✔ Les logos multicolores sont d'un usage risqué, plus difficiles et chers à imprimer : limitez-vous à une, deux ou trois couleurs.

• • •

Comment être plus efficace

Les couleurs imprimées

L'imprimerie utilise le procédé de la quadrichromie pour reproduire les couleurs. Cette technique se base sur quatre couleurs primaires : le cyan, le magenta, le jaune et le noir (CMJN ; ou en anglais CMYK, cyan, magenta, yellow, black). Ces couleurs principales permettent de composer toutes les autres. Théoriquement, le cyan, le magenta et le jaune suffisent à reproduire l'ensemble des couleurs du spectre. Mais le noir est ajouté pour imprimer les gris et les noirs soutenus.

Le procédé de la **quadrichromie** est idéal pour imprimer photos et illustrations. Il présente en revanche un risque : celui de dénaturer la couleur originelle d'un logo.

Les couleurs Pantone

Pour respecter l'identité visuelle d'une entreprise, la couleur d'un logo doit avoir une valeur identique et constante, indépendamment du support et des modes d'impression. C'est pourquoi les couleurs des logos sont définies, dans une charte graphique, selon le système Pantone®. Les teintes Pantone sont des couleurs identifiées et numérotées dans un **nuancier** qui sert de référence aux imprimeurs et à tous les professionnels de la communication. Lors d'une impression en quadrichromie, on les adjoint donc en cinquième, ou en sixième couleur (voire plus), dite « solide » ou en « ton direct », pour que les couleurs du logo soient conformes à leur définition d'origine.

Les couleurs écran

Le système des couleurs écran est différent de celui des couleurs imprimerie.

Les trois couleurs primaires utilisées en informatique ou audiovisuel sont le rouge, le vert et le bleu (**RVB** ou RGB : red, green, blue en anglais). La correspondance exacte entre ces couleurs écran et les matériels d'imprimerie (en CMJN) est encore aujourd'hui approximative. C'est pourquoi la correspondance entre une couleur écran et imprimée doit être vérifiée sur une épreuve de sortie (*cf.* outil chaîne graphique).

Les couleurs Web

Les couleurs définies sur les sites Web utilisent les couleurs RVB, mais adaptées au langage HTML. On parle alors de couleurs **hexadécimales**. Chaque couleur est représentée par six caractères (sur le modèle : #XXXXXX, les deux premiers emplacements représentent la valeur du rouge, les deux emplacements suivants la valeur du vert, et les deux derniers la valeur du bleu). Toutefois, les feuilles de styles **CSS** (*Cascading style sheets*), aujourd'hui en vigueur sur le Web, adoptent un codage direct en RVB.

Le cas de la **Marque Apple**

• La pomme arc-en-ciel

Les couleurs de la pomme arc-en-ciel apparaissent en 1977, un an à peine après la création de la société. Le tout premier logo d'Apple, graphiquement complexe, représentait Newton assis, comme il se doit, sous un pommier… Il fut très vite abandonné en raison de difficultés à reproduire et imprimer le motif.

C'est donc une pomme « mordue », rayée de **six couleurs** qui restera sans doute comme le logo le plus emblématique des années 80. On a beaucoup glosé sur l'origine de ce choix, mais une chose est certaine, le logo « affichait » la couleur, comme le nouvel Apple II, lancé au même moment que le logo ! Outre cette démonstration des capacités graphiques de l'ordinateur, l'aspect multicolore du logo d'Apple tranchait avec le bleu monochrome du concurrent d'alors : IBM.

• La pomme grise

La pomme arc-en-ciel perdure jusqu'en 1998, date à laquelle, elle perd définitivement ses couleurs pour adopter un gris beaucoup plus neutre et classique. Il est vrai qu'entre-temps, ces rayures colorées avaient pris un autre sens et devenaient l'étendard du mouvement gay et lesbien aux États-Unis.

• La pomme en couleur monochrome

Apple décide ensuite de ne plus associer une **couleur spécifique** à son logo (plusieurs couleurs seront données, en fonction des produits, mais toujours en version monochrome) pour concentrer et symboliser son image sur la seule pomme. Le nom même finira aussi par disparaître du logo…

• La pomme en 3D

En 2001 la pomme prend du volume et une texture très **acidulée**, qui préfigure la tendance graphique montante du Web 2.0. Une version qui reste encore présente sur les sites Web de la marque.

• La pomme noire

Plus récemment, Apple, avec un positionnement encore plus haut de gamme, abandonne la couleur pour la signalétique des nouveaux modèles et les enseignes des revendeurs : la **pomme** figurant sur les iMac est désormais purement et simplement… **noire**. ■

Outil 11 La charte graphique

Du logo à la carte de visite

Design produit	Papeterie (cartes de visite, papier à en-tête...)	Document de présentation (papier ou électronique)
Packaging	Annonces (encarts publicitaires, recrutement...)	Communication silencieuse (hall de réception, standard, salle de réunion, tenue vestimentaire...)
Signalétique	Rapports annuels	Sites Web

Une charte graphique s'applique à tous les supports de communication.

En résumé

La charte graphique est un document de référence qui définit les règles pour garantir l'utilisation correcte du logo, des couleurs et des polices, pour représenter l'image de l'entreprise.

La charte graphique assure la pérennité de la marque et sa reconnaissance à travers toutes ses représentations matérielles.

Insight

Corporate Identity Guidelines establishes rules to ensure that any use of the logo, color and/or typeface is appropriate to represent and support the corporate image. It is a policy and reference document.

Corporate Identity Guidelines assures visual continuity and brand recognition across all of a company's representational materials.

Pourquoi l'utiliser ?

Objectif

La charte graphique reflète la **stratégie** de l'entreprise. Elle permet d'imposer rapidement une nouvelle image lorsque l'entreprise se repositionne ou adopte une nouvelle politique de communication. En dressant les règles d'usage et d'emploi des signes de la marque, elle vise à **faire respecter** l'image de la société par les acteurs et les prestataires de l'entreprise. Elle sert, en outre, à maintenir la **cohérence** de cette image, quels que soient les supports utilisés.

Contexte

La charte graphique est indissociable de la stratégie d'image. Si la représentation graphique (le logo, surtout) choisie par l'entreprise « oriente » l'image que s'en feront les consommateurs, le public se forge aussi une opinion à partir de bien d'autres critères : à commencer par la qualité même des produits ou des services proposés par l'entreprise. Les campagnes de communication vont, elles aussi, influer sur l'image de marque ; de la même façon que les partenariats ou les actions de parrainage. La **charte graphique** représente la « **partie visible** » d'une image de marque. Des changements ou une rénovation des codes visuels peuvent modifier l'image perçue par le public. Mais ils n'auront qu'un effet cosmétique et temporaire s'ils ne s'appuient pas sur un véritable **projet d'entreprise**.

La charte graphique s'applique à donner un « air de famille » à tous les documents de l'entreprise.

Comment l'utiliser ?

Étapes

- **Représentez et décrivez le logo** dans ses différentes utilisations ; il constitue l'élément le plus visible et le plus reproduit.
- Définissez les **couleurs** du logo selon le système Pantone.
- **Indiquez les polices** utilisées pour le logo et la *tagline*.
- **Présentez les gabarits de mise en page** de la documentation : papier à lettre, enveloppes, carte de visite... avec les cotes correspondantes. N'oubliez pas de décrire les autres supports (véhicules de société, stand pour salons, etc.).

Méthodologie et conseils

Une charte graphique précise le bon usage qui doit être fait du logo et de ses composantes mais indique aussi les « mauvaises pratiques » et présente les **« interdits »** pour inciter chacun à les éviter. La charte doit aussi spécifier les espaces blancs minimums à faire figurer autour du logo pour le respecter et le mettre en valeur.

Il faut également penser à détailler les **déclinaisons** du logo selon les supports, en particulier pour les impressions en noir et blanc. Pour être tout à fait complète, une charte inclura également des recommandations pour la mise en page et l'utilisation du logo sur les **sites Web**. ■

Avantages

✔ Le respect d'une charte permet de créer une « parenté » graphique entre les entités d'une entreprise, de fédérer plusieurs filiales autour d'une image unitaire. Cela s'avère d'autant plus nécessaire lorsque l'entreprise est internationale ou s'inscrit dans une logique de groupe économique.

Précautions à prendre

✔ Une charte trop complexe sera difficilement respectée...

✔ Elle doit être facile à appliquer, notamment pour les supports internes et la documentation courante.

✔ Pensez à fixer une taille minimale pour la reproduction du logo.

Communiquer par l'écrit

Les supports écrits constituent l'essentiel de l'arsenal du responsable de communication. De la plaquette institutionnelle au journal d'entreprise, les outils imprimés s'appuient sur des règles d'écriture et des procédés de fabrication communs. Ce dossier vous livrera conseils et astuces à utiliser pour chacun d'entre eux, en commençant ici par les principes essentiels à tous.

Un concept éditorial

Tous les supports d'expression de la communication imprimée ont au moins trois points communs : **le texte, l'image et la mise en page.**

Le travers le plus fréquent consiste à rédiger en premier lieu le texte, puis à trouver les illustrations et enfin à mettre le tout en page. Si cette succession d'étapes s'avère exacte, en terme de chaîne graphique et de fabrication, elle ne correspond pas du tout à la manière dont le lecteur s'approprie un document, bien au contraire : le destinataire perçoit d'abord le document dans son ensemble : sa forme, sa structure, sa présentation. Son regard parcourt et s'accroche ensuite aux éléments visuels (couleurs, photos, dessins, graphiques) puis – avec un peu de chance – il commence, enfin et seulement, à lire vos textes... Autant dire que commencer par écrire puis illustrer pour finir par mettre en forme, c'est marcher à l'envers ! Le document doit être conçu dans sa **globalité**, en privilégiant la forme et le visuel. Le concepteur aura toujours en ligne de mire l'objectif et les cibles que la publication est censée atteindre. Un document est avant tout un concept. Le texte, une composante visant à le soutenir.

Un processus efficace

Attention aux fausses évidences, la priorité que l'on accorde au texte est rarement justifiée et toujours handicapante. Dans le cas d'un journal interne par exemple, il est courant de voir appliquer ce même processus « intuitif » (texte

→ image → maquette). Au final, le document prend une forme et une tournure très incertaines... Normal, puisque la mise en page est bâtie *a posteriori*, en fonction du volume des textes remis... Le résultat est, hélas, à la hauteur de l'imprévision ! La solution réside, évidemment, dans l'application du procédé inverse : rédiger les textes en fonction d'un **espace prévu**. Il en va ainsi, par exemple, de ce livre : les textes ont été rédigés avec le souci de les formater au « **gabarit** » de l'ouvrage (résumé, pourquoi cet outil, comment l'utiliser, étapes, méthodologie et conseils, etc.). Il en va évidemment de même des journaux diffusés en kiosque. Le rédacteur en chef, une fois les sujets choisis, commande aux journalistes des articles comportant un nombre précis de caractères, pour que ces textes « rentrent » dans les zones préalablement définies dans la maquette. C'est le meilleur moyen pour garantir une parution périodique. Et se faciliter grandement la tâche...

Des textes informatifs

En communication d'entreprise, les textes doivent rester **neutres**. L'emphase, les superlatifs, les arguments promotionnels ou publicitaires, acceptables, voire recommandés, pour les supports de vente ou de marketing direct, ne conviennent pas à l'écriture corporate : ils finissent par discréditer l'entreprise. Le ton doit être informatif. Tourné vers le **lecteur**, évitant toute autosatisfaction et autre narcissisme institutionnel. L'outil « écriture efficace » vous donnera des clés pour rédiger des textes informatifs et convaincants.

Des niveaux de lecture

La lecture d'information diffère de la lecture-loisir, celle d'un roman peut nous passionner et nous donner envie de dévorer les pages une à une. Cette lecture-là est linéaire, portée par une histoire et le talent du narrateur. La lecture d'information répond à une autre exigence. Le lecteur n'a pas « décidé » de vous lire. Il ne se plongera pas, spontanément, dans la lecture de votre texte. Il faut donc d'abord l'attirer, puis l'inciter à poursuivre, en appliquant trois niveaux de lecture :

- **Premier** niveau de lecture : titre ou accroche.
- **Deuxième** niveau de lecture : introduction, résumé, chapô (jargon de presse : points principaux de l'article mis en évidence en « chapeau »).
- **Troisième** niveau de lecture : texte continu.

Des illustrations valorisantes

Aujourd'hui, le journal *Le Monde* publie des photos. C'est une révolution significative : même les supports les plus attachés au texte ne peuvent plus faire l'économie de l'image. La concurrence et l'influence exercées par la télévision, l'Internet (où la vidéo connaît un essor saisissant) ont rendu les « consommateurs » d'information, que nous sommes tous, plus sensibles à la découverte de l'image qu'à l'exercice de la lecture. Pour séduire le lecteur, la **place** accordée aux visuels doit donc être importante, probablement plus que celle dévolue au texte.

Dossier

Les OUTILS

Le pré-presse et la chaîne graphique

Les étapes clés de l'imprimé

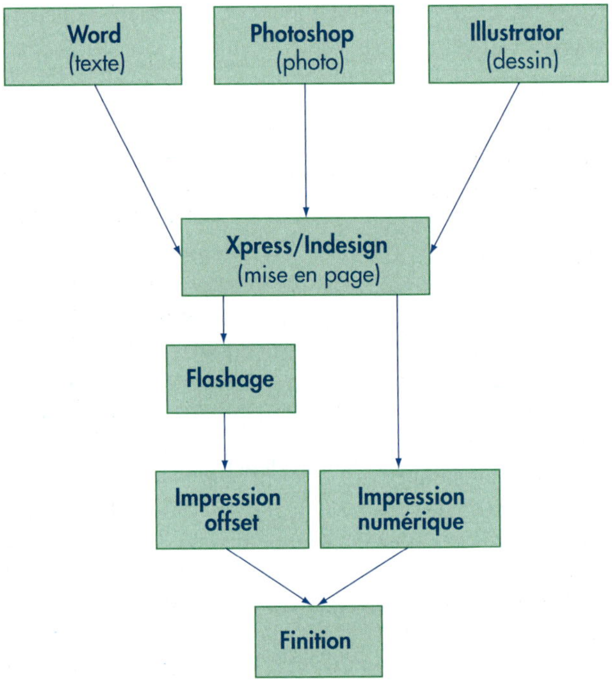

Le flashage transforme les fichiers numériques en films, qui serviront eux-mêmes à fabriquer les formes imprimantes (plaques) utilisées pour l'impression offset traditionnelle. Cette étape n'est pas nécessaire en impression numérique ni en offset numérique (CTP : computer to plate).

En résumé

Le pré-presse ou PAO (publication assistée par ordinateur) consiste à utiliser un ordinateur pour produire des documents imprimés de grande qualité. Une des particularités notables de la PAO réside dans sa capacité à afficher à l'écran le document tel qu'il apparaîtra lorsqu'il sera imprimé (WYSIWYG).

Les opérateurs créent la maquette des pages en associant texte, graphiques, photos et tout autre élément visuel à l'aide de logiciels comme QuarkXPress ou Adobe Indesign, et de logiciels graphiques comme Photoshop ou Illustrator.

Insight

Desktop publishing uses a computer to produce high-quality printed documents. A particularly important feature of desktop publishing systems is that it enables one to see exactly how the document will appear when printed on the display screen (WYSIWYG), that is, what you see is what you get.

Users create page layouts with text, graphics, photos and other visual elements using software such as QuarkXPress, Adobe InDesign, and graphics software like Photoshop or Illustrator.

Pourquoi l'utiliser ?

Objectif

Les outils du pré-presse ou de **PAO** (publication assistée par ordinateur) permettent de réaliser l'ensemble des documents de la communication écrite, de la simple affiche au rapport annuel le plus complet. Les fichiers peuvent ensuite être édités en interne à l'aide d'une imprimante bureautique, pour les travaux les plus courants et à faible tirage, ou confiés à un prestataire pour les supports exigeant un niveau de qualité supérieur et une diffusion à plus large échelle.

Contexte

L'offset est à l'heure actuelle le procédé d'impression le plus répandu. Il a la capacité de pouvoir être utilisé sur pratiquement tous les supports classiques. Toutefois, la tendance est à la simplification des étapes de la chaîne graphique et au « tout **numérique** ». Actuellement, jusqu'à 1 000 exemplaires (en couleur simple), un tirage sur copieur numérique est préférable. Au-delà, mieux vaut envisager l'offset qui se prête mieux à des tirages élevés de qualité.

Les outils du pré-presse remplissent trois fonctions essentielles : traitement et retouche de l'image ; création d'illustrations ; mise en page des documents.

Comment l'utiliser ?

Étapes

- **Rassemblez les données sources** du document (texte, photos et dessins).
- **Réalisez la maquette de principe** : quelques pages du document sont composées en PAO pour donner une idée générale du document à produire.
- **Montez le document d'exécution** : une version définitive du document est présentée. Le texte et les images définitifs sont placés aux endroits indiqués sur la maquette.
- **Signez le BAT** : le document est validé par le client qui signe avec la mention « bon à tirer ».
- **Imprimez en offset** ou numérique : le document est reproduit en nombre.
- **Procédez aux étapes de finition :** mise en forme définitive du document (massicotage, pliage, reliure...).

Méthodologie et conseils

Faites attention à la qualité des images : les photos destinées à l'impression doivent être d'une résolution minimale de 300 dpi (*dot per inch* ou point par pouce), voire beaucoup plus (2 400 dpi) pour les publications haut de gamme.

Gare aux photos utilisées pour un site Web... Elles sont presque toujours **inutilisables** en impression.

Le format PDF (Portable Document Format) est le format utilisé pour transmettre le fichier à l'imprimeur. Le **PDF** préserve les polices, les images, les objets graphiques et la mise en forme du document, quelles que soient l'application et la plate-forme utilisées pour le créer. Aujourd'hui, les validations de document sont souvent faites à l'écran, sans sortie papier. Attention aux mauvaises surprises... L'affichage écran diffère souvent (les couleurs, notamment) du rendu imprimé. ■

Avantages

✔ La maîtrise des outils du pré-presse donne une grande autonomie pour la conception et la réalisation des supports de communication écrits. Plus qu'un avantage, il s'agit d'une nécessité pour tous les services de communication.

Précautions à prendre

✔ Ne pas s'illusionner sur les capacités que ces outils seraient censés octroyer. Savoir utiliser un crayon ne rend pas chacun dessinateur ! Les logiciels graphiques ne sont pas des baguettes magiques : bien utiliser les outils du pré-presse ne rend pas pour autant créatif...

Outil 13 L'écriture efficace

Une fiche d'analyse aide à organiser sa pensée

But : « ce que je voudrais qu'il fasse »		
Lui	**Les faits**	**Moi**
• Étudier le terrain de l'autre • Se mettre à sa place : – **ses** intérêts – **ses** opinions – **ses** points de vue – **ses** ressentiments – **ses** enjeux – **sa** problématique – **sa** logique – **ses** représentations – **ses** domaines de connaissance, de compétences	• Décrire la situation, le contexte de manière factuelle • Avant d'écrire : – Recherche d'informations complémentaires – Documentation	• **Mes** intérêts • **Mes** opinions, mes points de vue • **Mon** enjeu (et celui de l'entreprise)
⬇	⬇	⬇
• Est-il décideur ? • Quelles sont ses attentes ?	• Quand, comment, où ? • Conséquences ? • Comment illustrer ?	• Qui suis-je face à lui ? • Quels sont mes atouts ?

En résumé

Derrière les « informations » ou les « faits », il y a toujours une intention que l'auteur tente de concrétiser : convaincre d'appliquer des règles ; inciter à agir, à prendre une décision ; persuader qu'une chose est vraie ; ou… proposer une autre vision du monde.

La qualité de votre écriture dépendra de la qualité de vos idées.

Persuader, c'est argumenter.

Insight

Behind the 'information' or 'facts', there is always something else that writers are trying to convey:

– follow a set of procedures;

– incite to action, to make a decision, for example;

– change a belief (persuade a person to believe something is true);

– propose another way to see the world.

The quality of your writing depends on the quality of your ideas.

Persuasion is knowing how to present an effective point case.

Pourquoi l'utiliser ?

Objectif

La rédaction efficace vise à rendre un document aussi lisible que possible, pour inciter le lecteur à agir comme l'auteur l'a souhaité. Il ne s'agit nullement « d'informer » le lecteur mais bien de le **convaincre** et de l'orienter vers une direction souhaitée. La différence entre « information » et « communication » réside d'ailleurs dans cette, subtile, distinction...

Contexte

Lire, réclame un effort. C'est ainsi. Mais il y a pire : le lecteur est, par définition, paresseux. Et pressé. En dépit de l'intérêt de vos propos, il trouvera toujours mieux à faire que de vous lire, préoccupé qu'il est par une dizaine de priorités vitales. Le contexte de lecture n'est *jamais* favorable... Mais il y a moyen d'en affranchir. En appliquant, radicalement, les conseils qui suivent.

« Ce qui se conçoit bien s'énonce clairement - Et les mots pour le dire arrivent aisément. »
Nicolas Boileau.

Comment l'utiliser ?

Étapes

- **Définissez l'objectif** : qu'attendez-vous du lecteur ? Que devra-t-il faire, penser, après la lecture de votre texte ?
- **Organisez vos idées** selon un plan hiérarchique (du plus important au moins important) qui soutiendra votre objectif de départ.
- **Étayez vos idées avec des faits**, des exemples, des preuves, des arguments.
- **écrivez le premier jet** (sans vous poser trop de questions...).
- **Laissez** le texte reposer.
- **Relisez** et « repatinez » le texte pour en renforcer la lisibilité et l'impact.

Méthodologie et conseils

Votre objectif doit être clairement formulé dans le corps du texte, dès les premières phrases, et éventuellement repris en conclusion.

La définition de votre objectif vous aidera d'autant plus si vous le rédigez : à l'aide d'un verbe d'action ; assorti d'une échéance (date ou durée) ; en moins de vingt mots.

Employez des **phrases courtes**. Plus une phrase est courte, plus elle a de chances d'être lue entièrement et mémorisée. Une longueur moyenne de quinze mots garantit une bonne lisibilité.

Simplifiez vos phrases, la structure la plus claire respecte l'ordre le plus simple : sujet, verbe, complément. Évitez les constructions à rallonge, les incises, les propositions relatives. Les tournures passives et les phrases négatives compliquent la lecture. Au lieu d'écrire « la fusion des deux unités a été décidée par la direction », préférez « la direction a décidé de fusionner les deux unités ».

Privilégiez les **mots courts** : les mots de quatre syllabes et plus sont moins lus et donc moins mémorisés que les autres. Par exemple : écrire un *achat* plutôt qu'une *acquisition*.

Variez votre **vocabulaire** : recherchez les mots les plus précis et les justes pour exprimer vos idées. Évitez les verbes « passe-partout » comme *faire, avoir, dire, être* ou les termes trop vagues comme *choses, fréquent, plusieurs, nombreux, rapide*. ■

Avantages

✔ Être compris par les enfants *et* les polytechniciens.

Précautions à prendre

✔ Veillez à reprendre, peaufiner et préciser votre message avant son envoi. Les fautes pourraient remettent en cause la crédibilité et la compétence du rédacteur et de son entreprise. Une relecture efficace porte sur quatre niveaux de correction : contenu ; orthographe ; style ; typographie.

Outil 14

La plaquette institutionnelle

Des produits aux valeurs

Activité
Production
Réalisations

Histoire
Chiffres clés

Information sur les produits/services

Présentez votre organisation ainsi que les produits ou services spécifiques qu'elle propose. Ce texte doit être court, et donner envie au lecteur d'en savoir plus sur vos articles ou prestations.

Valeurs et stratégies
Philosophie
Missions

Direction
Organigramme
Actionnariat

En résumé

Une plaquette institutionnelle présente vos produits ou services, votre stratégie et vos valeurs.

Son objectif : faire bonne impression au premier coup d'œil, et donner une image professionnelle.

La plaquette cherche à convaincre le lecteur de vous contacter. La différence entre la plaquette qui sera conservée et celle qui sera jetée tient dans la présentation des bénéfices réalistes de votre offre.

Insight

A corporate brochure presents products or services; strategy and corporate values.

Objective: Present a positive first impression and stimulate interest based on professional image (identity; positioning).

A brochure's purpose is to incite the reader to contact the company. This is accomplished by presenting realistic benefits for what you offer. The list of benefit statements could make the difference between a brochure being saved or tossed.

Pourquoi l'utiliser ?

Objectif

La plaquette institutionnelle a pour vocation de valoriser l'activité et les acteurs de l'entreprise vis-à-vis des clients, prospects et partenaires. Elle permet de tenir un discours homogène sur la société et de laisser une **trace crédible**, argumentée, qui contribuera à établir une relation de confiance. La plaquette résume à elle seule la totalité de votre société. Elle précise en outre la vocation de l'entreprise ou de l'institution mais aussi ses axes de développement. L'aspect historique (traité sous forme de dates clés) est également couvert et doit être illustré. Enfin, la plaquette a aussi pour but d'informer sur la structure financière de l'entreprise, son mode de **fonctionnement** et son équipe dirigeante.

La plaquette institutionnelle est la « carte de visite » de l'entreprise. Elle doit séduire dans les cinq premières secondes.

Contexte

La plaquette institutionnelle est un document fondamental. Elle sert à la fois aux commerciaux, qui la présentent aux clients et aux prospects, et au responsable de communication, qui la diffuse aux journalistes et à un public plus large : partenaires, institutions, étudiants. Ce document est appelé à durer et à résister **dans le temps**. À ce titre, il gagnera à bénéficier d'une bonne qualité graphique et d'une impression soignée. La plaquette institutionnelle aidera le lecteur à se faire une opinion précise de votre entreprise, sans avoir à éplucher le rapport annuel ni le catalogue produit ; la plaquette synthétise justement les informations essentielles de ces deux documents : produits ou services emblématiques et faits marquants de l'entreprise.

Comment l'utiliser ?

Étapes

- **Dégagez les messages clés** à mettre en avant dans chacune des grandes thématiques définies page précédente.
- **Rédigez des textes courts**, l'objectif n'étant pas d'expliquer l'entreprise (rôle dévolu au rapport annuel) mais de proposer une vision à la fois rapide et significative.
- **Recourrez aux services d'un professionnel** pour créer une **ligne graphique**, une tonalité, symbolisant les valeurs de l'entreprise.

Méthodologie et conseils

Rassemblez l'ensemble des plaquettes de vos concurrents, ou des organismes qui ont une activité proche pour comparer, positionner et distinguer votre projet par rapport aux autres. Le plus simple et le plus économique consiste à réaliser une pochette 4 pages avec des **feuillets mobiles**, mis à jour régulièrement. Toutefois, un document plus consistant, 4 ou 8 pages, ou un « trois volets », valorisera votre image de marque.

Une plaquette se regarde plus qu'elle ne se lit : elle doit donc être enrichie de visuels pertinents (attention à ce titre aux photos très stéréotypées des banques d'image). ■

Avantages

✔ La plaquette offre une réalité visible et tangible à l'entité abstraite que représente une entreprise, en illustrant sa stratégie et son activité.

Précautions à prendre

✔ Attention à la tentation d'ajouter une note « luxueuse » à la plaquette (par un vernis ou un pelliculage) si cela ne correspond pas à votre image ou votre secteur d'activité (association humanitaire, par exemple).

✔ Ne pas oublier de faire figurer le logo, les coordonnées et l'adresse du site Internet sur la 4e de couverture.

Outil 15 Le rapport annuel

Plus qu'un bilan financier de l'entreprise

Les tableaux sont simplifiés afin de faciliter la lecture (ni cadre ni cellule)

Pays	Date	Montant K€
France	14/04/2009	1 200
Italie	03/06/2009	1 250
Allemagne	31/10/2009	1 400
Espagne	11/09/2009	1 350
Autriche	04/03/2009	980
Belgique	05/04/2009	1 150
Total Europe		**7 330**
Maroc	25/03/2009	450
Sénégal	14/05/2009	500
Tunisie	03/07/2009	550
Cameroun	09/10/2009	600
Kenya	20/10/2009	500
Total Afrique		**2 600**
Arabie saoudite	14/04/2009	1 100
Japon	11/09/2009	1 400
Chine	14/05/2009	1 350
Indonésie	07/03/2009	980
Total Asie		**4 830**
Australie	15/03/2009	1 500
Mélanésie	24/04/2009	940
Nouvelle-Zélande	04/06/2009	1 200
Polynésie	10/09/2009	850
Total Océanie		**4 490**
	Total global	**19 250**

Les graphiques sont accompagnés d'un chiffre clé mis en valeur

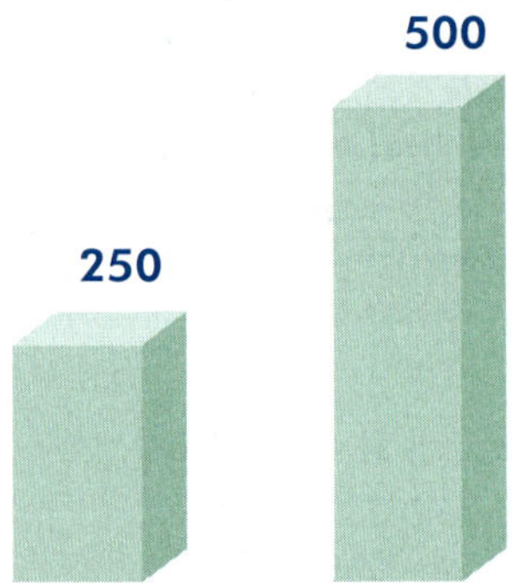

+ 50 %

Progression du résultat opérationnel

En résumé

Le rapport annuel transmet des informations relatives aux résultats et aux processus de l'entreprise.

Le rapport annuel contient les informations économiques et financières exigées par la loi. La première partie du rapport présente les réussites de l'année écoulée, sous forme de graphiques et de textes clés.

La plupart des lecteurs n'ont pas le temps de lire le rapport en entier. C'est pourquoi il est important d'inclure dès le début un résumé comportant les réalisations, les challenges et les résultats.

Insight

***The annual report** transmits all information that is relative to company results and its working processes.*

The annual report contains economic and financial information that is obligatory by law. The first part of the report is dedicated to the current year's successes using key texts and graphics.

Most people who receive the annual report don't have the time to read it in its entirety. That is why it is important to include a summary including achievements, challenges and results at the beginning of the document.

Pourquoi l'utiliser ?

Objectif

Le rapport annuel est un support de communication destiné avant tout aux analystes et aux journalistes de la presse économique. En ce sens, il forme le premier outil de la **communication financière**. Indispensable pour les entreprises cotées en Bourse, il répond aux exigences de transparence fixées par la loi. Il permet d'informer sur les actions menées par l'entreprise et d'évaluer si les **objectifs** fixés ont été atteints. De la même manière, il mettra en lumière l'utilisation qui est faite des moyens financiers. Au-delà de ces fonctions, le rapport annuel doit aussi promouvoir l'image et l'identité de votre entreprise.

Si la communication financière est importante pour les sociétés non cotées, elle est quasi vitale pour les sociétés cotées.

Contexte

Longtemps réservé aux actionnaires et aux financiers, le rapport annuel a cessé de remplir sa stricte mission d'information économique pour toucher un public plus vaste et véhiculer les valeurs qui sous-tendent l'image de marque de l'entreprise. Le rapport annuel offre par sa « surface » sans égale, une possibilité unique de présenter et d'argumenter la **stratégie de l'entreprise**. Il devient alors un outil de référence, de réflexion et de pilotage qui livre, au fil des années, des indications clés sur l'évolution de l'entreprise.

Comment l'utiliser ?

Étapes

- **Définissez la structure éditoriale**, la tonalité graphique et surtout les **modalités pratiques** : planning des opérations, nombre d'exemplaires, délais de fabrication.
- **Invitez les acteurs internes** (direction administrative et financière, en premier lieu, mais aussi la direction des ressources humaines) à **contribuer** au projet et coordonnez les retours d'information.
- **Soumettez les textes** aux différents responsables. Les phases de **validation** sont déterminantes pour la publication du rapport annuel et ne sont pas à sous-estimer…

Méthodologie et conseils

Le rapport annuel comporte en général **trois grandes parties** :

La **première**, à vocation généraliste, synthétise les **réalisations**, les **chiffres clés**, les objectifs atteints, les perspectives nouvelles et la vision stratégique.

La **deuxième** aborde en détail l'**activité** de la société et de ses établissements. Elle rappelle également la composition de l'équipe dirigeante et de l'actionnariat.

La **troisième** est spécifiquement **financière** et comptable : présentation des comptes, bilan, compte de résultats, tableau de financement, variations des capitaux propres, flux de trésorerie, etc. Elle comprend aussi des informations d'ordre juridique ■

Avantages

✔ Le rapport annuel fournit aux investisseurs des outils pour les aider à élaborer des prospectives sur l'avenir, la croissance de l'entreprise, et de miser sur elle. Au-delà du bilan comptable, le rapport annuel met en valeur les hypothèses de développement prônées par l'équipe dirigeante.

Précautions à prendre

✔ La publication des comptes doit être en phase avec les délais légaux imposés par l'Autorité des marchés financiers (AMF, ex-COB).

✔ Dans un contexte de mondialisation économique et de dégradation environnementale, le rapport annuel doit mettre en avant le rôle citoyen de l'entreprise.

Outil 16 Le journal d'entreprise

Le « chemin de fer » est un schéma préparatoire du journal

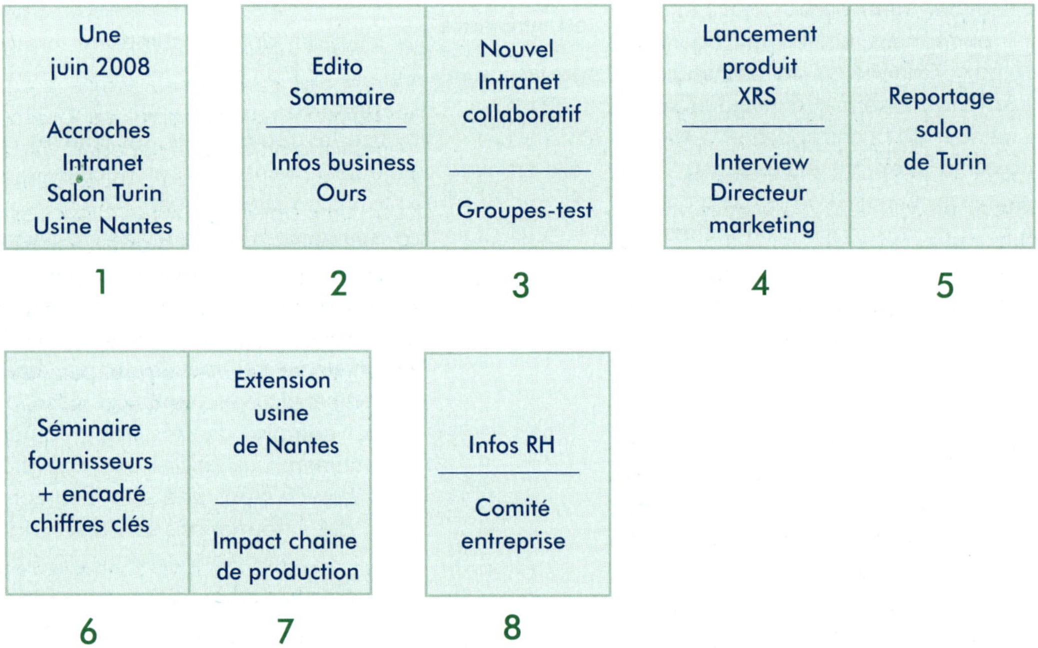

En résumé

Le journal d'entreprise est un magazine destiné à informer les employés ou les partenaires de l'entreprise.

La plupart des journaux d'entreprise sont internes, et utilisés comme outil de communication par le management.

Éviter d'utiliser le même journal pour deux publics différents. Le journal externe doit être spécifiquement écrit pour les fournisseurs, les investisseurs, les partenaires. Le but d'un journal externe est de consolider auprès d'eux la notoriété de l'entreprise.

Insight

A corporate house organ is a review, published by a company, to inform employees or partners.

Most house organs are internal and meant for consumption by a company's employees. An internal house organ is usually deployed as a channel for management communication.

Another type of house organ is targeted externally. Important: Avoid the use of only one review for both internal and external publics. An external house organ is specifically written for suppliers, investors and partners. Its aim to build a company's reputation among its stakeholders.

Pourquoi l'utiliser ?

Objectif

Le journal interne sert un objectif prioritaire : fédérer le personnel autour d'une **culture d'entreprise** commune. Au-delà de cette fonction fondamentale, chaque entreprise peut assigner au journal une fonction complémentaire et particulière : améliorer la sécurité au travail, accompagner le changement, décloisonner les services, etc. La structure du journal pourra s'inspirer de ces buts définis, en comportant une **rubrique** correspondante (une page sur la « Qualité », par exemple).

S'adressant à tous, le journal d'entreprise est donc censé former le média le plus « populaire » de l'entreprise et ainsi porter un message stratégique global et commun à l'entreprise, tout en mettant en valeur les collaborateurs.

Privilégiez la fréquence au volume. Le journal est un rendez-vous régulier avec les lecteurs. Une parution mensuelle est idéale.

Contexte

Le journal d'entreprise dans sa version « **papier** » reste une valeur sûre. Le choix d'une version « électronique » du journal, malgré une apparente facilité, peut s'avérer inefficace. C'est en effet prendre le risque d'exclure une partie des collaborateurs de la communication d'entreprise, en particulier dans le secteur industriel où nombre d'entre eux n'a pas accès aux systèmes d'information. S'adressant à tous, sans distinction de rang ou de statut, le journal est un outil de communication « **hors hiérarchie** ». En cela, il revêt une importance considérable aux yeux des catégories socioprofessionnelles les plus éloignées du top management, et devient un outil clé pour permettre de renforcer le sentiment d'appartenance et l'adhésion au projet d'entreprise.

Comment l'utiliser ?

Étapes

- **Constituez un comité de rédaction** et un réseau de correspondants, cela constitue l'étape fondamentale du projet.
- **Réunissez la conférence de rédaction** pour définir les sujets à venir.
- **Procédez au travail d'editing** (corrections, titres, illustrations, légendes...) après avoir recueilli les articles.
- **Effectuez la mise en page.**
- **Transmettez** le journal après validation et signature du **BAT** (bon à tirer) à **l'imprimeur**.

Méthodologie et conseils

Un journal d'entreprise résulte d'un travail d'**équipe**. Il est important de s'entourer de compétences sériées : une bonne plume pour les articles principaux et la relecture/correction ; un « artiste », pour le choix des visuels, les couleurs, la mise en page. Attention à la tentation de « tout faire soi-même ». Pensez à **sous-traiter** la maquette et la réalisation si vous n'avez pas les compétences en interne, ou à faire appel à un pigiste pour donner un tour plus professionnel à vos articles.

Avantages

- ✔ Le journal se conserve plus facilement que n'importe quel autre support.
- ✔ Le journal renvoie à un univers familier, celui de la presse où le lecteur se repère aisément.
- ✔ En interne, le journal s'adresse à tous les publics et permet une communication non sélective avec chaque salarié.

Précautions à prendre

- ✔ Le journal d'entreprise ne doit pas se résumer à un discours de direction. Les sujets doivent aussi concerner les collaborateurs (portraits, reportages, interviews).
- ✔ Réservez une place importante aux visuels (photos, illustrations...) pour rendre le journal plus attractif.

• • • ▶

Comment être plus efficace

La newsletter, un support d'information d'appoint

La lettre d'information se distingue du journal d'entreprise par sa périodicité rapprochée. Idéalement hebdomadaire, la lettre d'information apporte des **informations tactiques et opérationnelles** aux salariés. Elle complète ainsi le journal d'entreprise qui a, lui, une vocation plus stratégique, en traitant les sujets avec davantage de recul et de profondeur. Elle permet ainsi d'entretenir une communication suivie avec les lecteurs, sans être tributaire des parutions souvent espacées du journal d'entreprise. La lettre d'information reste factuelle, peu illustrée, les sujets sont traités sous forme de brèves, ou d'articles courts. Comme son nom l'indique, la lettre s'applique à un support simple : une page ou un recto verso.

La lettre du management

La lettre d'information peut aussi avoir une **vocation sectorielle** : la lettre des cadres, ou la lettre des techniciens, par exemple. Dans ce cas, elle complète le dispositif de communication, et cible une population spécifique du personnel, en apportant des informations significatives pour un lectorat donné.
La lettre d'information est donc un outil qui peut s'inscrire à deux titres dans le plan de communication. Soit elle complète le journal d'entreprise, pour offrir un niveau constant et rapide d'information aux salariés : la lettre d'information est dans ce cas très utile dans les phases de changement, ou de déploiement de **grands projets**. Soit elle vise une population désignée de l'entreprise pour lui transmettre des informations caractéristiques.

Une lettre par établissement

Par exemple, dans le cadre d'une entreprise comportant plusieurs établissements ou répartie sur différents sites géographiques, il est opportun de prévoir un journal d'entreprise fédérateur pour l'ensemble des salariés, et des lettres sectorielles pour chacun des **sites** qui composent le groupe. Outils de **proximité**, ces lettres, déclinées pour chaque établissement, emploieront bien sûr une maquette commune pour conserver l'homogénéité graphique du groupe.
Le support étant plus léger que le journal d'entreprise, les étapes de réalisation en sont réduites d'autant. La lettre étant très opérationnelle, et devant être publiée rapidement, il convient de réduire la structure et l'organisation. Une personne seule peut s'en occuper.
Compte tenu de sa fréquence, la newsletter doit être facile à réaliser. Un outil comme *Publisher* propose des modèles de newsletters, faciles à personnaliser et à réutiliser. La maquette de la lettre une fois établie, il ne reste plus qu'à la « remplir » avec les informations du moment.

Une newsletter *ad hoc*

Si la lettre d'information est considérée comme un support d'appoint au journal d'entreprise, elle peut paraître de manière ponctuelle, pour éclairer les lecteurs sur un point précis d'actualité, ou l'état d'avancement d'un projet. Elle pourra également soutenir et accompagner une **communication de crise**.

Le cas d'**Arobace**, une newsletter consacrée à la veille

arobace

numéro 8
29 mai 1998

veille@cegos.fr

Aveux

Plus de 80 % des chefs d'entreprise français s'avouent insuffisament formés à Internet. Les patrons considèrent même cette lacune comme la première cause du retard d'Internet en France...
Bien avant la lenteur d'accès au réseau, ou la concurrence archaïque du Minitel. Ces résultats sont le fruit d'une enquête menée le mois dernier par l'ESCP et la Tribune. Elle touchait 200 dirigeants de PME.
Une étape décisive vient donc d'être franchie par les dirigeants français. Pour eux, le temps de la « sensibilisation » à Internet est révolu. Ils sont prêts à agir et à investir sur le Web. Plus étonnant, à la question : « Qui doit s'occuper du site Internet ? » les trois-quart répondent : les services internes ! Exit agences de com et officines spécialisées. Croire à Internet, c'est déjà bien, mais le faire soi-même, alors là...

Philippe Gérard

Les patrons adoptent leurs portables

Le PC Forum réunit chaque année, depuis 21 ans, les plus grands **patrons de l'informatique** pour leur permettre à la fois de sentir venir le vent, de prendre des contacts ou de se porter acquéreurs de "**start-ups**" prometteuses. Signe que l'on peut y apprendre des choses précieuses ou faire des affaires en or : ils payent 4000 dollars pour trois jours. Une des conclusions les plus importantes de cette année, c'est que les **PDG commencent à se servir de leurs portables**. «*Ils les utilisent pour maintenir leur correspondance électronique*» a expliqué l'un des participants «*et pour suivre ce qui se passe sur leur page d'accueil et sur celles de leurs concurrents.*» Cette évolution manifeste est susceptible d'avoir un impact profond dans la mesure où elle **facilite la communication** au sein de l'entreprise (toutes les études révèlent en effet que le courrier électronique encourage le dialogue et écrase la hiérarchie). Dans la même logique, on peut espérer que les PDG s'intéresseront à leur tour à la formation en ligne. Tous les consultants qui se sont heurtés au problème de la **technophobie** patronale y voient un des **freins** les plus sérieux à l'essor des **TIC**. Leur grand espoir repose aujourd'hui sur les progrès de la **reconnaissance vocale** grâce à laquelle ils pourront se passer des claviers et... des secrétaires.

Coincer la bulle pour se former

Eliott Masie, le spécialiste des technologies de la formation, souligne une intéressante contradiction : les entreprises s'orientent de plus en plus vers la FAO, alors qu'il est de plus en plus difficile de **ne pas être interrompu** sur son lieu de travail. L'apprentissage sur ordinateur implique une certaine **concentration** mais la plupart des employés sont, selon ses propres observations, interrompus au moins une fois toutes les 15 à 20 minutes. Solution : créer des « **bulles de concentration** ». Certaines entreprises instaurent des périodes de deux heures par jour pendant lesquelles on est invité à ne pas déranger les autres et à ne pas se laisser interrompre. Il n'est pas interdit de mettre un écriteau sur sa porte ou de faire flotter au-dessus de son ordinateur un ballon qui dise clairement "**Do not disturb**."

Désintoxication

Un psychiatre italien a mis au point une cure de désintoxication en ligne pour les « malades d'Internet ». Ses patients sont en majorité des hommes jeunes qui passent jusqu'à dix heures par jour devant l'écran. Attention au premier signe de la maladie : le besoin incompressible de vérifier au moins deux fois par jour sa messagerie... **(www.unigre.urbe.it)**

Les batteries aériennes ouvrent le feu

Plusieurs **compagnies aériennes** permettent à leurs voyageurs de Première et de classe Affaires de **recharger les batteries** de leurs **ordinateurs portables** grâce à une prise installée dans les accoudoirs de leurs sièges. Un service appréciable mais hélas... l'Association américaine des fabricants de batteries vient d'envoyer une lettre au gouvernement et à 20 compagnies aériennes dans laquelle elle déclare que cette **pratique** peut être **dangereuse** en cas «*de mauvais fonctionnement du chargeur,de mauvaise connexion entre le chargeur et l'équipement rechargé ou de surtension soudaine*». Dans certains cas extrêmes, les **batteries peuvent prendre feu**. Pour l'instant, aucun cas n'a été signalé. Mais l'incident permet de souligner que **60 % des passagers de Première ou de classe Affaires voyagent avec un ordinateur**, soit 30 millions de personnes.

Recalé par retour du courrier

L'Université de Géorgie a le sens du suspens : elle a monté un site sophistiqué pour permettre aux candidats de suivre au jour le jour l'état de leur **candidature**. Les détenteurs des meilleurs dossiers ont trouvé confirmation de leur **admission sur le Web**. Mais brutalement, l'affichage électronique des résultats a été suspendu : les **recalés** ont appris la décision fatidique par **courrier traditionnel**... Il restait alors 800 places à attribuer pour 4500 candidats. John Albright, le responsable des admissions a jugé que c'était trop : l'internet est un médium trop **froid** pour qu'on lui confie la tâche d'annoncer la mauvaise nouvelle...

Déficit de cerveaux

Les États-Unis s'estiment déficitaires de plusieurs centaines de milliers d'ingénieurs informaticiens : 7 milliards de dollars sont dépensés chaque année pour la formation informatique et 80% des budgets de formation aux TIC sont alloués à des sociétés prestataires.

Payer ses impôts sur Internet

Le gouvernement vient d'annoncer dix mesures pour le développement du commerce électronique en France. Orientations : créer la confiance, aider les PME et prôner l'exemplarité de l'Etat. Notamment par la dématérialisation de 100 formulaires du ministère de l'Economie et... la possibilité pour tout citoyen (branché) de payer ses impôts par Internet.
www.premier-ministre.gouv.fr/FAIT/060598C.htm

L'Université virtuelle francophone

Boutros Boutros-Ghali, le secrétaire général de la francophonie (52 Etats membres), a lancé l'université virtuelle francophone. L'université en ligne couvrira les secteurs de la recherche, de la formation, de l'information scientifique et des services aux usagers.

Fromages en ligne

Expedier des pâtes molles et cuites dans le monde entier, c'est le pari tenu d'une PME poitevine qui livre ses plateaux de fromages, de la Chine à l'Australie, sous 48 heures. DHL assure le transport. « Fromages.com » compte trois commandes par jour. La moitié provient des Etats-Unis. La PME a réussi à passer un accord avec les autorités américaines pour exporter ses fromages au lait cru... Mais French Gourmet Fromage, la société en question, devra doubler ses commandes pour atteindre le seuil de rentabilité. Prix moyen du plateau de la ménagère Internet : 500 F pour 1,2 kg de fromages. Le hic, c'est la Suisse : presque impossible d'exporter du fromage chez les helvètes...
www.fromages.com

La formation aux temps des juges

La première **plainte** contre les mauvais services d'une entreprise de formation aux technologies de l'information a été déposée dans l'Illinois, à la mi-mars. Les entreprises de formation s'exposent donc au risque croissant d'un **procès** en bonne et due forme. « *La formation technique est maintenant trop essentielle* (*mission-critical*). *Si quelqu'un commet une erreur, c'est de nature à* ***porter tort à l'entreprise*** » estime Christiane Moretti, analyste de *International Data Corporation*, une entreprise d'étude basée dans le Massachussets. Dans un tel contexte, les conseils de **prudence** envers les **responsables de formation** se multiplient : tester au moins trois cours ; s'enquérir de l'expérience des formateurs ; demander des listes de référence et les vérifier ; demander aux fabriquants de logiciels leurs listes de formateurs certifiés. Certaines entreprises « garantissent » même l'obtention de diplômes, comme *Mastering Computers Inc* de Phœnix (Arizona) qui **garantit l'obtention d'un certificat** de Microsoft à ses étudiants. Ceux qui échouent ont le droit de suivre le cours **gratuitement** une seconde fois, ou de toucher un **chèque** de 80 dollars pour se présenter une nouvelle fois à l'examen... A plus long terme, cela implique une évolution des firmes de formation qui ne peuvent plus se contenter de donner des cours mais se voient dans l'obligation d'assurer un **suivi** et, selon Moretti, d'aider leurs clients à transformer les investissements formation en **gains réels**. Cela peut aller jusqu'à l'établissement de programmes pour l'ensemble d'une société et la définition d'une politique de formation à la fois globale et détaillée.

Californie : du surf et de la sueur

Les étranges habitants de la Californie du Nord ont un gros problème - le **manque de temps** - et deux obsessions : **la santé et la technologie**. Ils croient en outre volontiers que cette dernière permet de tout résoudre. C'est sans doute pour cela qu'ils ont inventé un **appareil** qui leur permet de regarder la télévision, écouter un CD ou **surfer** sur le Web grâce à un écran connecté à une ligne à haut débit, tout **en pédalant sur une bicyclette** d'intérieur. Plusieurs gymnases de la Silicon Valley offrent à leur client des exemplaires dernier modèle de cette nouvelle race d'appareils inventée par *Netpulse* une société de San Francisco. Lire un article en détail peut être difficile pour qui ne dispose pas d'un chip spécial implanté derrière la rétine. Mais rien n'interdit de regarder un programme télé en direct, ou grâce à l'asynchronicité propre de l'internet, le journal télé du matin ou de la veille au soir. Certains préfèrent écouter de la musique ou profiter de ce moment de détente pour chercher sur la toile où ils iront passer leurs prochaines vacances. La **navigation** se fait grâce à un **écran sensible**. Mais il est conseillé de faire attention quand on a affaire à de tels appareils intelligents. Le cycliste en salle tenté de se reposer se voit rappelé à l'ordre par une **voix métallique** qui lui dit de « *continuer à pédaler* ». Ceux qui pensent qu'un bon exercice demande un minimum de concentration dans l'effort peuvent toujours protester, leurs arguments sont de peu de poids en face du temps que *Netpulse* permet de gagner aux cadres qui s'efforcent de **vivre à la vitesse de la lumière**. C'est ce que croit Tom Proulx, créateur de *Quicken*, le programme le plus populaire de gestion électronique des finances personnelles. Convaincu que le concept peut plaire et lui permettre de gagner encore plus d'argent, il a accepté de devenir PDG de *Netpulse*. En fait l'idée ne paraît folle qu'à ceux qui ignorent que sur l'autoroute qui relie San Francisco et la Silicon Valley on peut voir des hommes et des femmes qui tapent sur le clavier de leur ordinateur portable **tout en conduisant**.

veille@cegos.fr

cegos

Source : Cegos.

Arobace est un exemple de newsletter *ad'hoc*, consacrée aux nouvelles technologies de la formation. Objectif : tenir informé les consultants et collaborateurs de la Cegos, organisme de formation, de l'impact des techniques et outils de l'Internet sur la pédagogie et le métier de formateur.

À partir d'un *brief*, précisant la vocation de la lettre, sa ligne éditoriale, son lectorat, son contexte de diffusion, la maquette de principe est confiée à une graphiste. Celle-ci procède alors à un travail de réflexion et de création pour traduire visuellement (mise en page, typographie, habillage...) les consignes reçues lors du *brief* éditorial. Généralement, un graphiste propose plusieurs pistes de création. La version définitive est choisie en commun avec le commanditaire.

Avant une diffusion en nombre, une publication-test est lancée auprès d'un échantillon de lecteur pour mesurer l'impact de la lettre et apporter des améliorations à partir des réactions recueillies auprès des lecteurs. Ce numéro d'essai est aussi appelé « numéro zéro ».

Une fois les ajustements faits, le rédacteur en charge de la publication peut alors éditer directement les numéros suivants, en saisissant les textes dans la maquette créée avec un logiciel de mise en page comme *Xpress* ou *InDesign*. ■

Outil 17 Le livret d'accueil

Quatre thématiques pour un livret d'accueil

1. **l'entreprise** (forme juridique, activités de l'entreprise, chiffres-clés...)
2. **les services** (organigramme, organisation, missions des services...)

3. **vie pratique** (plans des locaux, badge, parking...)
4. **infos sociales** (protection sociale, mutuelle, comité d'entreprise...)

En résumé

Le livret d'accueil est un document de référence contenant toutes les informations qu'un collaborateur doit connaître sur son entreprise et l'exercice de son métier.

Ce document est conçu pour aider l'employé à démarrer en tant que nouveau collaborateur.

Le livret d'accueil est remis aux employés dans les premiers jours de travail. Il contient des informations générales sur l'entreprise voire des informations sur les termes et conditions d'embauche, le règlement intérieur et les avantages financiers ou sociaux (en particulier aux États-Unis et en Grande-Bretagne).

Insight

An Employee handbook *is a reference document containing information about what an employee needs to know regarding his/her employment and company.*

This document is conceived to help employees integrate as new collaborators, faster and easier.

An Employee Handbook is offered to each employee when s/he enters the company. It contains general background information about the organization and even includes information on employment terms and conditions, organizational policies, procedures, and fringe benefits (especially in United States and United Kingdom).

Pourquoi l'utiliser ?

Objectif

Le livret d'accueil vise à rendre rapidement autonome, opérationnel et productif le nouvel embauché. Il offre une **vision synthétique** de l'entreprise. Cet outil permet aux nouveaux arrivants de trouver leurs marques dans leur nouvel environnement de travail et de leur donner les « clés » de fonctionnement de la « maison ». Il doit mettre en évidence les **aspects pratiques** utiles au quotidien et permettre aussi bien de s'orienter dans les locaux, que d'assumer sans difficulté des tâches courantes ou de se conformer aux procédures administratives.

> Le livret d'accueil constitue un excellent outil de management lorsque l'entreprise fait souvent appel à des salariés temporaires.

Contexte

Le livret d'accueil peut se suffire en soi mais il sera d'autant mieux employé s'il complète un **dispositif d'intégration**, établi sous forme de parcours. Parrainé par un « ancien » de l'entreprise, le nouvel embauché prend connaissance de l'ensemble des activités et fonctions de l'établissement. La durée de ce parcours est évidemment variable selon le poste à occuper, mais demeure une étape nécessaire pour permettre au nouvel arrivant de comprendre l'entreprise, et aux personnes déjà en poste de connaître et d'apprécier les nouveaux visages.

Comment l'utiliser ?

Étapes

- **Recensez** les informations utiles aux nouveaux embauchés. Pour ce premier travail, vous pouvez facilement vous appuyer sur l'expérience d'un « **candide** » (un stagiaire, par exemple) qui vous fera part de ses préoccupations à son arrivée dans l'entreprise.
- **Structurez** ces informations recueillies en chapitres cohérents (*cf.* schéma page précédente).
- **Rédigez** de manière simple et pratique, en privilégiant les visuels (plans, illustrations, photos) et les énumérations. On ne lit pas un livret d'accueil, on le consulte.

Méthodologie et conseils

Par définition, le livret d'accueil a une espérance de vie qui n'excède guère **une année** : les chiffres changent, l'organigramme bouge, les lieux évoluent... Il convient de l'actualiser régulièrement et donc de choisir une forme qui soit évolutive : un classeur, par exemple, pour éviter des retirages trop fréquents de documents complets.

Une autre option peut consister à créer un livret d'accueil « en ligne », sur l'intranet. Toutefois, cette solution pour pratique et peu onéreuse qu'elle soit, ne satisfait pas pleinement la vocation du livret d'accueil qui consiste, justement, à « accueillir ». Le fait de remettre un document, physique, au nouvel embauché aura infiniment plus d'impact. ■

Avantages

✔ Au-delà d'une prise de connaissance de la structure professionnelle, le livret d'accueil aide le salarié à se familiariser avec les us et coutumes de l'entreprise.

✔ Le livret d'accueil rassure et encourage le nouveau salarié dans son engagement professionnel.

Précautions à prendre

✔ Un livret d'accueil n'est pas un pseudo-règlement intérieur, il vise à informer mais n'a pas de caractère réglementaire. À ce titre, il ne peut être opposé au salarié comme élément de nature contractuelle, contrairement aux pays anglo-saxons où le livret d'accueil revêt cet aspect légal.

Outil 18 L'affiche

Le visuel doit occuper au moins 50 % de la surface

En résumé

Les affiches sont conçues pour communiquer rapidement et graphiquement. L'affiche doit être composée d'un visuel, d'un slogan et d'un texte court n'excédant pas une vingtaine de lignes.

Le **visuel** représente bien sûr l'objet de l'annonce, mais peut aussi exprimer une émotion ou une idée.

Le **slogan** doit porter l'annonce, traitée de préférence sur un mode « incitatif ».

Le **texte** est synthétique et donne les informations essentielles. Il peut ne s'agir que de la date et d'un lieu, par exemple, lorsqu'il s'agit d'un événement.

Insight

Posters are designed to communicate, quickly and graphically. A poster should be composed of an image, a slogan and a short text of no more than twenty words.

*The **image** represents the purpose of the advertisement, but also expresses an emotion or an idea.*

*The **slogan** is a call for action, based on humor, intrigue, surprise, innovation or provocation.*

*The **Text** gives essential information, like date and place of an event, for example.*

Pourquoi l'utiliser ?

Objectif

Outil de communication directe, l'affiche sert à sensibiliser les salariés sur un événement à venir ou un changement à venir. Elle trouve toute son efficacité dans cette **fonction amont** d'une action de communication conséquente : lancement de produit, ou assemblée générale, nouvel intranet, etc.

L'affiche est un outil vivant et dynamique, dans la mesure où elle investit les lieux et marque une forte présence auprès du public. L'affiche vise, non pas à expliquer, mais à avertir.

Privilégiez l'information visuelle : « une bonne image vaut mille mots » (Confucius).

Contexte

L'affiche est par excellence un outil contextualisé, puisqu'elle sert une autre action de communication plus profonde, plus complète, plus ambitieuse. Une affiche utilisée en tant que support de communication autonome (un flash info, par exemple, ou une revue de presse) aura peu d'impact, ou risque, tout du moins, de ne pas valoriser le message à faire passer. Pourquoi ? Tout simplement parce **qu'une affiche n'est pas destinée à être lue, mais à être vue**. Le choix du visuel ou de l'illustration détermine le succès ou non de votre affiche.

Comment l'utiliser ?

Étapes

- Dégagez le message essentiel à faire passer.
- Faites un brainstorming pour trouver un slogan original pour faire passer le message.
- Recherchez une idée d'illustration pour mettre en valeur le slogan.
- Rédigez un texte court, ou les informations pratiques de l'affiche (mais un slogan peut souvent suffire...).

Méthodologie et conseils

Une bonne affiche sollicite l'imagination et interpelle le spectateur. Intriguer, amuser, surprendre restent sans doute les meilleurs moyens d'**attirer l'attention**.

Les affiches les plus efficaces se concentrent sur une seule idée et sont axées autour d'un **message unique**. À trop vouloir en dire, on finit par diluer l'information.

L'affiche trouve toute son efficacité avec le « **teasing** » (première campagne intrigante, pour susciter l'intérêt) puis la « révélation » (deuxième campagne, pour ancrer le message).

Les affiches doivent être « placardées » en masse, dans de nombreux lieux (les plus fréquentés, évidemment) pour accentuer l'effet.

Pas plus de **sept mots** pour le slogan ni plus de **trois éléments graphiques** sur l'affiche. Choisir des couleurs à fort contraste et utiliser une taille suffisante pour les caractères. ■

Avantages

- ✔ Bien diffusé, le message est pratiquement « immanquable », visible partout et par tous.
- ✔ Par sa présence visuelle, l'affiche s'intègre dans les lieux et crée une véritable « ambiance » de communication autour du thème évoqué.
- ✔ À la vue de tous, elle provoque la discussion et renforce la diffusion du message par les commentaires échangés.

Précautions à prendre

- ✔ Attention à ne pas surcharger l'espace : un support, un message.
- ✔ Vérifiez que le texte et le visuel restent lisibles et compréhensibles à des distances variables (une affiche doit pouvoir être lue à une distance de cinq mètres).
- ✔ La durée de vie d'une affiche n'excède pas deux semaines. Pensez à enlever les affiches une fois l'événement terminé... Rien de plus déprimant que des affiches périmées.

Outil 19 La bande dessinée

Un univers ludique et distancié

DESSIN : BERCOVICI SCÉNARIO : X. FAUCHE & E. ADAM COULEUR : LAURENT...

Source : www.unebulleenplus.fr

En résumé

La bande dessinée d'entreprise a le pouvoir de dépeindre les situations de telle manière que le lecteur peut faire le lien avec ses propres idées, ses peurs, ses préjugés ou ses croyances, tout en étant à l'écoute d'un point de vue différent.

La disposition des dessins ou des pages elles-mêmes permet de faire passer les messages de façon progressive, image par image, et rendre accessibles au lecteur les concepts les plus complexes.

Insight

Business comic strips *have the power to depict situations so that the reader is able to relate to their ideas, fears, reserves and pre-conceived beliefs and also listen to another side of the situation (or question).*

The layout of the strips or pages themselves enables messages to be expressed in a progressive and logical manner, drawing by drawing, which contributes to making any concept more accessible.

Pourquoi l'utiliser ?

Objectif

La vocation assumée d'une bande dessinée, c'est la **dédramatisation**. La BD permet de faire passer des messages d'une certaine gravité sous une forme ludique et décomplexée. Bien plus efficacement en tout cas, qu'avec des notes de service ou des panneaux d'affichage. Elle constitue sans doute un des meilleurs moyens d'inciter les salariés à changer de comportement, mission toujours délicate en communication interne. La BD permet en outre d'aborder les **sujets complexes**, de traiter les situations difficiles et peut même, dans certains cas, aider à la reprise du dialogue social.

La BD permet de prendre de la distance sur un sujet, en donnant la possibilité d'exprimer différents points de vue.

Contexte

La BD est particulièrement appropriée aux sujets délicats qui risquent de brusquer les salariés. Quand il s'agit, par exemple, de faire passer des consignes strictes de sécurité. Elle tempère le message, le rend plus **sympathique** et donc plus acceptable. La BD vulgarise, au sens noble du terme, et s'adapte parfaitement à l'illustration de processus. On pense notamment aux normes Qualité, Sécurité et Environnement. Le propre d'une BD est de « raconter une histoire » en images. Un atout considérable pour frapper les **mémoires**.
La mise en œuvre d'une BD d'entreprise réclame du temps et de l'argent. Réservez-là à des projets ambitieux, ou à l'accompagnement de profonds changements dans l'entreprise.

Comment l'utiliser ?

Étapes

• **Cernez la problématique** à illustrer et les messages à faire passer.
• **Créez** un premier **synopsis** (ou commandez-le à un scénariste).
• **Validez** le travail, éventuellement revu et modifié.
• **Confiez le scénario final** au dessinateur. Il structure d'abord les planches avec des « crayonnés » qui sont ensuite **encrés** puis mis en **couleurs**. **Intégrez les textes** et éventuellement les photos et logos de l'entreprise. **Imprimez** l'album (*cf.* outil chaîne graphique).

Méthodologie et conseils

À l'opposé des BD « classiques », la BD d'entreprise fait peu appel à l'imaginaire. Il s'agit au contraire de situations bien **réelles** et ancrées dans le quotidien. Une « journée type » d'un acteur de l'entreprise peut tout à fait suffire à écrire un bon scénario. C'est aussi le cas pour un processus technique ou un flux de production. La difficulté porte plutôt sur la définition des caractères : les personnages doivent en effet permettre aux salariés de **s'identifier** ou de s'approprier les situations. Les textes doivent être rendus aussi « naturels » que possible, ce qui n'est pas toujours simple lorsqu'il faut manier des concepts techniques. ■

Avantages

✔ La forme narrative et visuelle de la BD rend la communication accessible à tous les publics et lui ajoute une indéniable dimension affective.

✔ Le taux de mémorisation d'une BD est particulièrement fort (souvent supérieur à 90 %).

Précautions à prendre

✔ L'outil « bande dessinée », reste d'un usage exceptionnel et doit le rester. Outre les inconvénients liés à un coût élevé, l'utilisation répétée de la BD finirait vite par discréditer les messages aux yeux de salariés qui pourraient se sentir « infantilisés ».

Outil 20 Le livre d'entreprise

Écrire une aventure humaine

Source : Communication de la Cegos
et agence Textuel. Photo : Fabrice Roger.

En résumé

Le livre d'entreprise raconte l'histoire d'une entreprise et la rend vivante, en portant un regard complet sur les personnalités, les traditions, les aspirations, les actions et la culture qui construisent une organisation.

Il met en valeur l'image de l'entreprise et aide le management à communiquer avec les salariés, les médias et les clients.

Un livre d'entreprise peut servir de point de départ à une campagne qui se prolongera via des médias électroniques comme une vidéo, un DVD ou un site Web construits à partir des éléments et anecdotes réunies pour le livre.

Insight

A corporate book tells the story of an organization and brings it to life. It is a compelling inside look at the personalities, traditions, aspirations, actions and culture that shape an organization.

A corporate book enhances a company's image and helps management connect with employees, medias and customers.

It can also serve as the foundation for a campaign that extends into electronic media (video, DVD or the Web).

Pourquoi l'utiliser ?

Objectif

Le livre d'entreprise fait d'une société ou d'une institution un personnage à part entière. Véritable « biographie » de l'entreprise, le livre institutionnel donne corps à une entité qui peut sembler désincarnée, régie par sa seule activité. Outil **fédérateur** en interne (chacun s'y retrouve, ou retrouve ses prédécesseurs), le livre fixe la **mémoire collective**. Retraçant les grandes étapes, le livre fédère autour de valeurs communes et parfois méconnues de l'entreprise : l'origine d'un produit, du nom de la marque ; la création du premier établissement. Le livre, référence ancrée au monde de la pensée et de l'intelligence, est un outil de valorisation incontestable.

Le livre confère une dimension mythique à l'entreprise.

Contexte

Le livre d'entreprise ne prend sens qu'à partir du moment où l'entreprise a déjà un « vécu » significatif. Une **date anniversaire** est l'occasion rêvée pour lancer un livre d'entreprise. Même s'il constitue un objet de communication particulièrement fort en soi, le livre est rarement exploité en tant que tel mais associé à un événement de relations publiques, internes ou externes. Le livre signe ainsi le passage à une nouvelle phase de développement de l'entreprise et matérialise les **symboles** du passé.

Comment l'utiliser ?

Étapes

- **Recensez les sources écrites** existantes : journaux internes, rapports annuels, discours des dirigeants, etc. Sans oublier les documents méconnus dormant aux archives…
- **Recueillez les sources** vives et **orales** : interviewer les anciens et aussi les retraités.
- **Élaborez le plan** du livre.
- **Rédigez, mettez en page et imprimez** l'ouvrage selon les étapes classiques (*cf.* outils sur les bases de l'écrit et la chaîne graphique).

Méthodologie et conseils

L'histoire d'une entreprise n'est jamais détachée de celle de son environnement politique, social et économique. Il est important de mettre en perspective les activités passées de l'entreprise et les **événements marquants** de la société, à la même époque. Le lecteur situera plus facilement les évolutions propres à l'entreprise au regard de **faits historiques**.

La conception d'un livre d'entreprise réclame un travail considérable de documentation, à envisager très en amont de la publication. ■

Avantages

- ✔ Le livre d'entreprise souligne la dimension humaine de la vie d'une entreprise. Il procure en outre un sentiment de fierté aux anciens comme aux nouveaux collaborateurs et renforce par là même le sentiment d'appartenance à une culture commune.
- ✔ En racontant le chemin parcouru, le livre fixe l'entreprise dans le présent et l'inscrit aussi dans une perspective d'avenir.

Précautions à prendre

- ✔ Un plan chronologique s'impose presque nécessairement : il est toutefois important de donner des repères en identifiant et en structurant l'histoire de l'entreprise par périodes clés.
- ✔ Si le livre doit bien sûr mettre en valeur l'entreprise, attention toutefois à ne pas « gommer » certains moments difficiles ou personnages moins glorieux. La crédibilité de l'ouvrage en dépend.

Communiquer par le Web

Le XXIe siècle a propulsé la communication d'entreprise dans l'ère du numérique et des réseaux. Impossible pour les « communicants » d'échapper à l'omniprésence de l'Internet. Les responsables de communication doivent aujourd'hui consacrer une part importante de leur activité au déploiement et à l'animation de supports on-line (site Web, intranet, e-newsletters) en complément des outils de communication classiques.

Responsables de communication, des compétences nouvelles

La création de contenus informatifs reste au cœur du métier, les aspects techniques étant le plus souvent délégués à un prestataire externe (webagency, SSII) ou au service informatique de l'entreprise. Mais l'avènement des « **nouveaux médias** » conduit le responsable de communication à mener d'autres missions, à enrichir sa palette d'interventions jusqu'à voir compléter ou renommer le titre même de son poste : **responsable du contenu**, **webmaster éditorial**, responsable intranet... Sans devenir informaticien, le responsable de communication devra surveiller de près l'apparition de nouvelles technologies, pour les exploiter au mieux ; comme il lui est nécessaire de s'intéresser aux évolutions de la chaîne graphique et aux métiers de l'imprimerie.
Au-delà d'assurer la complémentarité de l'information en ligne avec les supports traditionnels, les rescoms doivent aussi s'inspirer des services émergents du **Web 2.0** pour doper leur communication et faire évoluer leurs outils.

Web 1.0	→	Web 2.0
Web corporate		Web éditorial
Intranet		CMS*Content Management System*, Blog et wiki
E-newsletter		Fil RSS

Internet et les relations publiques

Cette nouvelle dimension high-tech de la communication d'entreprise s'applique à une autre activité fondamentale de la profession : les relations publiques dématérialisées par des nouveaux outils comme les **salles de presse** virtuelles et la création d'événement en ligne.

Plus largement, l'Internet ouvre l'entreprise à de nouveaux publics, plus inattendus et plus actifs. Il s'agit aujourd'hui de toucher de « **nouveaux leaders d'opinion** », friands d'information, qui utilisent le Web pour exposer leurs points de vue à l'attention de communautés d'internautes. Nombre de membres de **réseaux sociaux** et autres créateurs de **blogs** sont devenus des « **influenceurs** » (nom attribué à ces nouveaux leaders d'opinion) déterminants : les négliger peut s'avérer potentiellement dangereux. Ces nouveaux acteurs de l'information peuvent exercer un pouvoir certain sur l'opinion et impacter, en bien ou en mal, l'image de l'entreprise.

Autant dire que le métier de la communication a pris une autre ampleur. L'irruption des nouvelles technologies a passablement étendu le périmètre des activités habituelles de la profession. Le rôle initial du responsable de communication – diffuser l'information – s'avère aujourd'hui indissociable d'un travail de **veille permanente sur la marque** et d'une forme d'intelligence économique. Chaque internaute devenant potentiellement émetteur d'information, l'entreprise garde moins qu'auparavant l'exclusivité de « sa » communication et les responsables de communication doivent redoubler de vigilance pour rester informés « de ce qui se dit » de l'entreprise ou de ses produits, sur le réseau. D'où la nécessité d'asseoir la notoriété de l'entreprise et d'en légitimer le discours grâce à un site Web officiel, riche en contenu et régulièrement mis à jour.

Mettre à jour les contenus et évaluer la fréquentation du site

Exister sur Internet ne se résume pas à la simple mise en ligne d'un site. Il est fondamental de rendre ce site visible sur la Toile, en associant différentes techniques de **référencement**. Le contenu et la mise à jour sont à cet égard primordiaux. La **valeur informative** du site est l'un des premiers critères de succès. Tout comme le choix d'une URL (l'adresse Internet).

Au-delà de la mise à disposition de l'information sur le site, il convient non seulement d'en assurer la promotion mais encore d'en évaluer la fréquentation par les internautes. Les outils de mesure qu'offrent les technologies Internet constituent une rare opportunité pour les responsables de communication : celle de connaître en détail les parcours de visite des internautes comme le temps consacré à la consultation des pages. Ces outils de *reporting* sont enviables et précieux, dans un domaine où l'on sait, par ailleurs, combien il est difficile d'**évaluer** avec précision les **retombées** d'une action de communication.

L'objet de ce dossier vise justement à définir et utiliser au mieux les nouveaux outils de diffusion de l'information dont disposent désormais les responsables de communication.

Les OUTILS

Outil 21 Le site Web corporate

La vitrine de l'entreprise en ligne

Société	Produits	Actualité	Finance	Recrutement
profil	produit A	à la une	chiffres-clés	engagements
stratégie	produit B	communiqué de presse	action	offres d'emploi
équipe	produit C	Webzine e-letter	rapport annuel	stages
histoire	produit D	…	actionnaires	…
…	…		…	

Ces rubriques essentielles figurent sur la plupart des sites institutionnels.

Contact	Plan du site	FAQ	Aide	Mentions légales

Une barre de navigation fonctionnelle facilite l'utilisation du site.

En résumé

Le site Web corporate permet aux visiteurs d'accéder à des pages d'information via des liens hyper-texte. La barre de navigation principale comporte au moins les thèmes suivants : société, produits, actualité, finance, recrutement.

La plupart des visiteurs entrent sur le site par la page d'accueil. La barre de navigation les guide vers l'information qu'ils recherchent.

La page d'accueil du site comporte une barre de navigation principale, idéalement située en haut de l'écran, et une barre de navigation fonctionnelle qui aide les visiteurs à naviguer sur le site et située en haut à droite ou en bas de l'écran.

Insight

*A corporate **website** provides an online, hypertext environment that allows visitors to access informational pages. At a minimum, the main navigation should consist of: Corporate, Products, News, Finance, Careers, Contact.*

The majority of visitors enter the corporate website through its homepage. The navigation bar then guides them to the information they are looking for.

The corporate website homepage consists of the main navigation bar, ideally located at the top of the screen and support navigation that guides visitors through their visit. It is located in the upper right corner or at the bottom of the screen.

Pourquoi l'utiliser ?

Objectif

Le site Web est un outil indispensable pour rendre visible l'entreprise et véhiculer une image de marque positive, au-delà de toutes limites géographiques. Outre les informations fondamentales (histoire, valeurs, organisation) présentées dans cette **vitrine valorisante**, le site corporate permet d'offrir en ligne une **actualité** sur l'activité de l'entreprise ou celle de son marché. Un site corporate est également très adapté à la communication de recrutement par la mise en ligne d'offres d'emploi.

Un site Web corporate efficace propose des informations à valeur ajoutée pour ses visiteurs.

Contexte

Le responsable de communication place le site institutionnel au centre de sa politique d'image sur l'Internet. Toutefois, plusieurs outils, connexes au site, permettent à l'entreprise de doper sa communication *on-line*. À commencer par la diffusion par e-mail d'une **newsletter,** à laquelle clients et prospects peuvent s'abonner. La mise en place de **forums de discussion** spécialisés peut aussi encourager les internautes à se rendre sur le site. Pourquoi pas non plus, proposer un service d'information, via un **chat** ou un outil de messagerie instantanée, voire un **podcast** (contenu audio ou vidéo téléchargeable) comme le propose Cisco, avec une chronique High-tech hebdomadaire, réalisée par deux journalistes.

Comment l'utiliser ?

Étapes

- Posez des **objectifs** : quelle est la vocation du site ? Il peut s'agir de présenter l'entreprise en ligne, mais peut-être aussi de développer la relation client. Le choix de l'objectif détermine le contenu et l'agencement du site.
- Définissez les **cibles** : qui souhaitez-vous toucher ? Le site a-t-il plusieurs cibles ? Il faut savoir à qui l'on s'adresse et prévoir, souvent, des versions multilingues.
- Organisez le **contenu** en fonction des attentes des visiteurs.
- Proposez des **fonctionnalités interactives** : au-delà d'un accès à l'information, le site doit proposer des fonctions vivantes et des outils pratiques (voir page suivante).
- Soignez le **design** : les aspects graphiques et ergonomiques sont déterminants sur Internet. Un site Web est aussi un outil informatique qui doit être facile à utiliser et agréable à regarder.

Méthodologie et conseils

Le site Web doit décliner la charte graphique déjà en vigueur pour la communication Print et respecter le **style** de l'entreprise. Mais gare à la tonalité institutionnelle adaptée à une plaquette : elle passera plus difficilement sur le Web, où le registre de communication est incontestablement plus **direct**. Sans sombrer dans le « jeunisme » ou la familiarité, il convient d'adopter un langage simple et naturel.

Avantages

✔ Un site Web offre un service remarquable aux visiteurs : celui d'être ouvert 24h/24. En outre, le visiteur se charge lui-même de faire la démarche et d'imprimer les documents qui l'intéressent (fiches d'information produit, guides d'utilisation, support technique...).

Précautions à prendre

✔ Les informations en ligne sont disponibles pour tout le monde... Y compris la concurrence. Il est donc important de mettre en place un processus strict de contrôle de mise en ligne des contenus.

...

Comment être plus efficace

Proposez des informations à valeur ajoutée

Le site Web corporate doit être une référence pour tous les publics de l'entreprise et proposer des documents « officiels » et récents concernant son activité. Mais c'est insuffisant. Il faut aller au-delà, et diffuser des informations à valeur ajoutée, correspondant aux centres d'intérêt des internautes. Il faut leur donner envie de venir et de revenir sur votre site Web. Par exemple, le site de Leroy-Merlin propose des fiches et des **guides pratiques** pour le bricolage et l'aménagement de la maison. Dans le même esprit, celui de la Fnac met à disposition des **dossiers techniques**, librement téléchargeables, pour aider à bien choisir son matériel. Plus qu'une information institutionnelle ou commerciale, un site Web doit offrir un réel **service client**.

Du mail au blog

Le maître mot du Web, c'est **l'interactivité**. Et l'outil le plus fondamental de l'interactivité sur l'Internet, c'est la messagerie électronique. Commencez par répondre, systématiquement, à chaque e-mail : tout courrier envoyé doit appeler une réponse dans les 48 heures !

N'oubliez pas non plus de proposer au téléchargement les documents qui peuvent intéresser vos visiteurs. Le rapport annuel en est l'exemple-type. Si le rapport est volumineux, vous pouvez proposer de le **télécharger** par chapitres, bien identifiés, ce qui facilitera la recherche de l'internaute qui pourra ainsi ne récupérer que les parties qui l'intéressent. Pensez naturellement aussi à en décliner une version électronique, en HTML, consultable en ligne.

Plus loin encore, imaginez un **blog**. Un outil de communication qui réclame certes un certain « entretien », dans la mesure où il faut participer activement et régulièrement aux discussions et contribuer à l'animation, mais qui contribue à la notoriété du site institutionnel.

Passez au « rich media »

Plus facile à mettre en œuvre, la mise en ligne d'outils pratiques et automatiques apporte une véritable valeur ajoutée à votre site : des cartes interactives, des quizs, des simulations en ligne (un devis, un prêt, une estimation). Sans oublier de recourir au « **rich media** » : photos, vidéos, animations et widgets (widgets : contraction de « windows » et « gagets ») ; petites applications de bureau (calculatrice, calendrier...) ou applications ludiques (radio, météo...), qui préfigurent l'Internet de demain. Elles permettent d'enrichir vos contenus rédactionnels que vous pouvez par ailleurs limiter. Le lecteur ne s'en portera que mieux. D'autant qu'il appréciera des textes courts et denses, plutôt accompagnés de visuels, si possibles animés, que de longs paragraphes écrits. Un webmagazine peut donc tout à fait « fonctionner » avec peu de texte en ligne (l'équivalent de cinq ou six pages). De plus, la tendance est incontestablement à **l'éditorial audiovisuel** (podcast & video).

Toutefois, attention à ne pas se focaliser sur la forme, et se contenter de croire que la mise en ligne d'un jeu suffira à attirer l'internaute. Même si les aspects ludiques sont à prendre en compte sur l'Internet, l'essentiel reste le contenu et, plus exactement, le service apporté à l'internaute.

Le cas du **Site du Groupe Danone**

Société	Produits	Actualité	Finance	Recrutem
profil	produit A	à la une	chiffres-clés	engagemer
stratégie	produit B	communiqué de presse	action	offres d'em
équipe	produit C	Webzine e-letter	rapport annuel	stages
histoire	produit D	…	actionnaires	…
…	…		…	

Ces rubriques essentielles figurent sur la plupart des sites institutionnels.

Contact	Plan du site	FAQ	Aide	Mentions légc

Une barre de navigation fonctionnelle facilite l'utilisation du site.

Source : www.danone.com

• Un site éditorial dédié

Après avoir lancé une enquête sur l'alimentation et la santé auprès de ses clients mettant en évidence des attentes d'information, Danone a créé un programme d'accompagnement dont la signature est explicite : « faire de l'alimentation votre alliée santé ».

Le programme Danone et vous repose sur un **site éditorial dédié**, sur lequel sont proposées des rubriques avec des **reportages** en vidéo, des **interviews** d'experts, visant le visiteur (ou plutôt la visiteuse) et les membres de sa famille. Recettes de cuisines, cours de gym, reportages sur la gastronomie, la santé... tout est bon pour convaincre le visiteur.

Le site a fait peau neuve en 2006, et succède au programme Danoé que le groupe avait déjà choisi pour se positionner comme prescripteur de référence en terme de santé, de nutrition et de bien-être. Danoneetvous.com réunit 3,5 millions de visiteurs uniques par an qui devraient découvrir une nouvelle version du site dès 2008.

• Complémentarité Web et Print

Autre particularité, le programme « Danone et vous », propose en plus du site dédié, de s'abonner à un **magazine** de 28 pages paraissant trois fois par an. Au-delà des informations pratiques sur l'alimentation et la santé, le magazine présente les Marques du groupe et propose une offre de bons de réduction.

Autre support proposé dans le programme, un **guide** annuel alimentation santé, plus expert que le magazine comportant notamment un « nutricode » avec des conseils, des mémos et un lexique. ■

L'intranet

L'intranet est un réseau Internet privatif

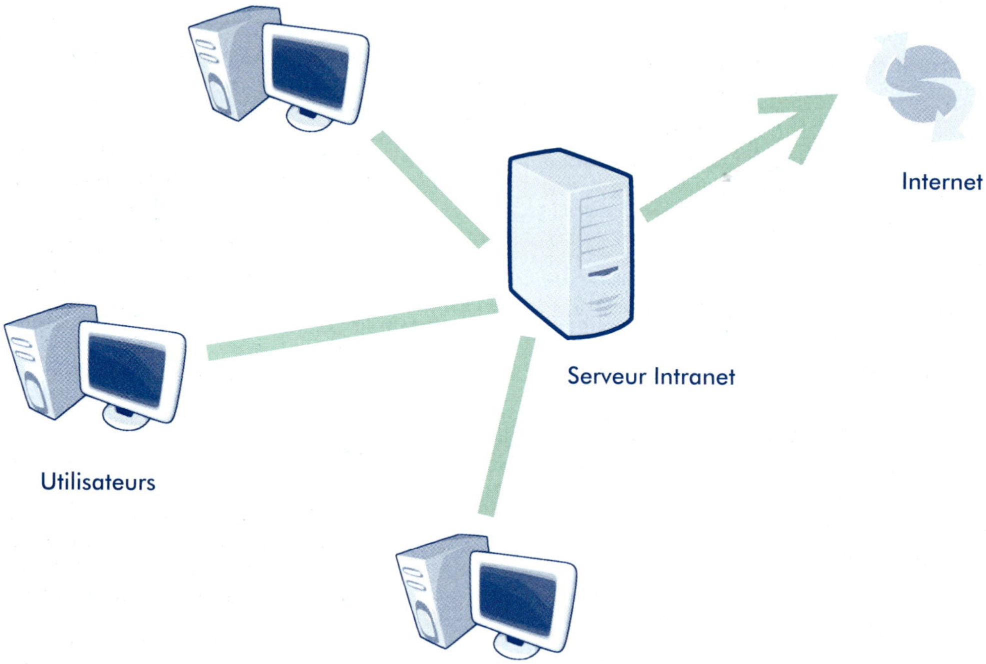

En résumé

L'intranet utilise les mêmes technologies de serveur Web, de protocoles de communication et de liens hypertexte que l'Internet.

L'intranet est un site Web interne destiné aux employés de l'entreprise. L'intranet peut être relié à l'Internet, mais n'est pas accessible au grand public.

Certaines sociétés « rentabilisent » le développement d'applications en faisant participer leurs départements ou unités au financement de l'intranet.

Insight

Intranet uses the same server technology, communication protocols and hypertext links as the Internet.

Intranet is an in-house website that serves the employees of an enterprise. Although intranet pages may link to the Internet, an intranet is not a site accessed by the general public.

For an Intranet site to be profitable, some companies ask each department or production unit to participate in its development and financing from their own budgets.

Pourquoi l'utiliser ?

Objectif

L'objectif principal d'un intranet consiste à diffuser rapidement et à moindre coût des informations fiables et récentes partout dans l'entreprise. L'intranet a aussi pour vocation de faciliter le partage de connaissance, d'encourager l'esprit d'équipe et bien sûr de servir la communication interne. Pour beaucoup d'utilisateurs en entreprise, l'intranet est un passage obligé pour accéder aux logiciels et aux données nécessaires au travail quotidien. La **page d'accueil** devient donc l'espace idéal pour délivrer les messages de la communication.

Pensez à réaliser une enquête interne auprès des salariés, une fois par an, pour le contenu, le design et l'interface de l'intranet.

Contexte

L'intranet sert à véhiculer des **informations tactiques**, rapides, urgentes, très en phase avec l'actualité et l'opérationnel : messages clés de la direction, opérations en cours, résultats financiers... Sans oublier les informations de proximité, liées aux activités des salariés sur le terrain. Pour augmenter son efficacité, on doit lui associer un système d'alerte, par mail, pour inciter chacun à se connecter à l'intranet. Enfin, pour attirer les salariés sur l'intranet, il ne faut pas hésiter à s'inspirer des pratiques du Web en proposant des jeux-concours, sondages, photos et vidéos.

Comment l'utiliser ?

Étapes

- **Recensez les besoins** : L'intranet doit être « orienté utilisateur ». Il est indispensable de créer des groupes-test réunissant différents profils d'utilisateurs potentiels pour cerner les besoins et les usages de l'intranet.
- **Établissez un cahier des charges :** définissez une politique éditoriale, avec des standards de publication, une charte graphique, des critères d'évaluation, un budget et les objectifs de l'intranet.
- **Choisissez la plate-forme technique** et l'infrastructure : définissez les standards et la technologie.
- **Animez** l'intranet : rendez la page d'accueil « événementielle » en l'alimentant régulièrement pour inciter les salariés à la consulter davantage.
- **Formez une équipe** intranet : confiez la mise à jour du site à des « correspondants intranet » qui auront à leur tour pour mission de faire vivre l'intranet.

Méthodologie et conseils

Seul un recueil d'informations permettra de construire un intranet utile et... utilisé. Il faut cerner les **attentes des utilisateurs**, qu'elles soient liées aux fonctionnalités RH (RTT, demande de congés...), à des solutions de travail collaboratif (partage d'agenda, de fichiers communs) ou encore à de l'information, voire à des formations en ligne.

Avantages

✔ L'intranet permet de faciliter l'accès à tous les documents de l'entreprise, mais aussi de segmenter et de limiter l'accès à certaines informations selon le profil des utilisateurs.

✔ L'information peut être mise en ligne très rapidement : le processus d'édition est beaucoup plus léger et moins onéreux que pour une publication papier.

Précautions à prendre

✔ Attention à ce que l'intranet ne devienne pas un outil réservé à une frange réduite du personnel, excluant ceux qui n'ont pas accès à l'informatique.

✔ L'intranet ne remplace pas tout, il complète les autres outils de communication.
Le journal interne « papier », bimestriel ou trimestriel, garde tout son sens pour traiter les sujets de fond.

• • •

Comment être plus efficace

Passez du site intranet au Content Management System

L'intranet a d'abord pour finalité d'être un outil de communication mis à la disposition des salariés. Et les contenus sont centralisés et mis à jour par un webmaster. L'évolution des technologies conduit aujourd'hui le responsable de communication, non plus à alimenter l'intranet, mais à piloter le site et à manager l'information, en s'appuyant sur un réseau de correspondants.

L'intranet de communication reproduisait, jusqu'à il y a peu, le schéma technique des sites Web, à l'aide des mêmes logiciels (Dreamweaver, Flash, pour ne citer qu'eux). De nouvelles technologies se sont peu à peu imposées comme des outils particulièrement appropriés aux intranet. Au premier rang d'entre eux, les **systèmes de gestion de contenu ou CMS** (*Content Management System*) et plus récemment, les blogs et les wikis.

Les systèmes de gestion de contenu laissent au webmaster, ou au responsable du contenu, la maîtrise de l'architecture, du design et de l'administration du site, dans sa globalité. La mise à jour des pages est cette fois déléguée à des « **contributeurs** ». Cette publication décentralisée est justement rendue possible par les CMS, grâce à **une interface très simple** qui permet à tout un chacun de mettre à jour certaines pages du site sans avoir à se former à un logiciel particulier.

Le passage d'une situation de gestion centralisée à une production déconcentrée représente un changement culturel important dans l'entreprise. Le webmaster devra accepter de **responsabiliser** les contributeurs et de se contenter d'un rôle de validation sur les contenus. Tout collaborateur devient, potentiellement, rédacteur pour l'intranet, et doit donc accepter, de son côté, cette mission complémentaire. En l'occurrence, les CMS autorisent plusieurs individus à intervenir sur un même document, à travers une chaîne de publication. Cette chaîne, ou « **workflow** », permet de travailler de manière collaborative, tout en soumettant à la validation avant publication.

Par ailleurs, Ces systèmes de gestion de contenu incitent à passer d'une culture de la bureautique personnelle et individuelle, à une culture de la production d'information collective **en réseau**.

Le CMS n'est pas un simple **blog** (qui a toutefois son utilité, voir outil 23) qui présenterait des nouvelles publiées sous forme de fils de discussions. Le CMS propose d'autres manières de structurer et d'unifier l'information grâce à une identification des documents par mots-clés, ce qui permet de **structurer** et de **hiérarchiser** les contenus.

Les CMS peuvent en outre être couplés à d'autres produits et permettre des évolutions intéressantes vers le travail collaboratif, ce qui est par exemple le cas des **wikis** (l'exemple le plus connu est l'encyclopédie collaborative Wikipedia).

À la différence des systèmes de gestion de contenu classiques, où un processus de contrôle reste en vigueur, le wiki permet à toutes les personnes autorisées de modifier le contenu d'une page. Seules les informations générales de navigation servant de modèle à la structure de la page ne sont pas modifiables. La mise à jour des informations est donc non seulement déléguée mais aussi partagée par la **communauté** des utilisateurs. Autrement dit, une communication 100 % transversale. Les wikis forment actuellement les intranet les plus évolutifs et les plus ouverts sur **l'intelligence collective** et le Knowledge Management.

Exemple d'**Intranet type**

Applicatifs
Applications et outils de gestion, logiciels, banques de données, etc.

Workflow
Formulaires administratifs, procédures, réservation de salles, etc.

Référentiel (corporate)
Mission, organigramme, rapports, plan stratégique, charte graphique, livret d'accueil, annuaire, etc.

Informationnel (tactique)
Communiqués, événements, agenda, offres d'emplois internes, revue de presse, etc.

Collaboratif
Forum de discussion, wikis, blogs, espaces de travail partagé, messageries instantanées, webcam, etc.

• Architecture de l'information

Un intranet complet est bâti sur **quatre briques** principales dont les zones sont logiquement accessibles depuis la page d'accueil :

– La partie « **applicatifs** » rassemble les outils et les ressources nécessaires à l'exercice de leur fonction.

– Le « **workflow** » met des formulaires ou des champs de recherche à la disposition des employés pour faciliter les démarches quotidiennes ou la gestion de leurs activités (feuilles de temps, demande de congés...).

– La partie centrale de la *home page* est consacrée aux **informations** délivrées par le service Communication, c'est bien sûr la plus importante puisqu'elle anime l'intranet, si possible de manière quotidienne.

– Une autre zone d'information, réservée aux documents de **référence** est proposée aux employés qui pourront la consulter de manière ponctuelle en fonction de leurs besoins.

– Enfin, les intranet les plus évolués développent une partie spécifiquement dévolue aux outils **collaboratifs** et aux communautés de pratiques.

• Responsabilité et organisation

Pour ce qui concerne la responsabilité du schéma directeur de l'intranet, les directions de l'informatique continuent généralement d'exercer leur emprise sur le projet... On ne saurait trop rappeler, en particulier dans cet ouvrage, la nécessité d'impliquer les services de communication dans l'élaboration et la mise en œuvre de l'intranet. L'intranet est certes un outil informatique, mais son contenu est en grande partie éditorial. Et l'information est au **cœur** de l'outil. Il est indispensable de mettre en place des comités de pilotages transversaux qui associent – au sein d'une équipe pluridisciplinaire – les représentants de différentes directions en charge des contenus ou des fonctionnalités de l'intranet. ■

Outil 23 Le blog

Physionomie d'un blog

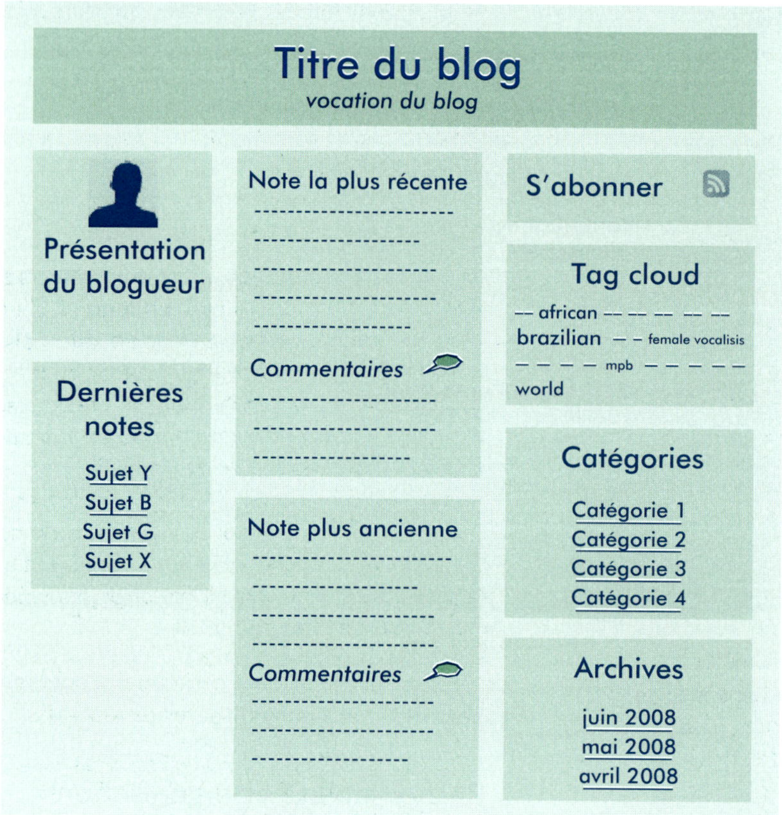

Tag cloud : nuage de points, rend visible les mots-clés les plus fréquents sur le blog. (à chaque billet peut être associé un tag, un mot-clé).

Post : billets ou note.

PermaLink : contraction de *Permanent Link*. Adresse Web (URL) de chaque billet publié sur un blog. Lien vers un billet archivé.

Trackback : lorsqu'un billet est publié sur un blog X, l'information est transmise à un blog Y.

Flux RSS : permet de s'abonner à un fil d'information en direct.

En résumé

Le blog est un site Web simplifié, sur lequel sont régulièrement publiés des **billets** (ou **notes**) habituellement présentés en ordre chronologique inversé, le plus récent arrivant en premier.

Les entreprises peuvent utiliser les blogs comme outil de relations publiques et s'autoriser une communication interactive et directe avec leurs clients. Ou, par des blogs internes, favoriser le dialogue entre les membres du comité de direction et les salariés.

Un blog propose des liens vers d'autres sites où l'internaute peut trouver informations et opinions sur un sujet spécifique. Un blog peut être actualisé par un individu ou par un groupe.

Insight

A blog, is a simplified website updated regularly, with individual "posts" that are usually presented in reverse chronological order, that is, the most recent entry is first.

Companies use blogs as a public-relations tool to allow direct, interactive communication with customers. Internal blogs help create a dialogue between management and company employees.

A blog often contains links to other websites and blogs so the reader can quickly find blocks of news, information and opinion on a specific subject.

A blog can be kept written and maintained by an individual or by a group of people.

Pourquoi l'utiliser ?

Objectif

Le blog d'entreprise permet d'établir une relation de proximité avec les lecteurs et à susciter leurs réactions. Le créateur du blog publie régulièrement des « billets » qui peuvent être commentés par les visiteurs. En communication **interne**, un blog favorise le dialogue entre la direction et les employés. Les parties impliquées sur un sujet peuvent réagir rapidement aux questions ou problèmes soulevés.
En communication **externe**, un blog permet d'établir une relation directe avec les consommateurs, les partenaires ou les clients. La plupart du temps, le blog corporate est rédigé par le dirigeant. L'exemple français le plus célèbre de blog est celui de Michel-Edouard Leclerc (www.michel-edouard-leclerc.com).

Le blog donne au dirigeant d'entreprise un rôle de leader d'opinion réactif et influent

Contexte

Aux États-Unis, les **blogs corporate** ou CEO (*Chief Executive Officier*) blog (ou blog de PDG) sont foisonnants. En France, les entrepreneurs du secteur technologique sont les plus enclins à les utiliser. Les limites culturelles, ou générationnelles, ne favorisent pas la propagation de ce mode de communication, pourtant largement adopté par les Français (plus d'un million de blogueurs actifs en 2007). Les leaders politiques en ont vite compris l'intérêt, notamment lors de la campagne présidentielle de 2007.

Comment l'utiliser ?

Étapes

- **Définissez la ligne éditoriale** de votre blog : thème, cible, contenus... et la ou les personne(s) chargée(s) de l'alimenter.
- **Choisissez une solution technique** en ligne pour vous assister dans la création (ex. : u-blog, blogger, typepad). Pour un blog interne, il existe aussi des solutions de blog à installer sur un serveur d'entreprise (ex. : dotclear).
- **Publiez des informations** à une fréquence au moins **hebdomadaire**.
- **Répondez** régulièrement aux **commentaires** des visiteurs.

Méthodologie et conseils

Le blog s'apparente plus à une « **conversation** » qu'à un « discours ». La tonalité d'un blog est intime, moins distanciée que celle d'un site Web institutionnel. L'auteur du blog doit donc être clairement identifié et adopter un style rédactionnel personnalisé et humain, en accord avec la nature de l'outil. La langue de bois est à proscrire, pour laisser place au « **parler vrai** ». Il ne faut pas craindre de se tromper, ni d'être contredit. La périodicité des notes est très importante pour convaincre et fidéliser son public. ■

Avantages

✔ Le blog ne nécessite aucune connaissance technique. la publication d'un article est instantanée et à la portée de tous.

✔ Grâce à son ouverture et son interactivité, le blog favorise l'obtention d'informations directes, difficiles à faire remonter autrement.

✔ Un blog contribue à la visibilité d'une entreprise sur Internet.

Précautions à prendre

✔ La parole étant libre, les risques de dérapages existent. Il convient donc d'établir une charte d'usage du blog, consultable en ligne. Il est également prudent et légitime de modérer le blog en s'autorisant à ne pas publier certains commentaires qui dérogeraient aux règles de la charte.

De la messagerie électronique au Web

1. E-mail

Webao

La newsletter des techniques de communication — N°13

Web 2.0

L'avènement des logiciels en ligne

Plus besoin d'avoir Word installé sur son PC. C'est du moins ce que permet un logiciel complet de **traitement de texte** utilisable **en ligne**. Il suffit d'aller sur le site Writely (encore une invention de Google) et de s'inscrire. On saisit son texte. On le met en forme. Puis on l'enregistre, au format « .doc » ! Dans la foulée, vous pourrez également tester Spreadsheets, pour créer vos feuilles de calcul avec ce **tableur** en ligne.
Dans le même esprit, Ajaxlaunch réserve aux utilisateurs de Firefox ;-) une flopée d'outils en ligne : traitement de texte (Ajaxwrite), tableur (AjaxXls), et même un logiciel de **dessin vectoriel** (Ajaxsketch) ! Des applications **web** et **gratuites** qui n'ont pas fini de bouleverser les règles du jeu...

Étude

Les Dircoms face à l'Internet

Une étude de l'association des responsables de communication des institutions publiques révèle que les dircoms sont souvent seuls à intervenir sur leur site...
La plupart d'entre eux (près de 70%) évoquent un **manque de formation** aux TIC. Et beaucoup regrettent d'être conduits à la « débrouille », pour atteindre l'objectif qui leur semble le plus important : « **l'information** aux citoyens sur la **vie locale** ». Consulter l'étude en ligne.

Formations WEB: Webmaster / Manager votre site web / Portail et gestion de contenus

Pré-presse

XPress se met au travail collaboratif

XPress 7.0 est dispo. Plus rapide, la nouvelle mouture du logiciel permet enfin de gérer les **transparences**. Côté typo, une exploitation optimale des polices **OpenType** et une palette de glyphes sont à l'ordre du jour. Autre nouveauté, de taille : la possibilité pour plusieurs maquettistes de travailler sur un même document grâce aux **fonctions collaboratives.** Mise à jour du logiciel : 429 €. Tous les détails sur le site de Quark.

Formations PAO: XPress / Maquettiste PAO / Conception graphique et mise en page

Intranet

Un moteur pour votre site

Google (encore lui !) propose une version « **mini** » de son célèbre moteur de **recherche**, à installer sur le site Internet ou Intranet de votre entreprise. Le système se présente sous la forme d'une « box » intégrant les matériels et les logiciels nécessaires. Installé en moins d'une heure, l'outil permet de lancer des recherches vers les **documents** de votre **entreprise**. Dans sa version la moins chère (**1 995 €**), Google Mini balaye jusqu'à 50 000 documents.

Formations INTERNET: Webmaster / Chef de projet web / Portail et gestion de contenus

Accessibilité

Des pages qui parlent

Votre site va faire des vocalises. La société ReadSpeaker propose une consultation plus facile de votre site Internet grâce à une « **voix** » qui lit le contenu des pages au visiteur. Intérêt ? Faciliter l'accès à votre site aux personnes malvoyantes. Une fonctionnalité très attendue. Plus encore, depuis que **l'accessibilité** aux **sites publics** est devenue une obligation légale...

Formations PAO: Ergonomie des sites web / Manager votre site web / Rédiger pour le web

2. Site Web

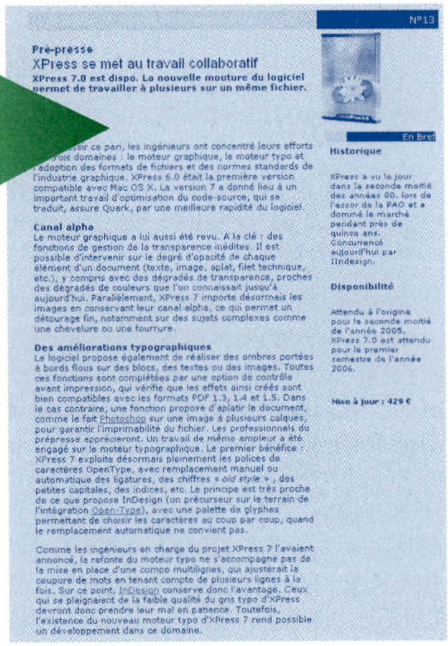

N°13

Pré-presse

XPress se met au travail collaboratif

XPress 7.0 est dispo. La nouvelle mouture du logiciel permet de travailler à plusieurs sur un même fichier.

...ssir ce pari, les ingénieurs ont concentré leurs efforts ...ois domaines : le moteur graphique, le moteur typo et l'adoption des formats de fichiers et des normes standards de l'industrie graphique. XPress 6.0 était la première version compatible avec Mac OS X. La version 7 a donné lieu à un important travail d'optimisation du code-source, qui se traduit, assure Quark, par une meilleure rapidité du logiciel.

Canal alpha

Le moteur graphique a lui aussi été revu. A la clé : des fonctions de gestion de la transparence inédites. Il est possible d'intervenir sur le degré d'opacité de chaque élément d'un document (texte, image, aplat, filet technique, etc.), y compris avec des dégradés de transparence, proches des dégradés de couleurs que l'on connaissait jusqu'à aujourd'hui. Parallèlement, XPress 7 importe désormais les images en conservant leur canal alpha, ce qui permet un détourage fin, notamment sur des sujets complexes comme une chevelure ou une fourrure.

Des améliorations typographiques

Le logiciel propose également de réaliser des ombres portées à bords flous sur des blocs, des textes ou des images. Toutes ces fonctions sont complétées par une option de contrôle avant impression, qui vérifie que les effets ainsi créés sont bien compatibles avec les formats PDF 1.3, 1.4 et 1.5. Dans le cas contraire, une fonction propose d'aplatir le document, comme le fait Photoshop sur une image à plusieurs calques, pour garantir l'imprimabilité du fichier. Les professionnels du prépresse apprécieront. Un travail de même ampleur a été engagé sur le moteur typographique. Le premier bénéfice : XPress 7 exploite désormais pleinement les polices de caractères OpenType, avec remplacement manuel ou automatique des ligatures, des chiffres « *old style* », des petites capitales, des indices, etc. Le principe est très proche de ce que propose InDesign (un précurseur sur le terrain de l'intégration Open-Type), avec une palette de glyphes permettant de choisir les caractères au coup par coup, quand le remplacement automatique ne convient pas.

Comme les ingénieurs en charge du projet XPress 7 l'avaient annoncé, la refonte du moteur typo ne s'accompagne pas de la mise en place d'une compo multilignes, qui ajusterait la coupure de mots en tenant compte de plusieurs lignes à la fois. Sur ce point, InDesign conserve donc l'avantage. Ceux qui se plaignaient de la faible qualité du gris typo d'XPress devront donc prendre leur mal en patience. Toutefois, l'existence du nouveau moteur typo d'XPress 7 rend possible un développement dans ce domaine.

En Bref

Historique

XPress a vu le jour dans la seconde moitié des années 80, lors de l'essor de la PAO et a dominé le marché pendant près de quinze ans. Concurrencé aujourd'hui par l'Indesign.

Disponibilité

Attendu à l'origine pour la seconde moitié de l'année 2005, XPress 7.0 est attendu pour le premier semestre de l'année 2006.

Mise à jour : 429 €

Source : Cegos.

En résumé

La e-newsletter est une lettre d'information envoyée par e-mailing.

L'objectif est d'établir une relation privilégiée avec les clients, les partenaires, ou les salariés.

Les lecteurs apprécient les textes courts (10 lignes maximum) et un langage direct. À la fin des descriptifs, ajouter un lien vers l'article complet sur le Web ou l'intranet.

Insight

*An **E-newsletter** is a newsletter sent by e-mail.*

Its goal is to establish a privileged relationship with customers, partners and/or employees.

Readers appreciate short text (10 lines maximum) and direct language. At the end of each article summary, links to full articles on the Web or Intranet are added.

Pourquoi l'utiliser ?

Objectif

La « e-letter », lettre d'information envoyée par mail, permet de garder le contact et de fédérer les consommateurs autour de votre marque. Une manière simple et efficace d'entretenir la « **relation client** ». Votre lettre doit avant tout tenir les lecteurs au courant de **votre activité**. Misez sur une lettre qui informe des tendances du marché, rappelle les événements importants, présente l'actualité de vos produits ou services, les formations organisées, etc.

Mais vous pouvez envisager d'aller au-delà des offres promotionnelles et de l'actualité commerciale, et tenir un véritable **rôle de conseil** auprès de vos clients. Une agence immobilière proposera par exemple une e-newsletter avec des informations connexes à son activité (crédits, prix du m^2, conseils juridiques…). À vous de trouver le sujet qui, venant de votre part, intéressera vos clients.

Sur un autre registre, la newsletter électronique constitue un excellent moyen de communiquer en interne.

Une newsletter envoyée par e-mail ne doit pas excéder une hauteur de deux à trois écrans.

Contexte

En communication **interne**, la newsletter peut venir compléter le journal interne, voire s'y substituer. La vocation d'une e-letter se résume toutefois à la diffusion d'une information de court terme, plus tactique que stratégique.

En communication **externe**, la e-newsletter est un outil de fidélisation qui s'inscrit sur le long terme : c'est une publication périodique et non une suite d'e-mailings ponctuels. Il est donc important d'établir une politique éditoriale solide et un planning de publication sur l'année.

Comment l'utiliser ?

Étapes

- **Rédigez les articles complets** correspondant à votre e-newsletter, avec titres et descriptifs, que vous mettrez en ligne sur le site Web ou l'intranet.
- **Reprenez les titres et les descriptifs** de chaque article, qui figureront dans la newsletter, en classer les informations par ordre d'importance.
- **Mettez en page la e-newsletter en HTML**, à l'aide d'un logiciel approprié comme Dreamweaver.
- **Envoyez la e-newsletter en recourant à un outil de diffusion e-mailing** (par exemple, le logiciel Sarbacane de Goto Software).

Méthodologie et conseils

La diffusion d'une e-newsletter en pièce jointe au format PDF est à déconseiller. Le destinataire sera amené à ouvrir le logiciel Acrobat et probablement à imprimer la lettre pour la lire. Ces étapes « techniques » dissuadent fréquemment le lecteur d'aller plus loin qu'un survol rapide de la lettre à l'écran. La meilleure méthode reste celle du « **Push-Pull** » : la e-newsletter contient des liens qui renvoient vers les textes complets en ligne.

Avantages

✔ La e-newsletter est un moyen efficace de générer des retours : les prestataires de marketing direct s'accordent sur un taux de clic moyen de 3 %. Mais ce taux peut grimper à 20 % pour une lettre et un fichier bien ciblés.

Précautions à prendre

✔ Une e-newsletter peut être assimilée à un spam par votre lecteur. Pour éviter ce risque, pensez à donner un titre explicite dans « l'objet » du message et une dénomination claire de l'« émetteur » pour être facilement identifiable par votre destinataire.

• • •

Comment être plus efficace

Au-delà de la e-newsletter : les fils RSS

La e-newsletter est un outil de communication puissant mais elle pourrait bien être supplantée par un nouvel outil : le fil RSS.

Un fil RSS est un **flux de contenus**, mis à jour régulièrement, auquel l'internaute s'abonne. Pour récupérer automatiquement et en temps réel ces flux RSS, il faut être équipé d'un logiciel de lecture spécifique ou, plus simplement, disposer d'une des dernières versions du navigateur Internet Explorer, ou Firefox. Un fil RSS propose des titres d'articles et des liens vers les articles intégraux à consulter en ligne. La plupart des journaux et magazines en ligne proposent des flux thématiques mais certains sites d'entreprises offrent également ce service, souvent en complément de leur e-newsletter. L'avantage du fil RSS sur la newsletter réside dans la **mise à jour continue** de l'information. Alors que la e-newsletter est périodique, le fil RSS délivre une information actualisée en temps réel. Le fil RSS s'apparente davantage à un **canal de diffusion**, en ce sens il est très proche de la radio, de la télévision ou plus encore des **dépêches** fournies par les agences de presse.

Techniquement, un « flux RSS » est un fichier texte au format XML. Pour générer automatiquement des flux RSS, il faut disposer d'un outil spécifique ou créer un script dans un langage de développement. Toutefois, la plupart des logiciels de **blogs** permettent de créer facilement et automatiquement des fils RSS.

Exploitez les fils RSS sur votre site

La dénomination du terme flux RSS vient de *feed* et de « Rich Site Summary », plus souvent traduit par « Really Simple Syndication » (syndication vraiment simple).

Le principe de la « syndication de contenu » consiste à proposer sur votre site des flux RSS provenant d'autres sites. Vous pouvez ainsi **sélectionner des sources d'information** liées à votre secteur d'activité pour les proposer à vos internautes. Cette possibilité est tout aussi intéressante dans le cadre d'un intranet : vous pouvez mettre à disposition de vos collaborateurs des informations professionnelles très ciblées, et leur épargner de fastidieuses recherches sur Internet.

Diffusez des flux RSS sur l'intranet

Il est ainsi possible d'agréger plusieurs fils RSS et de personnaliser l'affichage des données selon la charte graphique de votre site Web. Cette pratique est tout à fait légale. En effet, en proposant son fil RSS, le site source vous accorde, de fait, une autorisation implicite d'exploitation. De plus, le fichier RSS ne reprend que les **titres** et les **liens d'un site**, l'article complet ne pouvant être consulté que sur le site source. Il reste d'usage de préciser la source du fil RSS que vous intégrez sur votre site…

Là encore, la technique intervient, et pour exploiter un fil RSS proposé par un site, il est nécessaire de recourir aux services d'un informaticien. Mais cette opération ne présentera aucune difficulté pour lui…

Exemple : **Les flux d'entreprise**

Le numéro 1 mondial de la construction propose à ses visiteurs de s'abonner à un fil RSS : l'actualité de Vinci est mise à jour toutes les heures.

Vinci

L'actualité de VINCI, mise à jour toutes les heures

- + NEW Management - Équipe de direction
- + Actualités - Nouveaux contrats
- + Actualités - Chantiers en cours
- + Comptes consolidés 2006 de VINCI Construction Grands Projets
- + Ressources Humaines : Les sociétés de VINCI primées sur la sécurité et la formation.
- + Chiffre d'affaires consolidé du 1er trimestre 2007
- + Ressources Humaines : Les instituts de formation interne de VINCI Construction.
- + Ressources Humaines : Le Groupement de l'Industrie Routière pour la Formation (GIRF).
- + Ressources Humaines : Assurer la sécurité dans l'entreprise.
- + Ressources Humaines : L'Académie VINCI Energies.

Fin du flux RSS...

D'autres entreprises comme BNP-Paribas ou encore Casino utilisent les flux RSS pour informer les journalistes et les analystes financiers des nouvelles les plus récentes.

BNP-Paribas

BNP Paribas - Actualités - Toutes nos actualités

- + NEW BNP Paribas parmi les 40 leaders européens de l'environnement selon FTSE4Good
- + NEW La SETE et BNP Paribas s'associent pour offrir un service de retrait sur le parvis de la Tour Eiffel
- + BNP Paribas première banque en fusions acquisitions en France
- + BNP Paribas crée une Direction de la Marque, de la Communication et de la Qualité.

Casino

Les informations du site institutionnel du groupe Casino.

- + Communiqué établissant le bilan semestriel du contrat de liquidité de la société CASINO, GUICHARD-PERRACHON
- + Déclaration des transactions sur actions propres réalisées du 3 au 9 juillet 2007
- + Casino annonce avoir conclu un accord de partenariat avec les fonds Whitehall, gérés par Goldman Sachs

Les sites éditoriaux ne sont plus les seuls à proposer des fils RSS, des associations et grandes entreprises françaises ont commencé de les mettre en œuvre pour faciliter leur communication.

En communication externe, le déploiement des fils RSS s'accélère. Air-France/KLM, Bnp Paribas, Casino, Vinci ou l'Ursaf, n'hésitent plus à proposer des fils d'information sur leurs sites institutionnels. La cible visée n'est évidemment pas le grand public, tout au moins pour l'instant, mais bel et bien les financiers et... les journalistes.

Chez Alcatel-Lucent, le nombre de newsletters a été limité, pour laisser les salariés le soin de s'abonner aux flux RSS des principaux contenus de l'intranet. En communication interne, ces flux ont pourtant une limite : l'utilisateur doit consulter son navigateur ou son lecteur RSS pour prendre connaissance des informations alors que la messagerie électronique reste généralement ouverte en permanence.

Toutefois cette technologie, implantée sur un intranet, peut permettre à chacun d'automatiser et de personnaliser ses sources d'information pour composer sur son écran un extraordinaire outil de veille. Et certaines sociétés, comme Saint-Gobain Vitrage, proposent à leurs collaborateurs un lecteur de flux RSS, directement accessible depuis l'intranet, et les encouragent bien sûr à l'utiliser. ■

La salle de presse virtuelle

Une agence de presse en ligne

- Communiqués de presse
- Dossiers de presse
- Galerie photo
- Interviews video
- Biographies
- Fils RSS
- Contacts presse

En résumé

La salle de presse virtuelle est un centre de ressources en ligne.

Cette salle de presse est destinée à aider les journalistes à trouver les informations les plus récentes sur la société et ses produits.

Une salle de presse virtuelle offre une galerie photo en ligne, avec des images haute définition pour accompagner les communiqués de presse.

Insight

The virtual pressroom is an online resource center.

The pressroom is designed to help journalists find the latest company and product news and information.

A virtual pressroom can offer a complete media gallery online, so that journalists may access high resolution images to accompany their press releases.

Pourquoi l'utiliser ?

Objectif

Une salle de presse virtuelle regroupe toutes les informations utiles aux journalistes pour faciliter l'écriture de leurs articles. Véritable centre de ressources en ligne, une « **press room** » s'avère être un outil particulièrement pratique et novateur qui offre, en plus des classiques communiqués de presse, une variété impressionnante de « matériel » journalistique exploitable à loisir par la presse écrite, mais aussi audiovisuelle et Internet. Des photos ou des biographies, mais aussi des vidéos (interviews ou présentation de nouveaux produits) **prêtes à être diffusées** peuvent être proposées en **podcast** (fichiers audios ou vidéos téléchargeables).

Un communiqué de presse en ligne touche un public très large qui dépasse celui des journalistes et des relais d'opinion.

Contexte

La diffusion de communiqués de presse ciblés reste indispensable. Mais elle est, par définition, liée à l'actualité. Or un journaliste peut, à tout moment, avoir besoin d'une information ayant trait à votre entreprise. La salle de presse virtuelle devient alors « l'endroit » idéal pour se documenter.

En outre, les relations presse débordent aujourd'hui le spectre des **médias** « officiels ». De nombreux supports on-line, sites éditoriaux ou blogs, sont devenus très influents sur le Web. Une salle de presse virtuelle permet à ces nouveaux relais d'opinion de connaître l'actualité de votre entreprise pour alimenter leurs éditions.

Comment l'utiliser ?

Étapes

- Commencez par mettre en ligne les communiqués de presse.
- Mettez ensuite à disposition les informations contenues dans le dossier de presse.
- Préparez une photothèque en ligne, avec des versions basse et haute résolutions, des photos des produits, des membres du comité de direction, du logo de l'entreprise.
- Enrichissez votre salle de presse avec des vidéos et des « press kits », des mini-dossiers de presse thématiques et multimédias consacrés à un lancement de produit ou à un événement particulier de la vie de votre entreprise.

Méthodologie et conseils

La présence d'une salle virtuelle permet de se centrer sur le message essentiel des communiqués de presse envoyés par e-mail et par fax. Le corps du message contient l'essentiel de l'information, et des **liens hyper-textes** renvoient vers des documents complets, déposés dans la salle de presse. Précisez en quelques mots dans votre mail en quoi consistent ces ressources et ce qu'elles contiennent, par exemple : une fiche produit, un graphique, etc.

Les **photos** mises à disposition dans la salle de presse doivent l'être en deux versions, l'une en basse résolution pour le Web et l'autre en haute résolution pour les publications imprimées. ■

Avantages

✔ Une salle de presse virtuelle dispense les journalistes de constituer leur propre documentation concernant votre entreprise.

✔ L'analyse statistique des pages Web vous permet de mesurer le taux et l'origine des consultations de vos communiqués en ligne.

Précautions à prendre

✔ Penser à indiquer les droits et conditions d'exploitation des ressources afin d'éviter une utilisation inattendue de vos documents.

✔ Proposer différents formats de fichiers pour le téléchargement en fonction de toutes les plates-formes (beaucoup de journalistes travaillent sur Mac).

Outil 26 Le référencement

Rendre son site visible

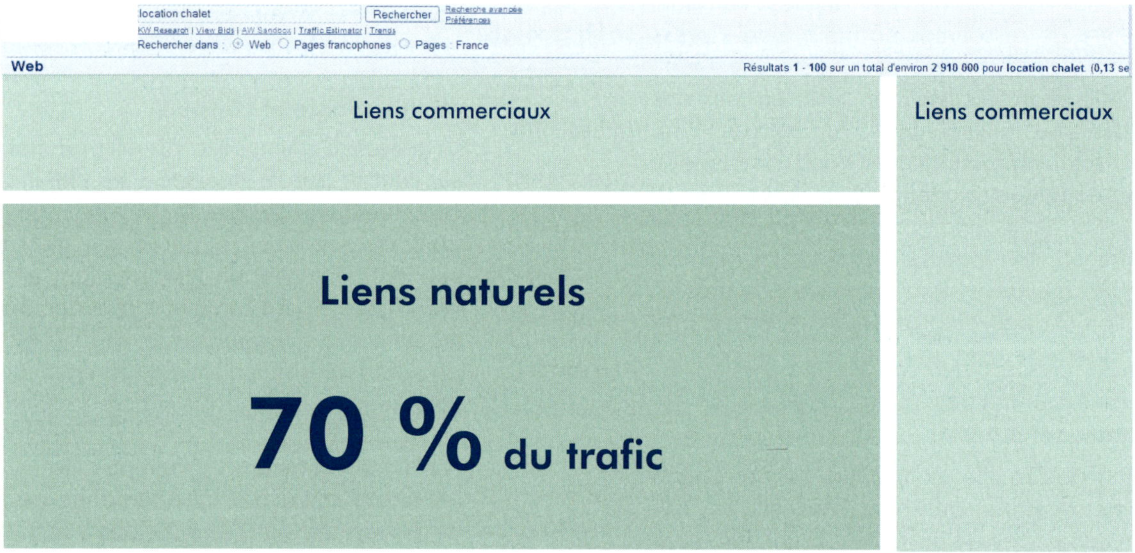

Sur les moteurs de recherche, le référencement naturel est le plus efficace : les internautes cliquent davantage sur les liens affichés sur la partie centrale de la page que sur les liens publicitaires situés en haut et à droite.

En résumé

Les techniques de référencement naturel visent à rendre un site plus visible sur les moteurs de recherche. Elles permettent de générer davantage de trafic sur votre site grâce à un meilleur classement dans les résultats. Ces techniques portent sur le formatage du code, de la structure et du contenu des pages Web.

L'ordre des résultats de recherche est aussi établi en fonction d'un indice qui évalue la « popularité » (Pagerank) de chaque page Web à partir du nombre de liens qui pointent vers cette page.

Insight

*The objective of natural **referencing** techniques is to make the site more visible to search engines. Referencing draws more traffic to the site through the creation of higher search result classifications. Natural referencing techniques consist of formatted codes that represent the structure and the content of each Web page.*

The ranking of the search results is also based on the popularity (Pagerank) of each Web page. The number of links connected to a selected Web page determines its popularity and hence, its ranking.

Pourquoi l'utiliser ?

Objectif

Le meilleur site du monde n'existe pas tant qu'il n'est pas référencé, c'est-à-dire répertorié par les **moteurs de recherche** (comme Google ou Yahoo !) et visible lorsque l'utilisateur saisit un mot-clé correspondant au thème de votre site.

Le travail de référencement a pour objectif **d'optimiser** un site, techniquement et éditorialement, en fonction des attentes des utilisateurs et des règles de fonctionnement des moteurs de recherche.

Un site est « référencé » quand il est connu des moteurs de recherche. Il est « positionné » quand il apparaît dans les premières pages de résultats.

Contexte

Le référencement **naturel** est essentiellement fondé sur l'adresse Internet, la qualité du contenu et la notoriété du site (sa « popularité »). Par exemple, si un internaute cherche un cours de yoga à Paris, il y a de fortes chances que le moteur de recherche renvoie des résultats où les mots « yoga » et « paris » figurent dans l'adresse du site. Chances renforcées, si ces mêmes mots sont fréquemment utilisés sur les pages du site ; et plus encore, si d'autres sites, nombreux, établissent des liens vers celui-ci.

Le référencement **payant** s'établit en fonction d'une tarification au coût par clic (CPC). Vous ne payez que lorsque les utilisateurs cliquent sur votre annonce (le coût du mot-clé au clic peut varier entre 0,05 € et 6 €).

Comment l'utiliser ?

Étapes

• **Formatez correctement les pages** du site, ce qui se traduit d'abord par le respect des standards du Web, la qualité de l'encodage des pages, le choix de l'URL (adresse Internet) et des balises META (instructions contenues dans le code de la page, spécifiquement destinées aux moteurs de recherche).

• **Optimisez le contenu éditorial** : s'assurer d'un volume suffisant de pages, de la pertinence des contenus et du renouvellement des pages.

• **Développez le linking**, c'est-à-dire multipliez les liens hyper-textes sortants et transversaux de votre site.

• **Proposez des services Web 2.0** de type fil RSS, blogs, vidéos qui favorisent un bon référencement.

Méthodologie et conseils

Les moteurs de recherche sont devenus très sensibles à la qualité technique des pages, notamment à leur **accessibilité** aux personnes malvoyantes (ces normes sont définies en détail par le World wide Web consortium, *www.W3C.org*, et sur le site *accessiweb.org*) dont les normes sont recommandées pour les sites commerciaux et **obligatoires** pour les sites publics depuis 2005. ■

Avantages

✔ Beaucoup d'internautes arrivent sur un site *via* un moteur de recherche (les outils de recherche génèrent environ 30 à 40 % du trafic sur Internet en France).

✔ Un site bien référencé génère un trafic ciblé, correspondant aux attentes de l'internaute et de l'intérêt qu'il peut porter à votre activité.

Précautions à prendre

✔ Les robots des moteurs privilégient le contenu textuel des pages et les liens HTML. Évitez d'utiliser ou d'abuser des techniques telles que les cadres (Frames), le Javascript ou le Flash.

✔ Évitez les « pages satellites » (créées uniquement pour être bien positionnées, mais qui restent invisibles pour les visiteurs). Cette technique peut amener votre site à être radié des moteurs de recherche.

Dossier 5

Les relations avec la presse

Les politiques de communication font une part de plus en plus importante aux relations avec la presse. Avec un investissement financier parmi les plus faibles, elles permettent aux entreprises et aux organisations d'être citées régulièrement dans les médias (presse écrite, radio, télévision, Internet).
Pourtant, les relations entre les médias et les entreprises ne sont pas toujours faciles. Même si les journalistes ont besoin d'informations et si les entreprises ont besoin de la presse pour se faire connaître, la confiance n'est pas toujours au rendez-vous. Les journalistes estiment souvent que les entreprises leur communiquent des informations incomplètes ou sans intérêt. Quant aux entreprises, elles se défient des journalistes qu'elles accusent de déformer leurs propos pour mettre en avant les aspects négatifs (comme de parler des trains qui déraillent au lieu d'évoquer ceux qui arrivent à l'heure).

Développer des relations constructives avec la presse

Un bon attaché de presse (ou une bonne attachée de presse) doit combiner trois types de compétences :
• **Stratégiques** : son action doit contribuer à éclairer la politique de l'entreprise ; il doit être capable d'analyser les retombées et de proposer si nécessaire une autre politique de relations avec la presse.
• **Techniques :** il doit connaître les règles d'utilisation des outils de relations avec la presse (communiqué, dossier, fichier, conférence…).
• **Relationnelles** : il doit maîtriser les codes et usages des médias pour communiquer avec les journalistes.

Maîtriser les codes des médias

Inutile de contacter un journaliste si vous n'avez rien de neuf à lui dire. S'il vient vous voir, débrouillez-vous pour faciliter son travail. Si vous n'êtes pas en mesure de répondre à ces interrogations, orientez-le vers une personne plus compétente. Vous pouvez aussi différer votre réponse et lui donner rendez-vous un peu plus tard. Dans tous les cas, votre objectif est d'être perçu par lui comme un interlocuteur fiable et crédible. Interdisez-vous de diffuser des informations fausses sur vos concurrents ou de mettre en cause des personnes. Ne faites pas de chantage à la publicité et ne vous livrez pas à des « représailles » si un article ou une émission vous déplaisent.

Profiter des opportunités d'Internet

Avec le développement d'Internet, la plupart des grands médias (TV, radio, presse écrite) se sont dotés de sites. Des sites éditoriaux animés ou non par des journalistes ont également vu le jour. Internet est la première source d'information pour les 15-25 ans… Et pour les journalistes. Les entreprises ont compris l'intérêt de créer des espaces presse sur leurs sites institutionnels. Elles y mettent en ligne communiqués et dossiers de presse. Certaines commencent à diffuser leurs communiqués sous forme de fils RSS.

Utiliser les bons outils pour susciter l'intérêt des journalistes

Les journalistes sont perpétuellement dans l'obligation de faire des choix. Pressés par le temps, ils ne disposent que d'une place limitée dans leur journal ou d'une durée réduite d'intervention. Qu'il s'agisse de la presse écrite, de la presse audiovisuelle ou d'Internet, les médias privilégient prioritairement les informations les plus accrocheuses, susceptibles de développer la diffusion ou l'audience. Seuls les messages bien présentés, arrivés au bon moment et liés à l'actualité suscitent leur intérêt.

Outils	Nature du message	Objectif visé
Communiqué de presse	Une information nouvelle et originale destinée au plus grand nombre de journalistes	Informer le plus rapidement possible Susciter des réactions Voir le communiqué publié tel quel dans la presse
Dossier de presse	Un approfondissement de l'information, plusieurs angles sont proposés	Fournir aux journalistes une information détaillée, créer un dossier de référence
Conférence de presse et point presse	Information stratégique et majeure	Livrer en direct une information aux journalistes Répondre à leurs interrogations et leurs objections

Analyser les retombées, ajuster sa stratégie

Communiquer avec la presse, c'est bien. Encore faut-il analyser le résultat de ses actions et en mesurer l'efficacité à court et moyen termes pour évaluer la pertinence des investissements et l'efficacité des actions menées. C'est le rôle de la revue de presse.

Les OUTILS

Outil 27 Le code de bonne conduite avec les journalistes

Quelques règles de bon sens pour être en phase avec la presse

1.	Soyez à l'écoute du journaliste. Répondez à ses questions : Où ? Quand ? Quoi ? Qui ? Pourquoi ? Comment ?
2.	Parlez avec des mots simples et concrets, évitez la langue de bois, les mots creux, le jargon et les sigles.
3.	Allez à l'essentiel. Les journalistes manquent de temps. Ils doivent résumer l'actualité et vulgariser. Ne les inondez pas de communiqués.
4.	Tenez compte des lois de proximité (géographique, temporelle, psycho-affective, sociologique). Le grand public s'intéresse avant tout à ce qui se passe près de chez lui, à l'instant ou dans un futur proche, dans son univers professionnel et personnel.
5.	Ne demandez pas à relire un article avant sa parution. Les journalistes prennent la responsabilité de leurs écrits. En revanche, vous pouvez proposer de vérifier les termes techniques si le sujet s'y prête.
6.	Complétez l'information avec un dossier de presse ou tout support susceptible d'intéresser le journaliste (historique, noms des produits, chiffres clés, plaquettes...). Vous pouvez envoyer ces éléments par courrier électronique après l'entretien ou la conférence de presse.
7.	Tenez-vous informé de l'actualité, notamment celle qui touche votre secteur d'activité.
8.	Cultivez vos relations avec les journalistes concernés par votre activité. Adhérez si possible à leur association.
9.	N'offrez pas de cadeaux aux journalistes. Limitez-vous aux objets promotionnels portant votre logo.
10.	Évitez les confidences « off the record » qui peut se retourner contre vous.
11.	Utilisez le droit de réponse quand vous n'avez pas d'autre choix.

En résumé

La réussite d'une communication avec les médias passe par l'observation de règles du jeu (prise de contact, relance, type d'information à communiquer, droit de réponse...). En les respectant, vous pourrez établir une relation de confiance avec la presse et devenir un interlocuteur crédible des journalistes.

Insight

Media communication will succeed when you follow the rules of the game (initial contact, re-launch, the type of information to communicate, the right to respond...) When you respect these rules, you establish a relationship of trust with the press and become a credible person to journalists.

Pourquoi l'utiliser ?

Objectif

Vous avez besoin des journalistes pour vous faire connaître et accroître votre notoriété. Votre objectif est d'instaurer avec eux une relation professionnelle. Pour y parvenir, vous devez d'abord les comprendre. Un journaliste est un professionnel du traitement de l'information... Mais rarement un expert des sujets qu'il aborde. Il travaille dans l'urgence et doit traiter l'actualité de la façon la plus intéressante pour le plus grand nombre. Il a besoin de témoignages crédibles et sûrs pour illustrer ses articles et ses reportages, de réflexions ou d'explications d'experts pour éclairer les questions abordées.

Jouez le jeu de l'honnêteté : vous gagnerez en clarté et en force de conviction.

Contexte

Les entreprises et les organisations peuvent être à l'initiative du contact avec les journalistes, lors du lancement d'un produit, d'une campagne ou d'une candidature, de l'annonce des résultats annuels ou d'un événement (inauguration, salon, festival...). Elles peuvent aussi être sollicitées par des journalistes sous la pression des événements, notamment en situation de crise. Dans ce cas, il est préférable de ne pas commettre d'impair. Le plus souvent, un attaché de presse assure l'interface entre la presse et l'entreprise. Il connaît le paysage médiatique (journalistes, positionnement, contraintes...). Il traite les premiers contacts, identifie les besoins et renvoie sur les personnes compétentes susceptibles d'apporter un témoignage ou un éclairage. Il est le plus à même de déjouer les pièges et de faire passer le message de l'entreprise.

Comment l'utiliser ?

Étapes

• Définissez un code interne de conduite à tenir avec la presse et respectez-le (qui répond à la presse, quand et comment).

• Instaurez des relations dans la durée. L'idéal n'est pas d'attendre d'avoir à communiquer pour rencontrer les journalistes. Il est préférable d'avoir rencontré les journalistes spécialisés dans votre domaine d'activité.

Méthodologie et conseils

Vous pouvez adhérer à une association de journalistes spécialisés. En contrepartie d'une cotisation annuelle, vous recevez un annuaire des journalistes adhérents de l'association comportant leurs téléphones professionnels et souvent privés et leurs adresses électroniques. Les communiqués de presse concernant votre secteur d'activité vous sont adressés. Vous êtes invité aux manifestations et événements importants. C'est l'endroit idéal pour nouer des relations personnelles avec les journalistes. Quand vous enverrez un communiqué ou un dossier de presse, pensez à joindre un petit mot manuscrit. Les coordonnées des principales associations de journalistes se trouvent sur Internet (www.acrimed.org). ■

Avantages

✔ En identifiant les contraintes et le mode de fonctionnement des médias, vous connaissez le moment opportun pour envoyer un communiqué de presse, organiser une conférence de presse ou téléphoner à un journaliste (voir contraintes de bouclage dans « communiqué de presse »).

Précautions à prendre

✔ Un journaliste est par définition curieux et bavard. Même si vous nouez avec lui des relations amicales, ne vous laissez pas aller à des confidences que vous pourriez payer cher !

Outil 28 Le fichier presse

Structure type

Rubriques	Exemple
Prénom et nom du journaliste	Anne Dupont
Média (TV, radio, PQN, PQR...)	Presse quotidienne nationale (PQN)
Support	Libération
Service	Sports
Qualification	Responsable de la rubrique « les gens »
Spécialité	Vélo, tennis
Espace rédactionnel	$^1/_4$ de page
Photos	Ektas ou papier
Adresse bureau	11, rue Béranger, 75154 Paris Cedex 03
Adresse électronique :	ad@....fr
Téléphone bureau	01...
Portable professionnel	06...
Présence	À partir de 17 heures
Adresse personnelle	Non communiquée
Portable personnel	06...
Présence	Tous les matins
Dernier contact	Téléphone le 06.07.2007
Derniers documents adressés	Communiqué Schuster le 05.07.2007 Dossier Wimbledon le 30.06.2007
Invitations	Conférence de presse Tour de France le 02.07.2007. Voyage de presse Lens le 05.04.07
Derniers articles	Brèves sur Wimbledon. Billet « le tour de France vu d'ailleurs »
Observations	Participe rarement aux voyages de presse Vient de publier un roman policier

En résumé

Le fichier presse est la mémoire et la base de travail de tout attaché de presse. Il recense les journalistes de tous les supports qui sont lus par vos publics cibles. L'attaché de presse s'y réfère pour tous ces contacts avec la presse : envoi de communiqués et dossiers de presse, invitations (conférences, points presse, voyages, salons, événements...), relances...

Insight

A press master list is essential for every press attaché. It is a compiled register of all journalists linked to a targeted public.

The press attaché consults it for all contacts with the press (sending press releases, press kits, invitations (lectures, meetings, press points, trips, exhibitions, shows, special events...) re-launches...).

Pourquoi l'utiliser ?

Objectif

Le fichier presse permet de cibler médias et supports et de mieux connaître les journalistes avec lesquels vous souhaitez travailler. Chaque journaliste est référencé en fonction de son activité, ses préoccupations et ses centres d'intérêt. Vous pouvez ainsi lui parler du dernier article qu'il a publié sur le festival de Marciac avant de l'inviter à l'avant-première du spectacle d'un jeune jazzman dont vous assurez la promotion. Vous cherchez avant tout à constituer et faire vivre votre réseau de journalistes.

Contexte

Le monde de la presse évolue constamment. Des titres sont rachetés, d'autres disparaissent ou déménagent ; les journalistes changent de fonction ou passent d'un titre à un autre. Faute de fichier presse à jour, les entreprises perdent de l'argent en envoyant des communiqués de presse et des invitations qui n'arrivent jamais au bon destinataire.

Choisissez vos supports en fonction de la cible que vous visez. « Arroser » toute la presse est inutile et coûteux.

Comment l'utiliser ?

Étapes

• **Constituez un fichier qui corresponde à vos besoins**. Choisissez les supports susceptibles d'intéresser les publics que vous souhaitez toucher. Définissez vos critères de sélection en fonction de leur proximité avec vos cibles (géographique, professionnelle, culturelle, politique…).

• **Organisez votre fichier**. L'idéal est de créer un fichier informatique personnalisé ou d'en acheter un et de le mettre à jour. Les fiches peuvent être détaillées, créées et modifiées à tout moment. Vous pouvez opérer un classement par titre, par média ou par journaliste. Et savoir à tout moment à qui a été envoyé un communiqué de presse ; qui a fait une demande d'informations sur votre nouvelle gamme de crème anti-rides.

• **Restez vigilant, actualisez votre fichier**. Continuez à lire les journaux, écouter la radio, regarder la télévision, aller sur Internet. Notez les noms des journalistes qui vous intéressent en regardant l'ours (encadré où figurent les noms des collaborateurs d'un titre). Contactez les rédactions et les services de presse pour obtenir les numéros de téléphone ou les adresses électroniques.

Méthodologie et conseils

L'établissement d'un fichier presse est un travail fastidieux et de longue haleine. Vous pouvez acheter un fichier tout fait à une entreprise spécialisée. Il en existe une quinzaine en France dont vous trouverez les coordonnées sur un moteur de recherche en tapant « fichiers presse ». Renseignez-vous bien sur les tarifs, la fréquence de mise à jour et le type de système d'exploitation informatique. Mais, vous vous devrez ensuite en faire un outil personnel si vous voulez établir des durables avec vos interlocuteurs. ■

Avantages

✔ Le fichier presse est l'outil indispensable et incontournable des relations avec la presse. Aucun attaché presse ne peut s'en passer.

Précautions à prendre

✔ On ne le répétera jamais assez : un fichier presse doit être constamment mis à jour (au minimum deux fois par an). Il ne s'agit pas de constituer une base de données sur le monde des médias, mais de disposer d'un outil pratique et opérationnel pour diffuser vos messages à vos cibles.

Outil 29 Le communiqué de presse

Les six informations clés

1. Logo	2. Date
3. Nature du document : « **Communiqué de presse** »	
4. **Titre informatif**	

5. Texte de 1 500 signes maximum (25 lignes de 60 caractères) construit en répondant à six questions :
- Quoi (de neuf)
- Qui (communique, qui est concerné)
- Quand
- Où
- Comment
- Pourquoi

6. Un contact presse (un seul pour éviter de faire perdre du temps au journaliste) :
- Prénom + nom
- Adresse
- Téléphone
- Adresse électronique

En résumé

Le communiqué de presse est rédigé par une entreprise ou une organisation à l'attention des médias (presse écrite, radio, TV, Internet). Il propose aux journalistes une information nouvelle et originale.

Le communiqué de presse est rédigé selon des règles strictes (1 500 signes maximum – règle du feuillet journalistique –, un recto seulement, format A4).

Il doit être clair, concis, précis. Il comporte une information et une seule qui doit sauter aux yeux du lecteur.

Insight

*A company or an organization writes a **press release** to draw the attention of certain media (written press, radio, TV, Internet). It offers journalists new and original information on one particular subject.*

A press release is written according to strict rules (1 500 characters maximum – journalist's page rule – typed on one side only, A4 format).

A press release must be clear, concise and precise. One subject or piece of information and only one must draw the attention of the reader.

Pourquoi l'utiliser ?

Objectif

Pour le journaliste, le communiqué de presse est une source d'information comparable à une dépêche d'agence. Votre objectif est d'attirer son attention, de lui donner envie d'en savoir plus ou tout simplement de reprendre le communiqué tel quel dans son journal. On peut alors parler de communiqué « idéal ».

Un communiqué de presse se suffit à lui-même : ne joignez jamais de lettre d'accompagnement ou de coupures de presse.

Contexte

Chaque jour, les rédactions reçoivent des centaines de communiqués de presse dont les trois quarts finissent à la poubelle. Pourquoi ? Les raisons sont multiples : ils ne contiennent aucune information ou trop d'informations, ont un titre sans lien avec le contenu, sont rédigés comme des romans ou des notices techniques illisibles, n'arrivent pas au bon destinataire… Pour passer ce premier filtre, il suffit souvent d'appliquer quelques principes de bon sens (une information et une seule, un communiqué rédigé selon les règles de l'art, un papier à en-tête de l'entreprise, un fichier presse à jour…).

Comment l'utiliser ?

Étapes

• **Écrire et relire**. Avant d'envoyer votre communiqué, faites-le relire à un de vos collègues. S'il ne comprend pas, il est vraisemblable qu'un journaliste ait la même réaction. Reprenez le texte à tête reposée et relisez les conseils d'écriture (voir page suivante).

• **Adresser rapidement**, par courrier électronique et par fax aux journalistes que vous avez choisis. Un communiqué doit toujours être adressé à une personne en particulier. Il est souhaitable de l'envoyer également au chef de service ou au rédacteur en chef. Si le journaliste est absent, l'un d'eux pourra reprendre l'information.

• **Relancer, à bon escient en téléphonant.** N'appelez pas plus de deux fois, vous risqueriez d'indisposer le journaliste. Si votre sujet l'intéresse, il vous rappellera.

Méthodologie et conseils

Tenez compte des contraintes de bouclage. N'allez jamais directement au journal, dans les locaux de la station de radio ou de la chaîne de TV, vous ne seriez pas reçus. Si vous téléphonez, choisissez les bons créneaux horaires : pour les quotidiens du matin n'appelez jamais le soir (le bouclage a lieu dans la soirée), téléphonez en fin de matinée. Pour les journaux du soir, c'est le contraire. Si vous voulez joindre un journaliste de radio ou de TV, évitez les horaires des bulletins d'information et des grandes éditions quotidiennes. N'appelez pas non plus lors des conférences de rédaction qui réunissent tous les journalistes (à 9 heures et 15 heures).

N'utilisez jamais la formule « prière d'insérer ».

Avantages

✔ Le communiqué de presse est un outil facile à mettre en œuvre qui demande peu d'investissement.

Précautions à prendre

✔ Le communiqué de presse constitue votre premier contact avec un journaliste. Avant de l'envoyer à tous les médias, vous devez vérifier si l'information transmise est cohérente avec votre stratégie de communication et surtout si elle est susceptible d'intéresser vos interlocuteurs. Un communiqué de presse n'est pas de la publicité. Si vous n'avez pas d'information à communiquer et que vous souhaitez parler d'un nouveau produit, il peut être préférable d'acheter un espace publicitaire dans un support ciblé.

• • •

Comment être plus efficace

Appliquez quelques règles d'écriture journalistique.

Rédigez un titre informatif

Le titre est la vitrine du communiqué. Il doit être court et facile à comprendre. Il s'agit d'apprendre quelque chose au lecteur en lui livrant l'information brute. Selon les journalistes, un bon titre ne peut être utilisé qu'une fois, pour un seul article.
Exemples : « 14 juillet 2008 : concert rock à la Bastille à partir de 20 heures » ou « à partir du 1er janvier 2008 : interdiction de fumer dans tous les lieux publics en France ».

Écrivez pour être lu

Rédiger des phrases courtes : un sujet, un verbe et un complément, douze ou treize mots au maximum. Développer une seule idée par phrase. Utiliser le présent ou le passé composé. Choisir la forme active. Ne pas écrire à la première personne. Utiliser un vocabulaire simple, des mots concrets et courts (pas plus de trois syllabes). Bannir le jargon technique. Expliciter les sigles. Éviter les mots qui ont plusieurs sens, les archaïsmes, les mots pauvres. Accompagner le nom d'une personne de son prénom et de sa fonction.

Respectez les lois de proximité

Les médias opèrent un tri dans la masse des informations qu'ils reçoivent en fonction des quatre lois de proximité.

- Géographiques : plus un événement se produit loin du lecteur, moins celui-ci sera intéressé *a priori*. Cette règle a été baptisée la loi du « mort-kilomètre » : un mort dans sa rue intéresse plus le lecteur que les 100 dans un désert d'Australie.
- Chronologiques : le lecteur s'intéresse davantage au futur proche (ce qui va se passer demain) et à ce qui se passe aujourd'hui. Il est moins concerné par ce qui s'est passé hier ou avant-hier. D'où l'importance de rédiger au présent.
- Psycho-affectives : le lecteur est sensible à tout ce qui parle de la vie, la mort, la santé, l'argent, l'amour, la haine, l'échec, le succès.
- Sociologiques : certaines publications visent un lectorat particulier (femmes, jeunes, seniors, professionnels de santé, économistes...). Les journalistes choisissent leurs sujets en fonction des préoccupations de leurs lecteurs.

Tenez compte des délais de bouclage

Une information particulièrement importante est reprise dans les plus brefs délais par tous les médias. Dans les autres cas, vous devez prendre en compte la nature du support auquel vous vous adressez. Il faut prévoir une semaine à dix jours pour les quotidiens nationaux et régionaux, la radio et la télévision. Le délai est plus long pour les hebdomadaires, les mensuels et les magazines télévisés qui sont souvent enregistrés.
Si vous n'avez pas respecté les délais d'envoi, vous pouvez téléphoner au journaliste. Mais, attention à ne pas lui donner l'impression d'être « harcelé », allez à l'essentiel !

Démarquez-vous !

Utilisez le papier à en-tête de votre entreprise (de la marque ou du produit s'il existe), mais en aucun cas celui de l'agence de relations presse (si vous faites appel à ses services).
Ajoutez si vous le jugez utile la signature de l'entreprise à la fin de votre communiqué. Il s'agit de quelques lignes, généralement en italique qui précisent quelques données récentes sur l'entreprise (chiffres d'affaires, positionnement, valeurs...). ■

Exemple de **Décryptage des grandes lignes d'un communiqué de presse**

Analyse	Extraits du communiqué de presse du ministère de l'Éducation nationale sur le festival de Cannes
Les éléments clés de repérage sont présents.	« Logo » « Mardi 15 mai 2007 » « Communiqué de presse »
Le message essentiel	
Titre informatif, clair, précis et unique.	« L'Éducation nationale au festival de Cannes 2007. »
Le message essentiel qui répond aux questions : quoi (le prix) et qui (Éducation nationale et Festival de Cannes)	« Le ministère de l'Éducation nationale, de l'Enseignement supérieur et de la Recherche, en partenariat avec le Festival de Cannes, organise la 5e édition du Prix de l'Éducation nationale. »
Répond en partie à la question pourquoi. Le communiqué n'apporte pas la preuve qu'il s'agit « d'un moment majeur »	« Cette initiative, qui permet de sensibiliser les élèves à une œuvre cinématographique au moment de sa sortie en salle, constitue un moment majeur de l'éducation à l'image. »
Répond à la question « comment » de façon factuelle	« Le Prix de l'Éducation nationale est décerné par un jury de 10 membres de la communauté professionnelle et éducative, 6 enseignants, 2 professionnels et 2 élèves. »
Informations complémentaires	
Précisions sur les personnes concernées (question « qui ») en 2007 (question « quand »)	« En 2007, la présidente est l'actrice Bernadette Lafont, le vice-président le metteur en scène Marcel Bozonnet. »
Précisions sur les modalités (questions « comment » « pourquoi »)	« Le jury prime un film choisi dans la Sélection officielle du Festival (Compétition et un Certain Regard) [...] Le film lauréat est choisi pour ses qualités artistiques et cinématographiques, sa dimension culturelle et sociale et son potentiel éducatif et pédagogique [...] »
Contacts presse	
Attention à ne pas multiplier les interlocuteurs. Préférer un seul contact.	Service de presse du ministère : X et Y téléphone À Cannes : Z, téléphone

Le dossier de presse

Sommaire type

- Communiqué de synthèse de la manifestation (mentionnant éventuellement un embargo sur la diffusion de l'information jusqu'à une certaine date).
- Texte de l'intervention du PDG ou de l'orateur de la conférence de presse.
- Cinq à six textes de deux à trois feuillets traitant le sujet sous plusieurs angles (intérêt économique, portrait de l'inventeur, usage du produit…).
- Annexes (fiche d'identité de l'entreprise, biographie du PDG, fiche technique du produit, graphiques, plans, schémas, photos…).

En résumé

Le dossier de presse reprend de façon synthétique les éléments abordés durant une manifestation et comporte des annexes (graphiques, photos, liste des invités, biographies…).

Il propose aux journalistes différents angles de traitement de l'information.

Insight

The press kit summarizes all the elements touched upon during an event and offers additional information (graphics, photos, guest lists, biographies…).

A good press kit offers journalists a variety of angles from which to look at and treat the given information.

Pourquoi l'utiliser ?

Objectif

Comme le communiqué, le dossier de presse se justifie lorsqu'il traite une information originale répondant à la question « quoi de neuf ? ». Il s'impose quand le communiqué de presse ne suffit pas à traiter l'information. C'est le complément indispensable d'une conférence de presse, d'un voyage de presse et d'un événement.

Contexte

Le dossier de presse est remis aux journalistes lors d'une conférence de presse ou d'un voyage de presse. Les différents éléments du dossier sont placés dans une pochette à rabat. Sur la couverture figurent la mention « dossier de presse », le logo de l'entreprise, le titre du dossier. Les coordonnées de la personne à contacter sont inscrites sur le rabat. Il faut réaliser autant de dossiers de presse que d'invitations et compter une dizaine d'exemplaires supplémentaires pour les cadres de l'entreprise. De plus en plus d'entreprises mettent en ligne les dossiers de presse sur leur site Internet.

Un dossier de presse est unique. Il doit coller le plus fidèlement possible au thème de votre communication.

Comment l'utiliser ?

Étapes

• **Préparez le dossier**. Le dossier de presse comporte un sommaire avec tous les thèmes et les angles traités, classés par ordre d'intérêt (voir sommaire type).

• **Diffusez le dossier**. Les journalistes préfèrent recevoir le dossier à leur arrivée. Ils peuvent ainsi s'informer avant le début de la conférence ou du voyage. Les dossiers seront portés par coursier aux journalistes qui n'auront pas pu se déplacer. Si le dossier de presse est envoyé avant la manifestation, veillez à l'adresser à tous les journalistes le même jour (une semaine à dix jours avant pour les quotidiens, télévisions et radios ; trois semaines à un mois à l'avance pour les périodiques). Faites-les parvenir aux rédactions avant toute campagne publicitaire sur le même sujet.

• **Relancez**. Les journalistes comprendront que vous les contactiez pour leur proposer un complément d'information ou vous assurer qu'ils ont bien reçu le dossier de presse. En revanche, vous risquez de sérieuses déconvenues si vous insistez lourdement et si le journaliste a l'impression que vous voulez lui imposer votre point de vue.

Méthodologie et conseils

Un dossier de presse doit être clair, attrayant, efficace et facile à utiliser. Lors des salons, il vaut mieux rédiger des dossiers allégés et penser à rédiger une version anglaise pour les journalistes étrangers. N'oubliez pas de numéroter chaque page en indiquant le titre du dossier, le nom et le téléphone du contact presse. Le journaliste garde, en effet, la seule page qui l'intéresse. Il faut qu'il y trouve toutes les informations utiles. ■

Avantages

✔ Un bon dossier de presse peut servir de base de travail à un journaliste qui prépare une enquête. Ce dernier le conservera dans ses archives personnelles.

Précautions à prendre

✔ Le dossier de presse est destiné exclusivement aux journalistes. Il ne doit en aucun cas être assimilé à une plaquette publicitaire ni à un rapport d'activité.

La conférence de presse et le point presse

Les trois temps d'une conférence d'une heure

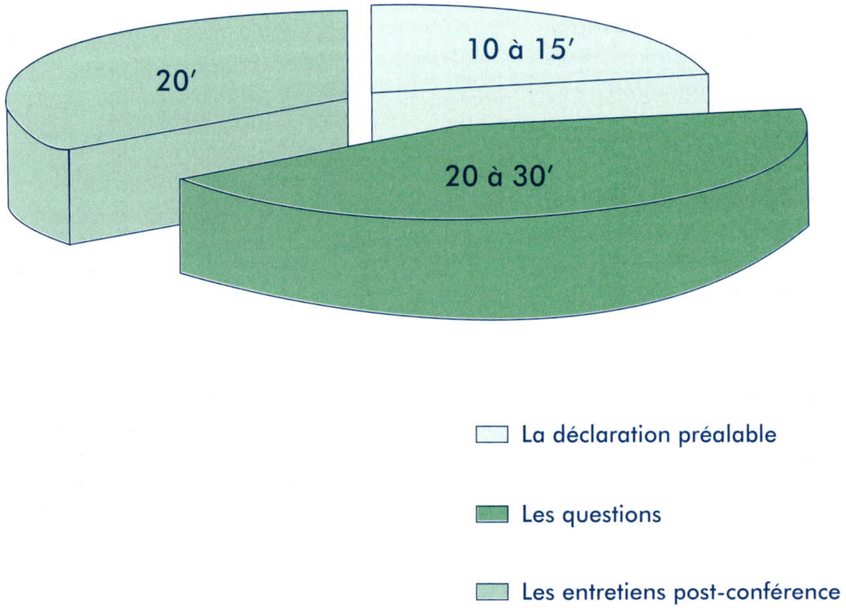

En résumé

La conférence de presse et le point presse sont organisés pour informer les journalistes et répondre à leurs questions.

La conférence de presse peut se tenir à froid pour annoncer des résultats, présenter un produit ou à chaud en situation de crise.

Le point presse se limite à préciser ou corriger certaines orientations.

Insight

The press conference and the press meeting are organized to inform journalists and/or to respond to their questions.

A press conference may be held simply to announce an event, publicize anticipated results, present a new product or, in the instant, to give details in a crisis situation.

The Press point is limited to precise or correct certain aspects of the information received.

Pourquoi l'utiliser ?

Objectif

La conférence de presse a un caractère exceptionnel. Elle doit avoir un intérêt incontestable pour les journalistes. En l'organisant, vous devez vous demander ce qu'y a-t-il de neuf, d'intéressant et d'original dans l'information que vous souhaitez donner. Vous devez également être en mesure de répondre à toutes les questions que poseront les journalistes à ce sujet, y compris les plus embarrassantes.

Le point presse est très différent dans son principe. Il peut être quotidien en situation de crise, hebdomadaire pour un parti politique, mensuel dans de grandes entreprises ou institutions. C'est son aspect répétitif qui en fait l'intérêt. Une dizaine de journalistes, toujours les mêmes, retrouvent toujours dans le même lieu, souvent à la même heure, le même porte-parole. L'échange est informel, mais peut être formalisé par une interview du porte-parole à la fin de la séance.

Contexte

Une conférence de presse ne s'improvise pas. Il s'agit de mettre tous les atouts de votre côté pour en faire une réussite. N'organisez pas une conférence de presse lorsque l'actualité est chargée (élections, coupe du monde de football…), le même jour que votre concurrent direct ou votre ministre de tutelle…

Vous ne pouvez pas à la fois inviter des journalistes à débattre et leur fermer la porte au nez à la première question.

Comment l'utiliser ?

Étapes

• **La préparation**. Une conférence de presse intéresse toute la presse, mais pas tous les journalistes. Les invitations doivent être nominatives et peuvent s'adresser à plusieurs journalistes d'un même support.

• **L'accueil**. Comme tout événement, une conférence de presse doit être parfaitement organisée.

• **L'animation de la conférence**. Elle dure une heure en moyenne.

Méthodologie et conseils

N'oubliez personne : presse quotidienne nationale (PQN), presse quotidienne régionale (PQR), agences de presse, presse d'informations générales, presse spécialisée, radios, télévisions, correspondants locaux…

Une conférence de presse est un exercice difficile. Si vous n'êtes pas habitués à communiquer avec des journalistes, commencez par les rencontrer en tête-à-tête et ne négligez pas des séances de media-training pour éviter les questions pièges.

Soyez ponctuels : les journalistes ont des horaires à respecter. Si vous commencez la conférence de presse en retard, ils risquent de partir avant la fin.

Avantages

✔ Une conférence de presse réussie offre une occasion unique à l'entreprise de rencontrer tous les journalistes qui l'intéressent et de répondre en direct à toutes leurs questions.

Précautions à prendre

✔ Évitez d'organiser votre conférence de presse un lundi. C'est un jour chargé pour les journalistes qui doivent digérer les informations du week-end. Évitez également le vendredi : la presse écrite doit traiter toutes les manifestations sportives et les événements festifs.

✔ Les meilleurs horaires pour les journalistes sont 11 heures le matin et 15 heures l'après-midi. Vous évitez ainsi les conférences de rédaction du matin, les journaux radio et TV de la mi-journée, les journaux de fin d'après-midi (18 heures) à la radio, la préparation du journal régional à la TV et la proximité du bouclage pour la presse écrite.

• • •

Comment être plus efficace

Soignez l'accueil

Vous devez vérifier qu'il y ait suffisamment de parkings à proximité, que les services de sécurité sont prévenus et faciliteront l'accueil des journalistes, que l'accès de la salle est fléché, qu'un vestiaire se situe à l'entrée de la salle afin que le journaliste puisse récupérer ses effets quand il le désire. Une hôtesse doit pointer les journalistes présents et leur remettre un dossier de presse complet. Vous pourrez ainsi repérer les absents et leur adresser un dossier. Prévoyez un rafraîchissement à la fin de la conférence. Les échanges autour d'un verre sont souvent l'occasion pour les journalistes de discuter à bâtons rompus avec l'orateur et de lui poser des questions plus incisives.

Aménagez la salle pour faciliter les échanges

Déposez sur la table de conférence des chevalets avec le nom des intervenants. Prévoyez les matériels nécessaires (vidéoprojecteur, tableau de papier...), assurez-vous qu'ils soient en état de marche et visibles du dernier rang. Veillez à ce que chaque orateur dispose d'un micro en état de marche. Prévoyez qu'une personne ou deux passent avec un micro dans la salle pour permettre aux journalistes de poser leurs questions. L'installation d'une traduction simultanée peut s'avérer utile. Veillez à aménager un espace suffisant pour les photographes entre l'estrade et le premier rang. Laissez l'allée centrale dégagée pour la télévision.

Donnez aux journalistes les moyens de travailler

Remettez un bloc de papier et un stylo à chaque journaliste. Assurez-vous qu'ils puissent prendre des notes sur une tablette ou sur une table devant leur siège. Vérifiez que l'installation électrique permet de supporter les éclairages supplémentaires apportés par les chaînes de TV et que les radios et les TV peuvent se brancher sur la sonorisation générale. Prévoyez une salle de presse équipée de téléphones, Internet, fax et micro-ordinateurs. Aménagez une salle au calme pour permettre à la presse audiovisuelle de réaliser des interviews après la conférence.

Réussissez votre intervention

Après avoir salué les journalistes, l'orateur, souvent le PDG de l'entreprise, présente les personnes qui se trouvent avec lui (jamais plus de deux ou trois). Il indique brièvement le plan et la durée de son intervention. Il présente rapidement son entreprise ou son institution si celle-ci n'est pas connue. Il expose le thème de la conférence en commençant par le message essentiel qui est repris en conclusion. Pour rendre son discours attrayant, un orateur doit utiliser des exemples, des comparaisons, des anecdotes.

Répondez efficacement aux questions

C'est le moment essentiel de la conférence de presse. C'est l'occasion pour l'orateur de voir comment la presse réagit à l'information et de renverser éventuellement la tendance en direct. L'orateur fixe les règles de l'échange. Il doit rester maître du débat. Chaque réponse doit être concise, quitte à ce qu'elle amène d'autres questions. Les questions et les réponses ne doivent pas s'éloigner du thème de la conférence, mais l'orateur ne pourra pas éviter des questions en lien avec l'actualité si un événement important s'est déroulé le jour même. Il doit alors faire face. Un journaliste ne se contentera pas d'une pirouette, surtout devant ses confrères. Ne portez pas de jugement de valeur sur les questions et ne laissez pas apparaître de l'agacement.

Exemple de **Communication** sur une conférence de presse

• L'actualité avant tout

Les thèmes conférences de presse sont très divers et varient en fonction de l'actualité politique, économique, sociale, culturelle... (Grenelle de l'environnement, poids des cartables, aménagement de la carte scolaire, témoignage d'otages à l'occasion de leur libération, lancement de nouveaux produits...).

• Communiquez sur votre conférence de presse

Ne laissez pas aux journalistes l'exclusivité du traitement de l'information. Pensez à mettre en ligne le texte de vos discours, les dossiers de presse, des photographies, des vidéos. La plupart des ministères et des partis politiques le font. Les grandes entreprises se contentent pour le moment de gérer un espace presse où figurent communiqués et dossiers. Les invitations peuvent également être mises en ligne. ■

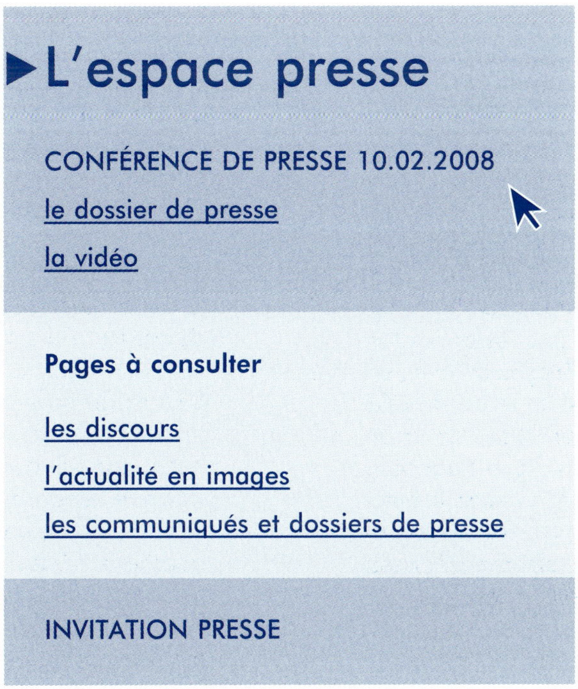

Outil 32 Le voyage de presse

L'invitation au voyage de presse

Voyage de presse

Paris, le 15 mai 2008

Voyage au pays de l'Armagnac

Lundi 23 juin 2008

14h10 : RV à Orly
14h30 : Départ avion pour Paris
15h45 : Arrivée à Paris – Départ pour Auch
17h : Conférence de presse avec le président de la Région Midi-Pyrénées
19h : Arrivée à l'hôtel X (tél. : 05.XX.XX.XX)
20h30 : Diner-débat avec des agronomes et des viticulteurs

Mardi 24 juin 2008

8h45 : Départ pour Eauze
10h-12h : Visite de trois châteaux producteurs d'Armagnac – Reportage photo et interviews
12h30 : Déjeuner au château de X (tél. : XX.XX.XX.XX)
15h : Départ en bus pour Pau
16h15 : Départ Avion pour Paris
17h30 : Arrivée à Orly

Contact : Virginie Dumont tél. : XX.XX.XX.XX
e-mail :

Cinq à six semaines avant le voyage, une invitation est envoyée nominativement à chaque journaliste.

Elle mentionne :
- l'objectif ;
- le thème ;
- la date et la destination du voyage.

Elle comporte un programme détaillé avec le nom et la fonction des personnes rencontrées.

Un coupon-réponse est à retourner avant une date limite.

En résumé

Le voyage de presse est organisé par une entreprise, un parti politique ou une administration à l'attention de journalistes de différents médias.

Il se rattache toujours à l'actualité et doit offrir un réel intérêt pour les journalistes en répondant à la question, « quoi de neuf et d'intéressant pour mon public ? »

Il doit bénéficier d'une organisation irréprochable.

Insight

*A company, a political party or an administration organizes a **press trip** to attract the attention of journalists in different media.*

It is always connected to a current event and must offer the journalist something of real interest. It must respond to the question, « What is new and interesting for my public ? »

The organization of a press trip must be carefully and irreproachably organized.

Pourquoi l'utiliser ?

Objectif

Comme la conférence de presse, le voyage de presse réunit des journalistes de différents supports et médias. Son but est de montrer un produit, une méthode, un savoir-faire original ou un événement qui se rattache à l'actualité.

Contexte

Le nombre de journalistes invités est inversement proportionnel à la distance et au nombre de jours passés sur place : de 10 à 15 personnes pour un voyage lointain de plusieurs jours ; de 15 à 20 personnes pour un pays limitrophe ou une région éloignée ; 25 à 30 personnes pour un déplacement d'une journée. La prise en charge des frais de déplacement est en général à la charge de l'organisateur (sauf demande contraire des journalistes).

Ne faites pas perdre inutilement du temps aux journalistes. Un film d'entreprise peut être parfois plus efficace qu'un voyage de presse !

Comment l'utiliser ?

Étapes

• **Organisez le voyage**. Définissez vos objectifs, choisissez votre destination, définissez la cible et le programme. Invitez les journalistes. Quand vous êtes certain que les journalistes sont intéressés et que la date proposée convient à tous, vous devez régler la logistique (acheter les billets de train ou d'avion, réserver les chambres d'hôtel si le voyage dure plus d'un jour, organiser les déplacements sur place, prévoir des moyens de communication (téléphone, Internet, fax…) pour que les journalistes puissent envoyer leurs articles). N'oubliez pas de prévoir une conférence de presse en laissant du temps pour réaliser les interviews.

• **Confirmez.** Une semaine avant le voyage, les journalistes reçoivent un courrier de confirmation avec les horaires détaillés, le lieu précis du rendez-vous avec un plan, le nom et le numéro de téléphone des hôtels, l'heure et le lieu d'arrivée au retour.

• **Respectez le planning du voyage.** Il respecte un emploi du temps très rigoureux. Il ne faut pas hésiter à supprimer une visite superflue si l'on prend du retard. Le dossier de presse est distribué à l'arrivée des journalistes qui peuvent ainsi s'imprégner du contenu.

• **Relancez avec doigté**. 10 % des journalistes se sentent obligés de parler d'un voyage de presse auquel ils ont été conviés. Ne relancez pas les journalistes pour leur demander quand paraîtra leur article et quel en sera la teneur. Vous pouvez cependant leur proposer des ressources complémentaires (chiffres, photos, documentation…).

Méthodologie et conseils

Favorisez les petits groupes de trois ou quatre personnes pour les visites techniques, notamment pour la presse spécialisée.

Regroupez les journalistes par affinités (presse nationale, presse spécialisée, presse étrangère, presse régionale…). Ne mélangez pas journalistes et officiels ou journalistes et commerciaux.

Assurez-vous de la présence de téléphones et d'équipements sanitaires aux étapes. Prévoyez des écouteurs personnels lors des visites (très utiles pour les journalistes étrangers). ■

Avantages

✔ Le voyage de presse évite de multiplier les rendez-vous et les rencontres. L'entreprise trouve l'occasion de « grouper le tir » et de maîtriser plus facilement l'organisation d'une visite.

Précautions à prendre

✔ Repérez bien le parcours avant d'envoyer les invitations. Tenez compte du climat, ne cherchez pas à tout montrer, ne confondez pas déplacement professionnel et tourisme.

Outil 33 La revue de presse

Un genre journaliste

Selon le Centre français d'exploitation du droit de copie (CFC), la revue de presse au sens strict est réalisée par un organe de presse. Elle constitue un genre journalistique à part entière. Son but : commenter et comparer des articles de différents journaux concernant un même thème ou un même événement. Les entreprises utilisent donc improprement l'expression revue de presse pour désigner des assemblages reliés ou agrafés de photocopies d'articles de presse. Ceux-ci constituent, en fait, des panoramas de la presse. Ils représentent 10 % de la masse des photocopies réalisées en France chaque année. Ils relèvent de la compilation et de l'anthologie et leur réalisation est soumise à autorisation. La demande doit être faite auprès du CFC qui est l'organisme de perception et de répartition de redevance de propriété littéraire et artistique de la presse et du livre en matière de reprographie. À ce titre, le CFC accorde par convention des autorisations pour la reproduction par photocopie, télécopie ou électrocopie de livres et périodiques.

D'après le CFC.

Deux formules	
Reproduction	**Synthèse**
Les journaux sont achetés en deux exemplaires (pour les articles recto verso). Le document comporte un sommaire. Les articles sont choisis en fonction de l'intérêt des lecteurs de la revue de presse. Ils sont découpés avec le titre et la signature et collés sur des feuilles (un article par page) au recto seulement avec mention de la date de parution, du nom du support et de la rubrique. Il est également possible de scanner les articles et de les mettre en page sur ordinateur. La revue de presse peut alors être imprimée ou consultée à l'écran.	Il est également possible de rédiger une **synthèse** des articles parus. Il s'agit le plus souvent d'informations reprises en trois ou cinq lignes avec une citation, le nom du support et la date de diffusion. Cette méthode permet de dégager des tendances.

En résumé

La revue de presse permet de suivre ce qui se passe dans son secteur d'activité, notamment chez les concurrents.

Elle permet aussi d'apprécier l'impact de votre communication avec les médias.

Insight

A press review allows you to know and appreciate what is happening in a particular sector of activity, particularly as it relates to competitors.

It also allows you to appreciate the impact of your communication efforts in various chosen media.

Pourquoi l'utiliser ?

Objectif

La revue de presse est l'outil idéal pour analyser les retombées de vos actions dans la presse et pour améliorer ses relations avec les journalistes. Il n'y a pas de meilleure méthode pour connaître les différents supports, découvrir les signatures, les sujets de prédilection des journalistes. Elle permet de se situer par rapport à la concurrence. Elle informe les cadres sur leur secteur d'activité. Elle motive le personnel. Elle n'est diffusée qu'en interne. Le press-book sélectionne les articles les plus positifs parus durant une année. Il peut être diffusé aux clients et partenaires de l'entreprise.

Contexte

Une revue de presse s'adresse à un public déterminé. Son continu varie selon la cible visée (direction générale, encadrement, expatriés, opérateurs, tout le personnel...). Les revues de presse d'actualité dites institutionnelles permettent à l'entreprise ou l'organisation de se tenir au courant de ce qui se dit sur elle ou de ce qui se déroule dans son secteur d'activité. Il existe aussi des revues de presse « produits », des revues de presse « documentaires » et des « piges » audiovisuelles (retranscriptions des interventions à la radio ou la télévision). Avec l'introduction d'Internet dans les entreprises, les revues de presse sont de plus en plus fréquemment numérisées.

Qui a dit quoi ? Dans quel journal ? En réalisant une revue de presse, vous saurez comment vous êtes perçus et comment vos concurrents font parler d'eux.

Comment l'utiliser ?

Étapes

• **Définissez la cible, la périodicité et le délai de diffusion.** Une revue de presse peut être réalisée chaque jour, chaque semaine ou chaque mois. Quotidienne, elle suit l'actualité. Hebdomadaire, elle privilégie l'analyse. Mensuelle, elle peut comporter des dossiers et des enquêtes. Le délai de diffusion dépend de la cible. Les cadres supérieurs en ont besoin dès 8 heures du matin. Il est suffisant de la distribuer à 11 heures à l'ensemble du personnel.

• **Choisissez la forme.** Vous avez le choix entre reprendre des articles (reproduction) ou en faire une synthèse.

Méthodologie et conseils

La revue de presse ne doit jamais être un pavé indigeste. C'est un outil de travail qui doit être facile à lire. Sa lecture ne doit pas prendre plus d'une demi-heure. Lorsque vous citez seulement des extraits d'un article, vous devez le signaler.

Des sociétés spécialisées peuvent se charger de réaliser pour vous des revues de presse. En prenant votre abonnement, vous leur indiquerez les critères de surveillance et les profils de sélection qui vous intéressent. À titre d'exemple, l'Argus de la presse analyse plus de 10 000 parutions en France et à l'étranger. Une dizaine de sociétés fournissent des prestations voisines ■.

Avantages

✔ La revue de presse est un outil de veille pour une entreprise. Elle lui permet de se situer dans son secteur d'activité et d'utiliser à bon escient l'actualité pour prendre des décisions stratégiques.

Précautions à prendre

✔ Une revue de presse ne doit pas censurer certains articles ou informations sous prétexte qu'ils sont négatifs pour l'entreprise ou l'organisation. C'est un mauvais calcul. Ces « mauvaises » informations finiront par filtrer et prendront alors une importance démesurée. Il vaut mieux alors abandonner toute idée de revue de presse.

Outil 34 Le droit de réponse

Le cadre juridique

En théorie, toute personne nommée ou désignée dans un journal, un écrit périodique, un support audiovisuel ou Internet peut exiger l'insertion d'une réponse, même si la citation qui la concerne n'a aucun caractère défavorable. L'insertion est gratuite. Ceux qui ont recours au droit de réponse sont seuls juges de l'opportunité, de la forme et de la teneur de leur message.

Textes de référence	Modalités	Délais
Presse écrite Article 13 de la loi du 29.07.1881	Dans la presse écrite, le message doit avoir un lien pertinent avec l'article ou le reportage contesté. Il ne doit pas comporter de termes contraires aux lois, aux bonnes mœurs, à l'intérêt légitime des tiers ou à l'honneur du journaliste. Dans le cas contraire, le journal a le devoir de refuser sa publication. Le droit de réponse doit se situer à la même place et avec les mêmes caractères que l'article contesté.	Un an après la parution pour exercer le droit de réponse. Le journal doit répondre dans les 3 jours suivant la demande.
Audiovisuel Article 6 de la loi du 29.07.1982	Dans l'audiovisuel, le texte de la réponse ne peut être supérieur à 30 lignes dactylographiées. La durée totale du message ne peut excéder deux minutes. Il est lu par un collaborateur de l'entreprise de communication audiovisuelle. La diffusion doit être faite dans des conditions techniques et d'audience équivalente à celle du message contesté.	3 mois maximum après la diffusion pour exercer le droit de réponse. La chaîne doit répondre dans les 8 jours suivant la demande.
Internet Décret du 24.10.07, loi du 21.06.04 pour la confiance dans l'économie numérique (LCEN)	Nul besoin de démontrer l'existence d'un préjudice quelconque, ou de contenus à caractère injurieux ou diffamatoire. Comme dans la presse écrite, l'insertion doit se faire à la même place et dans les mêmes caractères que le message critiqué.	3 mois maximum après la mise en ligne pour exercer le droit de réponse. Le responsable du site doit répondre dans les 3 jours suivant la demande.

En résumé

Les personnes et les institutions publiques ou privées sont protégées par la loi contre les informations ou les commentaires qui leur portent préjudice. Le droit de réponse est destiné à rectifier une erreur commise par un journaliste. Dans certains domaines sensibles comme la politique ou la finance, une affirmation mensongère (diffamation) ou un sous-entendu peuvent porter un préjudice grave à l'image du parti politique ou de l'entreprise. Dans les faits, il est peu ou pas appliqué, notamment en radio ou à la télévision.

Insight

*The law protects public and private people and institutions against prejudicial information or comments. **The right to respond** is meant to rectify a mistake committed by a journalist. In certain particularly sensitive fields, such as politics or finance, a deceitful assertion or an inference can seriously color or damage a company's or a political party's image.*

In reality, this right is almost never applied, notably on the radio or on television.

Pourquoi l'utiliser ?

Objectif

Le droit de réponse permet de rétablir une vérité et de corriger des erreurs commises par la presse.

Contexte

Le droit de réponse est un outil de communication très délicat à utiliser. Selon l'adage, il n'y a pas de fumée sans feu, vous créez un doute chez les lecteurs, spectateurs ou internautes qui se demandent pourquoi revenir sur une information qu'ils avaient peut-être ignorée. Dans la presse écrite et audiovisuelle, vous agacez le journaliste incriminé et laissez des traces dans les relations que vous entretenez avec son support et avec ses confrères.

N'oubliez pas que votre objectif principal est d'établir des relations constructives avec la presse… Et pas de mettre des bâtons dans les roues des journalistes.

Comment l'utiliser ?

Étapes

• **Tentez un règlement amiable.** Dans tous les cas, appelez d'abord le journaliste et pas son rédacteur en chef. Demandez-lui des précisions. Indiquez-lui votre désaccord ou apportez un éclairage qu'il pourra reprendre dans un autre article. Vous pouvez proposer au journaliste de réparer son erreur en consacrant un autre article ou un autre reportage à votre entreprise ou votre organisation. Autre solution : demander un rectificatif si la correction que vous voulez apporter s'impose ; rédiger une mise au point et demander sa publication. Enfin (et toujours après avoir contacté le journaliste), vous pouvez écrire une lettre de protestation au rédacteur en chef si vous estimez que le journaliste est de mauvaise foi et a la volonté de nuire.

• **Demandez un droit de réponse si vous ne pouvez pas faire autrement.** Dans la presse écrite, Adressez une lettre recommandée au directeur de la publication pour la presse écrite ; au président ou au représentant légal de l'organisme responsable de l'émission contestée dans l'audiovisuel ou au directeur de la publication du site Internet. Chacun d'eux est tenu de vous répondre, sous peine d'amendes.

Méthodologie et conseils

Évitez les erreurs. L'expérience montre que dans la grande majorité des cas, les erreurs sont commises à la source. Par exemple, lors d'un entretien un directeur commercial parle de milliards au lieu de millions. Quand l'article paraît, il est persuadé que le journaliste s'est trompé. Pour éviter ce type d'erreurs, il est préférable de demander à un collaborateur au fait du sujet et à l'oreille attentive d'assister à l'interview.

Distinguez injure, diffamation et chantage. L'injure est définie comme « toute expression outrageante, terme de mépris ou invective qui ne renferme l'imputation d'aucun fait » (loi du 29 juillet 1881).

La diffamation concerne « toute allégation ou imputation d'un fait qui porte atteinte à l'honneur ou à la considération de la personne ou du corps auquel le fait est imputé » (loi du 29 juillet 1881, art. 29).

Le chantage est « la menace écrite ou verbale de révélations ou d'imputations diffamatoires » (art. 400 du Code pénal). ■

Avantages

✔ Le droit de réponse permet de rétablir une vérité.

Précautions à prendre

✔ Avoir recours au droit de réponse est un constat d'échec mutuel, il renvoie à un travail insatisfaisant pour vous comme pour le journaliste. Limitez le plus possible cette pratique et prenez conseil d'un avocat spécialisé dans les questions de la presse.

Développer les relations publiques

Les relations publiques visent à bâtir et entretenir l'image et la notoriété d'une entreprise ou d'une organisation. À la différence de la communication commerciale, elles ne cherchent pas directement à faire vendre un produit ou un service, mais à modifier le point de vue et le comportement des publics cibles vis-à-vis de l'entreprise ou de la marque pour renforcer le capital confiance et le capital sympathie. Les relations publiques sont étroitement liées aux relations presse : les journalistes sont très souvent invités aux événements et manifestations.

Deux cibles complémentaires

Les relations publiques touchent deux types de cibles dont la première agit sur la seconde :

- La cible intermédiaire, choisie pour son pouvoir d'influence (actionnaires, journalistes, hommes politiques, artistes reconnus ou sportifs de haut niveau, associations de consommateurs, top management…).
- La cible finale : celle que la campagne ou l'opération de relations publiques vise au bout du compte (consommateurs, électeurs, jeunes, ménagères de moins de 50 ans, opinion publique, salariés…).

L'enjeu est de parvenir à ce que la cible intermédiaire relaie positivement le message de l'entreprise.

La recherche d'une plus grande crédibilité vis-à-vis de l'externe

Soumise à un véritable matraquage publicitaire, l'opinion publique est en quête de sources d'information crédibles et objectives pour étayer ses décisions. Les entreprises doivent non seulement la séduire, mais aussi la convaincre. Les dirigeants sont ainsi conduits à clarifier leur rôle en précisant les valeurs de leur entreprise et en diffusant des informations sur les effets de leur politique industrielle ou commerciale sur l'environnement et l'emploi. Pour être en phase avec leurs clients, de plus en plus d'entreprises investissent le champ de la responsabilité sociale dans des domaines comme le développement durable, le commerce équitable, les engagements ou chartes éthiques.

Un dialogue avec des publics spécifiques

Le monde politique. La France compte plus 500 000 élus locaux (maires, conseillers municipaux, généraux et régionaux). Les entreprises ont tout intérêt à inviter systématiquement les élus locaux (de tout bord politique) lors des opérations de relations publiques qu'elles organisent. Elles veilleront à mettre en valeur les élus et à leur éviter de devoir endosser la responsabilité de mesures impopulaires (plans de licenciement, projets de délocalisation, implantations de sites dangereux du point de vue de l'environnement...).

Les organisations économiques. Les Chambres de commerce et d'industrie, les unions patronales et les associations économiques sont trop rarement sollicitées par les entreprises. Pourtant, ces dernières peuvent jouer un rôle important. L'audience d'une information d'entreprise peut ainsi être renforcée par le biais des supports de communication des organisations économiques (sites Internet, journaux ou lettres d'informations, forums, salons, colloques).

Les associations. Les associations françaises sont environ 750 000. Elles se classent en trois catégories :

- Les associations de consommateurs. Les entreprises ont intérêt à entretenir de bonnes relations avec les associations de consommateurs afin d'éviter de faire l'objet de boycott ou de campagne de dénigrement dans la presse. Les invitations aux journées portes ouvertes peuvent contribuer à créer un climat de confiance.
- Les associations environnementales. Les entreprises parrainent des associations militantes. C'est une voie intéressante d'amélioration réciproque de l'image... à condition d'éviter d'apporter un soutien exclusivement financier. Les entreprises doivent veiller à rester discrètes pour qu'on ne leur reproche pas de gaspiller de l'argent.
- Les associations culturelles et sociales. Elles permettent aux entreprises d'acquérir une dimension citoyenne. En participant à des clubs (Rotary, Lyons...), les entreprises améliorent leur insertion dans le bassin d'emploi. En se préoccupant des questions de solidarité et d'emploi, elles peuvent améliorer leur capital image.

Les marchés financiers. Le marché financier est un marché d'anticipation, où les représentations, les images sont essentielles. Les cours ne collent pas à la valeur comptable de la société. La perception qu'ont les différents opérateurs influe sur le titre. C'est cette marge d'appréciation (la différence entre la valeur actuelle et la valeur anticipée) qui est l'enjeu réel de la communication financière. Une image forte est le meilleur rempart contre les fluctuations irrationnelles ou disproportionnées du cours. Elle devra être vraie (refléter la réalité de l'entreprise), positive (témoigner de la bonne santé générale) et harmonieuse (conforter l'image globale).

Les OUTILS

Outil 35 L'événement

Les six étapes clés de la démarche

1. **Définir l'objectif de l'opération**
Ex. : valoriser l'image, s'imposer comme une référence, lancer un produit, distraire, remercier un public, développer un tissu relationnel, fédérer le personnel.

2. **Préciser la cible finale qualitativement et quantitativement**
Ex. : cinq millions de femmes françaises citadines de 25 à 50 ans, en surpoids.

3. **Préciser la cible intermédiaire qualitativement et quantitativement**
Ex. : les journalistes de la presse féminine et des magazines de santé, les trois nutritionnistes faisant référence dans le domaine, grands comptes...

4. **Concevoir l'événement**
Thème, lieu, messages, modalités, pilotage, planning, budget (événement + valorisation), évaluation.

5. **Valoriser l'événement**
Supports de communication et relations presse.

6. **Évaluer les retombées**
Participation, attribution, mémorisation, image, retombées presse...

En résumé

L'événement est organisé par une entreprise ou une organisation pour marquer un temps fort (fusion, lancement d'une marque, anniversaire, tournant stratégique...).

Cette manifestation réunit des hommes et des femmes clés pour l'entreprise. Elle favorise les échanges, les relations, la communion et la convivialité.

Insight

*A company or an organization creates **an event** to mark an important or decisive happening (a merger, creation of a new brand, an anniversary, a change in strategy...).*

An event reunites a company's key men and women. It encourages interaction; and reinforces relationships, communion and conviviality.

Pourquoi l'utiliser ?

Objectif

L'organisation d'événements permet aux entreprises de mettre en valeur un message particulier et ciblé dans un cadre festif.

Contexte

L'événementiel constitue un des outils les plus fréquemment organisés par les entreprises pour communiquer. Sa réussite dépend d'une préparation très précise et très rigoureuse. En effet, il ne s'agit pas seulement d'organiser la manifestation, mais d'être capable de l'animer et de la valoriser pour ensuite recueillir les fruits de cette action.

Plus vous attendrez, moins vous aurez le choix et plus votre manifestation vous coûtera cher.

Comment l'utiliser ?

Étapes

- **Définissez clairement votre objectif** et demandez-vous si l'événement vous permettra de l'atteindre.
- **Pesez le pour…** Pour qu'une manifestation soit réussie, elle doit avoir répondu aux attentes des acteurs concernés. Les intervenants et les exposants doivent trouver l'opportunité de promouvoir leurs idées et leurs produits. Le public doit trouver un intérêt à la manifestation, par exemple en pouvant rencontrer ou interpeller des personnages influents.
- **… et le contre**. Vous courez toujours le risque de ne pas plaire aux intervenants et au public. L'échec peut être amplifié par la presse si vous invitez des journalistes. Vous devez être prêt à faire face au mécontentement du public, à des interventions imprévues ou à un cas de force majeure (tempête, grève générale, attentat terroriste ou événement de plus grande ampleur avec lequel il est difficile de rivaliser…).
- **Identifiez vos ressources**. Une fois pesés les avantages et les inconvénients liés à l'organisation d'un événement, analysez précisément vos ressources. Quelle expérience avez-vous de la communication événementielle ? Sur quels intervenants pouvez-vous compter ? Quels publics pouvez-vous toucher ? Quels moyens et quels temps voulez-vous et pouvez-vous consacrer ?
- **Montez l'opération**. Définissez l'approche stratégique : objectifs, cibles, messages. Créez l'événement : nature, thème, lieu, communication. Pilotez sa mise en œuvre : choix des intervenants, avancement du projet (rétroplanning), suivi budgétaire.
- **Faites le bilan.** Évaluez l'efficacité de l'opération (retombées médiatiques, évolution de l'image, participation, satisfaction des invités et des intervenants, nouveaux contacts, coût détaillé).

Méthodologie et conseils

Qu'il dure une demi-heure, une demi-journée ou une semaine, tout événement doit être très sérieusement préparé des semaines, voire des mois avant la date fatidique. Plus le nombre de personnes est important, plus le budget est conséquent, plus la période entre le début de la réalisation et sa fin est longue.

Avantages

✔ L'événement permet à l'organisateur de se distinguer de ses concurrents dans un espace saturé par la publicité.

Précautions à prendre

✔ Lors d'une manifestation, la sécurité doit faire l'objet de toutes les attentions. Tenez-vous tenir à jour de l'évolution de la législation ! Vous devrez répondre aux exigences matérielles et morales durant toute la durée de l'événement : besoins humains (services de sécurité, médecins, secouristes, pompiers…), matériels (barrières de protection, postes de secours, plan d'évacuation…).

• • •

Comment être plus efficace

Définissez les caractéristiques de votre événement

Pensez-vous organiser un concert, une exposition, une conférence, un salon, un séminaire de motivation ? Voulez-vous combiner plusieurs modalités (par exemple un séminaire de motivation et soirée costumée) ? Combien de temps souhaitez-vous y consacrer (une matinée, une soirée, un week-end, une semaine, un mois...). Combien de personnes voulez-vous inviter (une dizaine, une centaine, plusieurs milliers...) ? Il peut arriver que des organisateurs soient dépassés par le succès ou au contraire se retrouvent devant une salle vide.

Anticipez les dépenses et l'organisation liées aux déplacements et à l'hébergement

Les compagnies aériennes et la SNCF proposent des réductions pour les personnes qui assistent à un congrès. Il faut simplement les prévenir suffisamment à l'avance pour que votre événement soit référencé. Vous pouvez faire appel à une agence de voyages. Moyennant une commission auprès des entreprises de transport, elle s'occupera de tout. Si vous prévoyez des déplacements durant la manifestation, pour se rendre à un spectacle ou à un dîner, il peut être utile de prévoir une navette ou un service de bus (en se renseignant auprès d'un cariste). Si les personnes utilisent leur propre véhicule, il faut que chacune d'elle dispose d'un plan détaillé et d'un numéro d'appel ouvert en permanence. En cas de séminaire résidentiel, il faut réserver des chambres d'hôtels ou trouver d'autres moyens d'hébergement (gîtes, chambres d'hôtes...). Tout cela doit se faire suffisamment à l'avance pour être sûr de disposer de logements à proximité du lieu de la manifestation.

Pensez au confort de vos invités

Il est impossible de retenir un public plus de quatre heures sans lui proposer une collation. Une pause café est incontournable, lors d'une réunion de 14 à 17 heures. Les WC disponibles sont-ils en nombre suffisant pour l'ensemble des personnes invitées ? Faute de s'en être assuré, certains organisateurs ont été confrontés à des situations pénibles (files d'attentes, mécontentements...). Si la manifestation se déroule en hiver et à l'intérieur d'un lieu chauffé, les personnes souhaiteront déposer leurs vêtements. Un vestiaire s'impose alors. Vous devez en prévoir les modalités : les gens déposeront-ils eux-mêmes leurs effets ou une personne sera-t-elle chargée du vestiaire ? Le vestiaire sera-t-il gardé ? Si ce n'est pas le cas, les risques d'erreurs entre deux manteaux sont importants, pour ne pas évoquer les vols... Last but not least, pensez aux solutions de repli pour les manifesations en plein air. Même en plein été, un orage ou une forte pluie peut survenir.

Ne sous-estimez pas les formalités administratives

Les autorités ne sont pas opposées à l'organisation d'événements, mais elles tiennent à être informées (c'est parfois obligatoire). Avant d'organiser un événement, vous devez vérifier s'il ne faut pas demander des autorisations administratives et s'il ne faut pas prévoir des assurances particulières (pour garantir les biens particuliers, pour assurer la responsabilité civile de l'association organisatrice...).

Exemples d'**Événements**

• Cinéma et chocolat géant

Le lancement mondial de Ratatouille, film d'animation produit par Walt Disney Pictures, a eu lieu à Paris au pied du pont Alexandre III. Les invités : un millier de journalistes internationaux, comédiens, distributeurs et producteurs de films et de représentants de la direction Europe de Disney et des studios Pixar. Le décor : des tablettes de chocolat géantes entourées de pâtisseries et de gourmandises monumentales.

• Un cyberarbre à palabres

Un cyberarbres à palabres était planté au milieu du forum Afrique Avenir qui s'est tenu en février 2007 à la Cité des sciences et de l'industrie de Paris. Sa fonction : établir un lien entre des villages africains et les journalistes et invités aux conférences et ateliers consacrés aux réussites africaines dans tous les domaines (arts, culture, sciences, industrie, éducation...). Chacun des mille participants a reçu une mallette en carton pouvant se transformer en tabouret pour écouter l'un des 60 intervenants africains de son choix ou le concert acoustique de Youssou N'Dour.

• Un road show d'un an

Le président de la Poste a rencontré 10 000 managers des filiales du groupe au cours de 15 conventions qui se sont tenues durant un an en France, Allemagne, Belgique, Espagne et Suisse. Chacune de ces rencontres était construite sur le même modèle. Une thématique et des experts spécifiques par convention ; une vingtaine de managers sur scène choisis pour leur représentativité ; des intermèdes musicaux par l'Orchestre symphonique de Lyon. Chacune des conventions a été mise en ligne sur le site intranet du groupe.

• Voyage au pays des énergies renouvelables

Gaz de France a organisé plusieurs voyages à travers l'Europe pour prouver aux élus locaux les vertus des énergies renouvelables. Pendant chacune de ces tournées « vertes » de trois jours, une trentaine de responsables politiques français ont été logés dans des hôtels propres (sans émissions de substances polluantes). Ils ont visité des centrales cogénératrices et des habitations à énergie passive et ont rencontré des experts.

• Champagne et photographies de luxe

1 200 journalistes et célébrités ont été conviées au domicile parisien du couturier Karl Lagerfeld, à l'occasion du lancement du champagne brut millésimé de Dom Pérignon. Au menu de la soirée : un cocktail, une piste de danse et la nouvelle campagne de communication de la marque mise en scène par des jeux de lumière autour des photographies signées par Karl Lagerfeld.

• Créer l'événement chez son concurrent

L'idée : faire parler de soi en investissant le champ de son concurrent. Lors du lancement de la Sony PS3 au cours de la manifestation Playstation, Microsoft a affrété une péniche aux couleurs de la X Box 360. Sur le pont : une bande de jeunes gens jouant du sifflet et de la corne de brume. ■

D'après « Les manifestations qui ont marqué 2007 », www.stratégies.fr.

Outil 36 Le rétroplanning

Rétroplanning du prix du meilleur journal électronique

J – 9 mois	Constitution du jury et choix du président
J – 8 mois	Brief à l'agence événementielle
J – 7, 5 mois	Choix de l'agence. Élaboration du contrat. Conception des supports de communication (lettre et dossier de candidature, affiche invitations, signalétique). BAT et impression. Élaboration et validation du plan média (presse et Internet). Choix du lieu de la manifestation. Définition des modalités d'animation. Suivi et mise à jour du budget
J – 6 mois	Conception et validation des publicités. Achat d'espace. Suivi et mise à jour du budget
J – 5 mois	Campagne publicitaire et opérations de relations presse. Envoi des dossiers de candidatures
J – 4 mois	Retour des dossiers de candidatures. Choix des intervenants (traiteurs, photographes, journalistes). Suivi et mise à jour du budget
J – 4 à – 3 mois	Gestion des dossiers + contacts avec les entreprises participantes
J – 2 mois	Conception des invitations
J – 35 jours	Envoi des invitations à la remise des prix
J – 30	Réunion du jury. Conception, choix et création du trophée
J – 15	Petits-déjeuners presse avec le président du jury. Campagne publicitaire pour annoncer la remise des prix
J – 5	Finalisation de la manifestation (cocktail, sonorisation, décoration, signalétique, vestiaire). Pilotage et suivi du projet auprès des différents acteurs internes et externes. Suivi et mise à jour du budget
J – 1	Vérification des derniers détails (sonorisation, éclairage), filage et répétition
Jour « j »	**Remise des prix, conférence de presse et cocktail**
J + 5	Réunion de bilan
J + 45	Règlement des fournisseurs

Ces indications sont données à titre indicatif et dépendent des choix et de l'ampleur de l'événement. Certaines actions s'étalent dans le temps et il faut toujours tenir compte des impondérables.

En résumé

Le rétroplanning est un des outils classiques de la conduite de projet. Il a été adopté par les responsables de communication pour recenser les actions à réaliser avant et après le jour « j » et prendre si besoin des décisions correctives.

Insight

Retro planning is a classic project management tool. It has been adopted by communication managers to take inventory of (compile a register of) all actions concluded before and after the day of the event and take, if necessary, corrective decisions.

Pourquoi l'utiliser ?

Objectif

Le rétroplanning a pour première fonction de préciser le calendrier de réalisation d'un événement. Il permet de mettre à plat toutes les tâches et actions à effectuer en les inscrivant dans le temps. C'est un outil précieux pour piloter le projet en temps réel et vérifier si tout a bien été effectué en temps et heure, s'il faut ajuster et prendre des décisions correctives.

Contexte

Le rétroplanning peut être élaboré à partir d'autres plannings détaillés eux-mêmes structurés par étape, par période ou par activité (édition, communication, assurances, logistique, pilotage). Dans le cadre de très grands événements comme le montage d'un salon international ou d'une manifestation impliquant de très nombreux acteurs, il est conseillé d'établir un planning en réseau. Ce document met en évidence les liens de dépendance entre les actions (activités pouvant être menées parallèlement, dates limites de démarrage et de fin, lien entre le début et la fin d'une activité...). Il permet ainsi de déterminer le chemin critique ou chemin le plus rapide pour parvenir au but recherché.

Comment l'utiliser ?

Étapes

• **Listez toutes les tâches à effectuer.** Ne négligez aucun détail. Vous devez inviter 2 000 personnes à une assemblée générale ? Vous devrez bien sûr trouver un lieu susceptible de les accueillir. Mais vous devrez aussi vérifier ce chiffre une fois les invitations envoyées. Vous devrez organiser les déplacements si nécessaire, trouver des traducteurs, penser aux régimes et interdits alimentaires...

• **Classez les tâches en fonction du jour « j » et les unes par rapport aux autres.** Pour certaines comme la conception d'un carton d'invitation, l'opération est facile à réaliser. Vous savez qu'il faut rédiger le texte, puis le faire valider, pour ensuite demander à l'imprimeur de le mettre en forme avant que vous signiez le BAT. Pour d'autres, il faut mettre à jour les relations entre les tâches et bien mesurer le temps de réalisation.

• **Actualisez votre document au fil de l'eau.** Un rétroplanning n'est pas seulement une « check-list » que vous pointez consciencieusement au fur et à mesure de l'avancement de votre projet. Vous devez l'actualiser en tenant compte des impondérables (retards, nombre de participants à la hausse ou à la baisse, incidents ou accidents...).

• **Archivez.** Lorsque vous aurez à bâtir un événement de même nature, vous gagnerez beaucoup de temps en vous appuyant sur les expériences précédentes.

Méthodologie et conseils

Lorsque vous avez plusieurs événements à mener de front, il peut être utile de les afficher dans votre bureau sous forme de tableau synthétique. Vous verrez ainsi d'un seul coup d'œil les actions à mener pour chacun des événements. ■

Pensez au jour « j » comme si vous étiez invités. Avez-vous pensé à l'accueil, aux hôtesses, au vestiaire, aux badges, au parking ? En voyant défiler dans votre tête le film de la journée, vous repérerez plus facilement ce que devez faire et préparer.

Avantages

✔ Le rétroplanning permet de visualiser toutes les tâches et actions à mener pour réaliser un événement ou un projet de communication.

Précautions à prendre

✔ Il n'est pas facile d'identifier toutes les tâches à effectuer. Pensez à bien décomposer les opérations. Les débutants ont tendance à sous-estimer le temps nécessaire à chaque action, notamment les délais de validation.

Outil 37 Le conducteur

Un support pour vous accompagner le jour « j »

EXEMPLE POUR UNE ASSEMBLÉE GÉNÉRALE

Horaire	Durée	Intervenants	Objectif visé	Supports et outils de communication
8 h	45 min.	4 hôtesses + le responsable de communication	Accueillir les participants	Vestiaire Remise des badges Pointage des invités au fur et à mesure Café de bienvenue
8 h 45	15 min.	Le responsable de communication et trois hôtesses (la 4e reste à l'accueil pour les derniers arrivants)	Installer chacun dans la salle de conférences.	Plan de salle (ou libre choix) Remise à chacun du programme et de la liste d'invités.
9 h	3 min.	Le responsable de la communication ou l'animateur de la journée	Introduire la journée	Un micro PowerPoint (affichage des moments clés de la journée…) Présentation des invités présents sur le plateau
9 h 05	10 min.	Le directeur général	Présenter les résultats de l'année	Un micro PowerPoint Animation à l'écran avec des illustrations (tableaux, courbes…)
9 h 15	30 min.	Le responsable de la communication (animateur) + Le directeur général + le public	Engager un débat avec le public	Un micro pour l'animateur. Un micro pour chaque intervenant sur le plateau. Deux micros dans la salle tenus par des hôtesses.
9 h 45	10 min.	Le directeur des affaires internatlionales	Présenter les perspectives de développement en Asie	Un micro. PowerPoint (affichage des moments clés de la journée…)
…	…	…	…	…

En résumé

Le conducteur détaille chaque moment d'un événement et permet de coordonner toutes les interventions.

Insight

__The planning sheet__ details each moment of an event (timing, organization, participants, subject, place) and allows coordination of each programmed contribution.

Pourquoi l'utiliser ?

Objectif

Le conducteur constitue la feuille de route des organisateurs d'un événement. Il permet de structurer le jour « j » du début à la fin, de synchroniser les interventions et d'identifier les outils et supports nécessaires. Les organisateurs ont ainsi l'esprit libre pour accueillir les invités et veiller à ce que personne ne s'ennuie dans son coin.

Contexte

Le conducteur est réalisé par le responsable de communication ou l'agence événementielle une dizaine de jours avant l'événement.

En fixant des règles claires, vous éviterez des conflits de dernière minute et économiserez un temps précieux au moment où chacun doit être mobilisé pour la réussite de la manifestation.

Comment l'utiliser ?

Étapes

• **Construisez votre conducteur.** Appuyez-vous sur le rétroplanning et sur le cahier des charges de l'événement. Détaillez minutieusement toutes les interventions.

• **Testez votre conducteur.** Une répétition et une réunion de filage la veille ou l'avant-veille de l'événement sont indispensables pour vérifier la pertinence de votre conducteur et régler les derniers détails (durée des interventions, PowerPoint, sonorisation, éclairage...). Vérifiez avec les intervenants si votre présentation est exacte (faut-il modifier un point ou rajouter une information).

• **Préparez des outils complémentaires.** Emmenez avec vous la liste de tous les intervenants avec leur numéro de portable. Vérifiez au préalable que chacun est équipé du sien et que le lieu choisi est couvert par les opérateurs de téléphone. Pensez aux talkies-walkies en cas de panne de réseau et au petit matériel de base (ciseaux, colle, rallonges électriques, prise téléphonique, clé USB, micro-ordinateur en double...).

Méthodologie et conseils

En tant qu'organisateur, vous devez être présent bien avant le début de la manifestation, ne serait-ce que pour veiller aux préparatifs et procéder à l'installation. Votre conducteur doit intégrer cette phase ainsi que celle de la fin. Faute de quoi, vous vous retrouverez seul à apporter les équipements et à les ranger !

Si vous avez prévu une manifestation qui dure une heure avec deux ou trois intervenants, vous devrez compter plus d'une heure de préparation. Pour une exposition ou un salon de trois jours, une journée devrait suffire. ■

Avantages

✔ Le conducteur permet à chacun de connaître les responsabilités qui lui incombent. L'organisateur de l'événement peut intervenir pour ralentir ou accélérer un exposé. Le conducteur lui permet par ailleurs de vérifier si tous les supports et tous les équipements prévus sont disponibles.

Précautions à prendre

✔ Veillez à préparer l'événement en fonction de la disponibilité des fournisseurs. Lorsque vous installez la sonorisation, n'attendez pas le soir pour un colloque qui démarre le lendemain matin. En cas de problème, vous aurez du mal à être dépanné le matin, surtout s'il s'agit d'un dimanche ou d'un jour férié.

✔ Ne négligez pas l'accueil des intervenants. Certains d'entre eux aiment arriver à l'avance pour repérer les lieux et se les approprier. Il est préférable de leur fixer un rendez-vous pour régler toutes les questions concrètes (nom des invités, programme précis, horaire de début et de fin, pause, documentation...).

Le salon

Douze mois pour se préparer

Dates	Actions et tâches
J – 12 mois	Location du stand. En vous y prenant suffisamment à l'avance, vous pourrez choisir un emplacement stratégique.
J – 11 mois	Sélection des produits et services à exposer (en fonction des cibles que vous visez)
J – 10 mois	Élaboration du brief pour le stand. Choix du standiste. Réservation des hôtels (souvent complets en période d'exposition, anticipez !)
J – 9 mois	Réalisation du stand. Les délais de réalisation sont plus longs si vous souhaitez un stand personnalisé (et pas celui proposé par l'organisateur du salon)
J – 8 mois	Point d'étape avec l'organisateur pour finaliser les branchements (électricité, téléphone, eau…)
J – 7 mois	Définition de la stratégie de promotion et d'animation. Brief de l'agence de communication événementielle si besoin
J – 6 mois	Choix des hôtesses et des animateurs. Brief de l'imprimeur ou de l'agence de communication pour la réalisation des supports (plaquette, catalogue, cartons d'invitation, publicité…)
J – 5 mois	Formation du personnel présent sur le stand
J – 4 mois	Édition de la documentation. Vérification du matériel. Réservation du transport de matériel (faites appel à un transitaire ou un transporteur spécialisé). Réservation de la publicité dans le catalogue des exposants
J – 3 mois	Préparation des cartons d'invitation. Envoi d'un communiqué de presse pour indiquer votre participation au salon et/ou préparer votre événement. Réservation des billets d'avion. Vérification des passeports
J – 2 mois	Assurance (salon + prospection). Demande de visas si nécessaire. Vaccinations
J – 1 mois	Demande de carnet ATA (pour les salons à l'étranger). Envoi des invitations
De J – 30 à J – 1	Expédition des produits. Départ du personnel. Aménagement et vérification du stand. Vérification des produits. Contrôle de la sécurité

Les dates et les tâches à mener peuvent varier en fonction de l'ampleur de la manifestation et de la nature de l'activité. L'aménagement du stand dépend de la date d'ouverture du hall aux exposants. En cas de destination lointaine, prévoir un délai plus long pour l'expédition des produits.

En résumé

Le salon permet aux entreprises d'un même secteur d'activités (automobile, édition, agroalimentaire…) de développer des contacts commerciaux, présenter leurs produits et services, prospecter de nouveaux marchés et plus globalement se faire connaître…

Insight

A salon allows companies in the same market sector (automobile, publishing, farm-produce…) to develop commercial contacts, present their products and services, prospect new markets and generally get to know each other.

Pourquoi l'utiliser ?

Objectif

La participation à un salon relève avant tout de la politique commerciale. Il s'agit de convaincre des acheteurs et d'enregistrer des commandes. Pour autant, la dimension communication ne doit pas être négligée. L'image de l'entreprise est en jeu, à travers la décoration du stand, mais aussi dans les modalités d'animation et de prise de parole des intervenants.

Contexte

Un salon se prépare des mois à l'avance. Pour certaines entreprises, il constitue l'unique occasion de communiquer. Vous ne devez donc pas vous tromper dans votre choix.

Le salon constitue une des seules occasions où l'entreprise est confrontée à ses clients, ses prospects et ses concurrents.

Comment l'utiliser ?

Étapes

• **Renseignez-vous sur les différents salons.** Aidez la direction à faire son choix en fonction du lieu de la manifestation, de la cohérence entre le public et votre cœur de cible et de critères plus qualitatifs comme l'image du salon, le savoir-faire des organisateurs, les services annexes disponibles (hôtesses, interprètes, bureau de presse, réservation de chambres d'hôtels, salles de conférences et/ou de réception, standistes, transitaires, gardes d'enfants, douanes...).

• **Déterminez vos objectifs de communication**. Ils doivent être cohérents avec les objectifs commerciaux. Quelles sont les caractéristiques du public que vous visez ? En quoi la participation à un salon va-t-elle ou peut-elle contribuer à améliorer l'image et la notoriété de votre entreprise.

• **Préparez-vous suffisamment à l'avance.** Établissez un planning détaillé pour préciser les différentes étapes jusqu'à la date du salon.

• **Veillez à l'animation du stand durant le salon.** La conception et la décoration du stand sont essentielles pour accrocher le regard des visiteurs. Ne négligez pas l'accueil et les animations qui sont eux aussi déterminants.

• **Faites un bilan et un suivi rigoureux.** Envoyez des remerciements aux visiteurs de votre stand, faites parvenir dans les plus brefs délais documentation et échantillons, assurez les relations avec la presse (envoi de communiqués, de photos...).

Méthodologie et conseils

Différents organismes ont pour vocation de fournir des informations détaillées sur les manifestations commerciales : nombre d'exposants (dont les sociétés étrangères), nombre et type de visiteurs (grand public, professionnels, étrangers). Au plan local, prenez contact avec les Chambres de commerce et d'industrie (CCI). Au plan national, informez-vous auprès de Foires salons et congrès de France (FSCF). Ubifrance, l'agence française pour le développement international des entreprises ou l'Union des foires internationales vous renseigneront sur les salons internationaux.

Avantages

✔ Un salon bien ciblé constitue une occasion unique de développer le carnet de commandes et de se distinguer de ses concurrents.

Précautions à prendre

✔ *A contrario*, si vous ne choisissez pas le « bon » salon ou si vous n'êtes pas situé à un endroit stratégique dans le hall d'exposition, vous risquez de perdre du temps et de l'argent. Avant de participer à une manifestation en tant qu'exposant, allez-y en tant que visiteur. Vous pourrez ainsi repérer les lieux et vous faire une idée générale du concept (types de visiteurs, ambiance, retombées...).

• • • ▶

Comment être plus efficace

Variez vos modes de participation

Et faites votre choix en fonction de l'importance de l'événement et du budget dont vous disposez.

La participation collective. Cette formule a tendance à se développer à l'export sous l'impulsion d'Ubifrance, des chambres de commerce et de certains syndicats. Elle consiste à regrouper sur un même stand plusieurs entreprises d'un même secteur géographique ou sectoriel.

Avantages	Inconvénients
• Une moindre logistique : l'organisme centralisateur s'occupe de la réservation du stand et des formalités administratives	• L'identité de chaque exposant n'est pas toujours respectée
• Un coût moindre : certaines dépenses sont mutualisées (mobilier, publicité, personnel...), des conditions tarifaires peuvent être obtenues sur le transport des marchandises et des personnes, l'hébergement et parfois le prix du stand	• La formule est avantageuse du point de vue financier, mais vous pouvez être amenés à prendre en charge des frais que vous ne jugez pas utiles
• Des prestations complémentaires : relations publiques et publicité (journée officielle, cocktail, relations presse et publicité dans les journaux locaux et spécialisés) préparées par l'organisme centralisateur avec des frais partagés entre les participants...	• Vous devez vous plier aux décisions de l'organisme centralisateur (envoi des marchandises à une date précise, impossibilité de choisir sa date de départ et son lieu d'hébergement)

Les contraintes sont minimes par rapport au gain réalisé en termes d'organisation et de logistique. Cette approche est particulièrement intéressante pour les entreprises qui participent pour la première fois à une manifestation ou pour les petites structures qui n'ont pas les moyens humains et financiers pour louer un stand individuel.

Le bureau commercial ou la vitrine. Certains organisateurs mettent à dispositions des emplacements réduits sous forme de vitrines ou de panneaux et facilitent la venue des nouveaux exposants en leur proposant un bureau ou un comptoir au sein de la manifestation. L'inconvénient majeur pour l'entreprise est d'être marginalisée : sa présence reste très discrète. Quant aux organisateurs, ils ont pratiquement les mêmes démarches à effectuer que pour la location d'un stand, avec un rendement nettement inférieur.

Le stand individuel. C'est l'option la plus répandue. Elle permet aux entreprises de s'organiser comme elles l'entendent. Le stand peut être conçu comme un simple lieu d'exposition ou comme un centre d'information et d'animation.

Assurez la promotion de votre stand

Tous les organisateurs de salons proposent des prestations complémentaires pour renforcer la présence des exposants : location de panneaux d'affichage, publicité dans les documents du salon (catalogue, journal, fiches techniques, invitations...), messages diffusés par sonorisation dans le hall ou dans des conférences organisées parallèlement. Appuyez-vous sur le service presse de l'organisateur qui prend contact systématiquement avec les journalistes de la presse économique, professionnelle et quotidienne. Déposez vos dossiers presse sous format papier et électronique pour actualiser la rubrique Web du salon.

Exemple de **Choix et conception d'un stand**

Quelques repères pour vous guider dans le choix et la conception de votre stand.

• L'emplacement

Les stands les plus visités sont loin des allées sans issues, des espaces sombres et des colonnes. Les places les plus convoitées sont très vite réservées par les exposants. Les plus réactifs sont les premiers servis.

• L'architecture et le design

Dans les années 1990, les stands étaient souvent « tape-à-l'œil » et volumineux. À l'exception du Mondial de l'automobile et de quelques grands salons internationaux, la tendance est aujourd'hui à la simplicité et à la sobriété avec une réduction des surfaces. Développement durable oblige, les matériaux utilisés sont recyclables. En termes de design, la mode est aux formes arrondies et aux couleurs claires.

• Les visuels

Tout est prétexte à communiquer avec le visiteur. Les murs d'images accrochent le regard et affichent les messages clés de la marque. Les mots clés, les valeurs s'affichent sur les murs et les poteaux. Les écrans tactiles se multiplient pour permettre une plus grande interactivité. Il faut toutefois veiller à ce que l'activité et la marque de l'entreprise soient facilement et clairement identifiables.

• L'animation

Un stand doit attirer des visiteurs et constituer une invitation à la rencontre. Diverses formules sont envisageables pour créer du trafic et récupérer des cartes de visites : clowns, acrobates, dégustation de produits régionaux, sculptures sur glace, sketches, distribution de cadeaux, massages, aromathérapie, jeu concours, mini-golf, chamboule-tout, table-ronde animée par un expert ou un journaliste... Ces modalités doivent bien sûr être cohérentes avec la stratégie de communication de l'entreprise et tenir compte du public. Si vous présentez de produits très techniques, les visiteurs souhaiteront avant tout rencontrer des experts et seront moins sensibles au charme des hôtesses et à l'originalité des animations. La meilleure façon de nouer des contacts intéressants est de s'appuyer sur des commerciaux compétents. ■

Un trophée d'or pour la conception « écolo » d'un stand de la région Ile-de-France

Le trophée d'or de l'éco-conception et de l'innovation des stands du salon Pollutec a été attribué en novembre 2007 à la Région Ile-de-France. Parmi les critères de sélection des candidats :
– le choix de matériaux et de revêtements recyclables ou réutilisables (cloisons en éco-matériau, mobilier en carton, peintures certifiées par des éco-labels...) ;
– la présence d'une collecte multimatériaux de déchets ;
– éclairage situé à 5 mètres de hauteur pour limiter la consommation d'électricité.
Le jury a également pris en considération les efforts pour réduire la quantité de déchets, diminuer la diffusion de documents papier au profit des supports numériques, concevoir des supports de communication tenant compte des caractéristiques environnementales.

Source : www.iledefrance.fr

Le parrainage

Mécanique et principe du parrainage

Soutien du parrain
(financier ou non-financier)

PARRAIN
Entreprise, organisation, institution association à but non lucratif, collectivités locales et territoriales, ministères…

PARRAINÉ
Individu, groupe, entreprise, événement dans des domaines divers (sport, art, culture, environnement, éducation, social…)

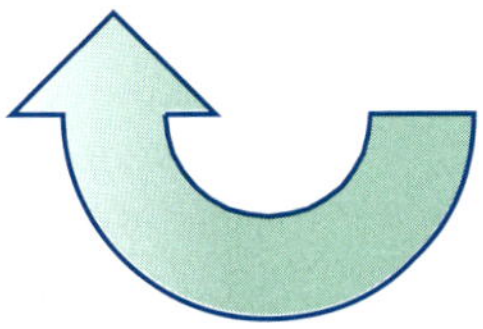

Contribution du parrainé

En résumé

Le parrainage est le terme générique pour parler du sponsoring et du mécénat. Dans les deux cas, l'entreprise ou l'organisation s'associe à un événement ou une activité qui ne relève pas de son quotidien. Il s'agit de faire parler de soi en parlant d'autre chose que du cœur de métier. Mais les objectifs et les champs d'application diffèrent.

Le sponsoring est associé au sport ; il répond à une stratégie de valorisation des produits et de la marque.

Le mécénat concerne un champ plus large : culture, éducation, recherche, actions humanitaires, protection de l'environnement… Il cherche est à valoriser l'engagement social de l'entreprise dans son ensemble.

Insight

Patronage is a generic term for speaking about sponsoring or corporate philanthropy. In both cases, a company or an organization associates itself with an event that is outside its usual sphere. It permits a business to speak about other things or demonstrate another aspect of its interest outside its core business. However, the objectives and applications are different.

Sponsoring is associated with sport and responds directly to a company's product or brand development strategy.

Patronage or corporate philanthropy concerns a broader field: culture, education, research, humanitarian action, or environmental protection… The goal for the company or organization is to increase the standing of its overall social commitment.

Pourquoi l'utiliser ?

Objectif

Le parrainage ne consiste pas à apposer son nom sur un voilier ou au bas de l'affiche d'une exposition. L'enjeu pour l'entreprise est tout autant d'atteindre ses propres objectifs de communication que d'apporter un soutien à une activité, un sportif ou un artiste dont elle apprécie les qualités.

Contexte

Le parrainage est principalement utilisé dans cinq grands domaines d'activité : le sport, la culture, la solidarité, l'environnement et l'audiovisuel. Le sport a été un des premiers champs investis par les sponsors et reste le plus important en termes d'investissements financiers. C'est celui où la contribution de l'entreprise est la plus visible. Dans d'autres domaines comme la santé ou la solidarité, la présence des sponsors doit être plus discrète pour ne pas heurter les sensibilités.

La stratégie de parrainage doit être cohérente avec votre politique de communication.

Comment l'utiliser ?

Étapes

• **Définissez le domaine du parrainage.** Votre choix va dépendre comme toujours en communication des cibles à atteindre et des messages que vous voulez communiquer. Vous devez trouver un équilibre entre visibilité, image et investissement (serez-vous plus visible, votre image va-t-elle s'améliorer, avez-vous les moyens financiers suffisants ?).

• **Choisissez l'activité à parrainer.** Dans chaque domaine, il existe des dizaines de choix possibles. Dans celui du sport, vous pouvez investir dans le rugby, la pétanque, la natation, le patinage artistique et bien d'autres activités. Plus le sport est médiatique, plus le coût du parrainage est élevé. Chaque activité a ses valeurs et son public. Aucune n'est parfaite. Vous devez choisir celle qui vous semble la plus proche de l'image que vous souhaitez véhiculer.

• **Identifiez l'entité à parrainer.** Quatre solutions s'offrent à vous : parrainer un individu, un groupe (équipe, troupe de théâtre...), une organisation (une fédération, un théâtre, un musée) ou un événement.

• **Précisez le niveau de performance.** Vous pouvez apporter votre soutien à un amateur ou à un professionnel, vous pouvez aussi vous engager auprès d'enfants, d'adultes, d'hommes out de femmes ou encore venir en aide à des groupes spécifiques (handicapés, retraités...).

Méthodologie et conseils

De nombreux éléments entrent en compte dans le choix final. Vérifiez la cohérence entre vos cibles et celles de l'entité parrainée et entre votre image et la sienne. Calculez le rapport entre l'investissement et le bénéfice attendu. Prenez en considération la couverture géographique (régionale, nationale, internationale), la fréquence des contacts (visibilité du parrainage dans les médias durant l'année). Et ne négligez pas la qualité du contact (un logo est plus facile à repérer sur les panneaux d'un stade que sur le maillot d'un nageur).

Avantages

✔ Le parrainage permet de toucher un large public (les spectateurs d'un match de football peuvent difficilement éviter de voir les marques sur les maillots des joueurs !). Il offre également un cadre convivial pour organiser des rencontres avec vos publics.

Précautions à prendre

✔ Le lien entre votre entreprise et l'activité soutenue doit être perçu comme crédible par l'opinion publique, faute de quoi vos messages ne seront pas crédibles.

• • • ▶

Comment être plus efficace

Distinguez sponsoring et mécénat

Le mécénat se caractérise par une forme de soutien discret et sans recherche de contrepartie directe pour le financeur. Le sponsoring, au contraire, vise un retour sur investissement. Le sponsor veille à ses propres intérêts de communication. Il exploite systématiquement son engagement par le biais de la publicité, de la promotion et des relations publiques.

Du point de vue juridique, le sponsoring se distingue nettement du mécénat. Les dépenses de mécénat donnent droit à une réduction d'impôt égale à 60 % de leur montant dans la limite de 5 pour 1 000 du chiffre d'affaires hors taxes. L'excédent des dépenses peut être déduit pendant les cinq exercices suivant en respectant chaque année le plafond. Les dépenses de sponsoring sont considérées comme des dépenses de nature publicitaire. « Une contrepartie d'image est autorisée dans une opération de mécénat. L'association du nom de l'entreprise versante aux opérations réalisées par l'organisme relève du mécénat si elle se limite à la simple mention du nom du donateur, quels que soient le support et la forme, à l'exception de tout message publicitaire. » (Admical : http://admical.org)

Mesurez votre audience

L'audience directe. Le calcul est facile à effectuer dans le cadre d'événements payants. Il suffit de compter le nombre de billets vendus. Pour les événements gratuits, vous devez estimer le nombre de spectateurs présents. L'opération s'avère plus délicate dans le cas de manifestations de grande ampleur comme la Techno Parade, la Nuit blanche ou le Tour de France. La mesure de l'audience directe peut s'effectuer pour un événement unique ou être cumulée sur une saison ou plusieurs manifestations.

L'audience indirecte. Il s'agit du nombre de personnes susceptibles d'être touchées par les retombées de la manifestation dans les médias.

Presse écrite. Recensez tous les articles qui citent votre nom et celui de l'événement. Vous pouvez pondérer le chiffre obtenu par des éléments qualitatifs : emplacement de l'article, qualité et nombre des visuels, ton de l'article (positif, négatif, neutre). Cette approche permet d'évaluer la valeur relative des retombées en comparant plusieurs actions de parrainage.

Audiovisuel. Vous devez déterminer la durée des retransmissions de l'événement (en direct, en différé…) et la fréquence d'apparition de votre nom. Les citations orales de votre marque ou du nom de votre entreprise sont également comptabilisées.

Internet. Si vous avez dédié un site à l'opération de parrainage, vous pouvez mesurer votre audience en prenant en compte le nombre de visites, le nombre de pages vues et le nombre d'internautes qui cliquent sur votre site (taux de clic).

Inscrivez-vous dans la durée

L'opinion publique a tendance à oublier le nom des sponsors. Seul un effort soutenu et à long terme vous permettra d'accroître de lutter contre ce phénomène et d'accroître votre notoriété. Les marques associées durablement par le public à une activité de parrainage ont derrière elles une longue histoire de sponsor. BNP Paribas parraine le tournoi de Rolland-Garros depuis 1973, Gaz de France a créé l'Open Gaz de France en 1993, le tour de France est parrainé par LCL – le Crédit Lyonnais depuis 1987. Quant à Coca Cola, il soutient les Jeux Olympiques depuis 1928 !

Pourquoi l'utiliser ?

Objectif

Les opérations de relations publiques financières cherchent à humaniser le message de l'entreprise et à créer une proximité avec les actionnaires. Les instances de dialogue se multiplient : grand-messes, assemblées générales, lettres aux actionnaires, ouvertures de services Web, e-mail des analystes... De plus en plus de dirigeants d'entreprise s'impliquent personnellement et font la tournée des places financières.

Contexte

Autrefois, les sociétés cotées en Bourse considéraient la communication financière comme une corvée annuelle et obligatoire qu'elles déléguaient volontiers à leurs services comptables. Aujourd'hui, la communication financière n'est plus la chasse gardée de quelques spécialistes. Le ton s'en ressent. Séduire, susciter la confiance deviennent aussi importants que de diffuser les données chiffrées sur les performances de l'entreprise.

À performance économique égale, la qualité de la communication constitue un avantage concurrentiel et une arme dans la conquête des marchés.

Comment l'utiliser ?

Étapes

• **Ciblez les attentes des professionnels et celles du grand public**. La communication vise deux groupes différents. D'un côté les 20 000 personnes qui « font » la Bourse (investisseurs institutionnels, banques, agents de changes, journalistes économiques). De l'autre le grand public, soit plusieurs millions de petits porteurs. Les professionnels attendent une information technique pointue. Le grand public souhaite une information financière vulgarisée accompagnée d'une communication simple et directe.

• **Établissez un plan de communication financière cohérent avec votre politique globale.** La communication financière doit, en effet, être solide et exemplaire pour renforcer le positionnement stratégique global de l'entreprise et sa position sur les marchés financiers.

• **Soignez la communication de votre dirigeant.** Dans une société sur-médiatisée, les patrons d'entreprise sont en première ligne. Ils incarnent la stratégie de leur entreprise. Leurs interventions doivent être minutieusement préparées. Si nécessaire, pensez au média-training !

• **Jouez les relations presse**. Le pouvoir de la presse est immense dans le domaine économique : ses prises de position influent sur les décisions des investisseurs et donc le cours des valeurs. Un investisseur n'achètera jamais l'action d'une société qu'il ne connaît pas. Informez régulièrement les journalistes économiques et financiers sur la vie de votre entreprise. Organisez des conférences de presse, participez à des émissions de radio ou de TV ou des tables rondes...

Méthodologie et conseils

Ne négligez par les procédés interactifs qui multiplient les lieux de dialogue (site Internet, adresse électronique, forum, blogs, numéro vert, bureau d'accueil, kiosque spécialisé...). ■

Avantages

✔ En multipliant les occasions de rencontre, l'entreprise poursuit un objectif majeur : choyer son actionnariat, apprendre à le connaître pour dans un second temps, le consolider. Cette technique peut s'avérer capitale pour résister à une manœuvre hostile ou modérer l'effet de turbulences boursières.

Précautions à prendre

✔ Ne laissez pas les rumeurs vous prendre de court. Soyez toujours attentif à ce qui se dit et s'écrit sur votre entreprise... Et soyez toujours prêt à expliquer et argumenter.

Communiquer en période de crise

Accident industriel, disparition d'un dirigeant, climat social tendu, rumeurs diffamatoires, toutes les entreprises peuvent à un moment ou un autre se trouver dans une situation critique où leur réputation et leur avenir sont en danger. La question pour elles est de savoir à partir de quel seuil se déclarer en crise. Lorsqu'un incident causera des victimes ou des morts ? Lorsque les médias parleront de cet incident ? Lorsque l'activité cessera ? Lorsque l'entreprise disparaîtra ? Toutes ces étapes peuvent, en effet, facilement s'articuler.
L'entreprise doit répondre à ces questions, se donner des repères et des indicateurs pour prendre des décisions. Et se doter d'outils pour analyser une situation en évitant de prendre des positions inadaptées.

Une prise de risque contrôlée

En décidant de se déclarer en crise, l'entreprise prend le risque d'inquiéter ses partenaires habituels (clients, fournisseurs, actionnaires, distributeurs...). Les effets peuvent être brutaux : chute du cours de la Bourse, perte de marchés, rumeurs médiatiques... Il peut être dangereux de se déclarer en crise quand vous n'êtes pas dans l'œil du cyclone. En revanche, ne rien faire quand la tourmente sévit peut s'avérer catastrophique.

Qu'est-ce qu'une crise ?

Toute crise débute à la suite d'un événement imprévu (mais pas imprévisible) qui menace la survie de l'entreprise, présente un caractère d'urgence dans la décision et a des conséquences internes et externes. De façon générale, les crises se définissent comme des ruptures qui plongent l'entreprise dans une incapacité temporaire à comprendre les événements et à y répondre. Les crises nécessitent une grande attention dans un climat de grande incertitude face aux conséquences des décisions et au déroulement des événements. Le critère le plus souvent retenu pour fixer le seuil de la crise est celui de la menace des intérêts vitaux.

Quel rôle pour la communication ?

La communication est au cœur du processus de gestion de la crise. Pour être efficace, elle suppose de respecter deux règles :

• **Ne pas communiquer pour communiquer.** La communication en situation de crise a pour principal objectif de restaurer la confiance et l'image. L'entreprise doit avant tout démontrer sa volonté à résoudre les problèmes qu'elle rencontre. Lors de la tempête de 1999, EDF a su tirer parti de la mobilisation de ses agents et montrer l'authenticité de sa promesse « nous vous devons plus que la lumière ».

• **Se défier des recettes « miracles ».** En situation de crise, l'entreprise doit avant tout chercher à comprendre et ajuster sa communication le plus finement possible à sa problématique. Une recette qui aurait fonctionné avec bonheur dans une entreprise peut s'avérer désastreuse dans une autre.

Les effets de la crise sur la communication

La direction de la communication se retrouve dans une situation paradoxale : elle doit éclairer des situations sans disposer des éléments d'explication. Elle doit faire face aux nombreuses demandes urgentes des journalistes sans connaître les causes et les conséquences de la crise. Les plans et dispositifs habituels de communication se révèlent inadaptés pour répondre à l'afflux de questions internes et externes.

L'organisation de la communication de crise

Avant	Pour bien gérer la communication de crise, il faut anticiper et se doter des outils nécessaires pour faire face le moment venu : organisation d'une cellule de crise ; préparation de scénarios ; simulation ; désignation de porte-parole ; media-training ; entretien régulier des relations presse ; identification d'un réseau d'alliés
Pendant	Respecter deux règles : • Assumer ses responsabilités • Jouer la transparence en donnant le maximum d'informations aux médias
Après	Faire de la crise une opportunité pour : • Analyser comment l'entreprise a su faire face et tirer des enseignements pour mieux agir une autre fois • Engager des réformes de fond (changer de positionnement, modifier l'image, lancer des restructurations…)

Agir rapidement

Le temps est une donnée critique dans la gestion d'une crise. Sans réaction de l'entreprise, la crise se poursuit sans relâche et fonctionne comme un système qui se nourrit lui-même. Les médias et l'opinion publique l'entretiennent. Les victimes peuvent constituer des groupes de pression. Les clients peuvent appeler au boycott des produits. Les parties civiles réclament des indemnités. Les pouvoirs publics ordonnent une enquête.

Dossier

Les OUTILS

Outil 41 La cellule de crise

Les acteurs principaux

Le coordinateur	Le coordinateur n'intervient pas comme expert de la crise. Il met son savoir opérationnel au service des membres de la cellule de crise. Son rôle est multiple : • mobiliser et mettre en route la cellule ; • coordonner les mesures prises pour gérer la crise ; • organiser le circuit d'informations ; • faire régulièrement le point avec le dirigeant ; • valider les orientations à prendre ; • mettre en œuvre les mesures adoptées.
Le dirigeant	Il doit pouvoir s'extirper au plus vite des contingences de la crise pour garder une vision générale des événements et asseoir son leadership.
Le directeur de la communication	Il est chargé de piloter la communication de crise et dans les grands groupes une cellule de crise spécifique pour gérer les relations avec les médias.
Le responsable des affaires juridiques	En situation de crise, l'entreprise doit plus que jamais vérifier ses contrats d'assurance et être prête à faire face à des procès ou des mises en accusation.
Des managers	Ils sont responsables des aspects techniques (environnement, sécurité, production, recherche et développement...).
Des experts externes	Selon le type de crise, sont ou non sollicités : Juristes, avocats, experts et agences en communication, ingénieurs et spécialistes de haut niveau sont sollicités en fonction du type et de la nature de la crise.

En résumé

La cellule de crise a trois missions complémentaires :

– anticiper et prévenir les crises ;

– gérer les événements, élaborer des stratégies pour faire face à la tourmente ;

– tirer les leçons de la crise.

Insight

The crisis cell has three complementary jobs:

– anticipate and/or warn in a moment of crisis;

– manage events and development strategies to deal with crises when they occur;

– draw conclusions from each crisis experience.

Pourquoi l'utiliser ?

Objectif

La cellule de crise a pour objectif prioritaire d'offrir un appui à la direction de l'entreprise en la déchargeant du travail de réflexion et de logistique lié à la gestion d'une crise. Pendant la crise, la cellule de crise organise le partage des informations, affine en permanence son diagnostic, construit des scénarios possibles pour répondre aux évolutions probables de la situation. Les décisions prises sont sans cesse ajustées en fonction de l'évolution du contexte. La cellule de crise joue un rôle majeur dans la construction d'une vision commune à partir d'une situation instable.

Contexte

La composition d'une cellule de crise varie en fonction du degré de préparation de l'entreprise et du type de crise à gérer. Les directions techniques, de la recherche et du développement et de la sécurité ont un rôle clé à jouer dans les crises industrielles alors que leur contribution sera plus limitée dans des crises sociales.

Une cellule de crise ne s'improvise pas. Elle doit être constituée avant la crise, sous peine de conduire l'entreprise à la plus grande confusion.

Comment l'utiliser ?

Étapes

• **Avant la crise**. Constituez la cellule de crise et veillez à ce que ses membres s'entraînent de façon régulière et testent le dispositif de gestion de crise (scénarios, mobilisation de la cellule, procédures, méthodes de travail, réseaux d'information et de communication).

• **Pendant la crise.** La cellule de crise se met d'accord sur le contenu de la communication à émettre à l'intérieur et à l'extérieur de l'entreprise. Ses membres s'attachent à garantir la cohérence des messages. Ils identifient les points sensibles à traiter d'urgence. Des allers-retours incessants sont organisés entre la cellule de crise et les acteurs sur le terrain. Le rôle de la cellule de crise n'est pas de prédire le déroulement des événements mais de construire des réponses à partir de l'analyse des informations recueillies.

• **Après la crise**. La cellule de crise effectue une analyse à chaud sur son mode de fonctionnement et mettre en œuvre rapidement des mesures d'amélioration. Ce bilan sera complété quelques semaines plus tard par une réflexion en profondeur sur les leçons de la crise.

Méthodologie et conseils

Les membres de la cellule de crise doivent apprendre à travailler ensemble : organisez des exercices de simulation.

La crise peut évoluer de façon imprévisible. Ne vous focalisez pas sur un seul point, vous risquez d'occulter certains aspects de la réalité.

Ne négligez pas la phase d'analyse. Il serait dommage pour vous de repartir dans le quotidien sans tirer les enseignements de la crise.

Avantages

✔ La cellule de crise permet de traiter les informations en temps réel en se concentrant exclusivement à la gestion de la crise.

Précautions à prendre

✔ La cellule de crise est souvent considérée comme une solution miracle face aux crises. Soyez attentifs à ne pas confondre le problème et la solution. La cellule de crise est un moyen, mais pas une fin en soi. Pensez à bien préciser les rôles de chacun des acteurs et à coordonner les actions.

• • •

Comment être plus efficace

Organisez une salle de crise :

Choisissez le lieu et pensez au plan bis

La salle dédiée à la crise est le plus souvent une salle de réunion équipée de matériels de communication. Il peut être utile de prévoir une autre salle à l'écart du bâtiment principal. Cette solution vous permettra de travailler dans le calme si les journalistes prennent d'assaut l'accueil et si vos locaux sont inaccessibles (inondation, incendie, explosion, occupation…).

Équipez la salle

Prévoyez plusieurs ordinateurs en réseau ou des accès sans fil à Internet haut débit. Vous pourrez ainsi consulter rapidement les différents sites d'information, accéder aux dépêches en ligne, écouter en direct les émissions de radio. Les ordinateurs en réseau vous offriront la possibilité de partager les dossiers. Pensez à vous doter d'un numéro vert pour recevoir les appels supplémentaires et ne pas engorger votre standard.

Installez deux fax, l'un avec un numéro masqué dédié exclusivement aux émissions de messages et l'autre destiné à la réception. Cette formule évite de devoir recevoir 200 coupures de presse alors que vous devez envoyer d'urgence votre note stratégique au préfet. Une imprimante-photocopieuse de secours peut être utile pour démarrer le travail.

Pensez à acquérir un poste de télévision et un magnétoscope pour voir et enregistrer les journaux télévisés, les interviews et reportages consacrés à la crise… Et préparer les interventions des porte-parole. Prévoyez également des magnétophones numériques pour les émissions de radios.

Équipez la salle de tableaux fixes ou amovibles pour noter les idées et les décisions lors des réunions de la cellule de crise.

N'oubliez pas les fournitures de base

Les crises ont tendance à se déclarer durant le week-end ou la nuit quand le placard des fournitures est inaccessible. Laissez une petite provision de feuilles de papier, feutres, stylos, post-it, stabilos, cassettes audio et VHS vierges.

Prévoyez la documentation de travail

Ouvrez immédiatement le journal de bord et mobilisez toutes les ressources nécessaires :

- manuel de gestion de crise avec les procédures, les scénarios de référence et les plans d'actions associés, les analyses des exercices de simulation ;
- argumentaires classés en fonction des thèmes de crise ;
- données scientifiques et techniques ;
- annuaires et fichiers (membres de la cellule de crise, liste des porte-parole, fichier presse…) ;
- journaux et revues de presse.

Pensez aux éléments de confort

Les membres de la cellule de crise vont être soumis à un stress important et devront travailler jour et nuit. Des thermos de café, des bouteilles d'eau et de jus de fruit, un service de restauration rapide de qualité leur seront précieux. Pensez aussi à installer quelques fauteuils confortables dans la pièce.

Exemple d'Organisation d'une cellule de crise dans une commune après de grandes inondations

• Rôle et missions

La cellule de crise conseille le maire pour qu'il prenne les décisions les mieux adaptés dans des situations de risques majeurs ou lors d'événements graves (ex. : inondations, explosion d'un site industriel, crise sanitaire...).

• Composition

La cellule est composée en cinq pôles complémentaires :

– le poste de commandement ;
– l'accueil ;
– la logistique ;
– la communication ;
– le secrétariat.

Chacun des pôles peut compter une personne ou plus et associer ponctuellement des experts en fonction de la nature des crises.

Poste de commandement	Définit et délimite les zones sinistrées. Analyse la situation et établit un diagnostic. Définit le plan d'action (tâches à accomplir, moyens à mobiliser). Effectue un point météo, si besoin.
Accueil	Reçoit les appels téléphoniques. Accueille le public.
Communication	Informe le public, les entreprises locales. Assure la communication avec les médias.
Logistique	Recense les moyens humains et matériels. Engage les services de proximité, si besoin. Organise les évacuations, le logement d'urgence et le ravitaillement des populations. Organise un point de rassemblement. Alerte les gestionnaires des réseaux d'eau, assainissement, électricité, téléphone. Assure le suivi du dossier. Organise les transports collectifs des populations sinistrées.
Secrétariat	Organise l'installation de la cellule de crise (papiers, stylos, chaises...). Saisit et transmet les documents. Tient à jour le planning. Tient à jour le journal de bord.

La cellule de crise est en lien constant avec le commandant des opérations de secours et le maire.

• Alerte et déclenchement de la crise

Un dispositif d'alerte est mis en place : il avertit le maire des risques qui menacent la commune (service d'annonce des crues, Météo France, témoins, journalistes). Chaque responsable de pôle est prévenu (dispositif de pré-alerte). La cellule de crise est réunie si l'alerte est confirmée.

• Formation

Chaque membre de la cellule de crise est formé à la gestion des risques du point de vue réglementaire et technique. L'accent est mis sur la prévention et sur les méthodes de secours. Des exercices de simulation à partir de scénarios sont régulièrement organisés. ■

Outil 42 Le chat interne

Points de repère

Les étapes clés	Les actions à mener	Planning
Mise en œuvre du chat	• Choix du système de messagerie instantanée et du mode d'hébergement • Test	J – 15 au plus tard J – 2
Communication	• Campagne d'affichage interne (conception, réalisation, mise en œuvre) • Envoi de messages électroniques à tous les salariés • Demande d'envoi des questions à la direction	J – 4 à J J – 3 (plus relance J – 1) J – 2
Animation	• Réponses en direct par la direction • Saisie et traduction par des assistants	J
Bilan	• Synthèse en direct • Bilan interne de l'opération par la cellule de crise	J J + 2

En résumé

Le chat interne permet un échange en ligne entre la direction et le personnel dans une situation de crise.

Cet outil interactif est particulièrement utile pour préciser la position de l'entreprise et éviter les rumeurs.

Le chat peut être mis en œuvre par la direction informatique ou hébergé à l'extérieur de l'entreprise.

Insight

Internal "chat" allows an online exchange between management and personnel during a crisis situation.

This interactive tool is particularly useful to clarify company position and to avoid rumors.

Internal chat can be put in place by those responsible for the company's computer system and housed outside the company.

Pourquoi l'utiliser ?

Objectif

Le chat interne est particulièrement adapté quand l'entreprise souhaite communiquer le plus vite possible avec son personnel. Durant une heure environ, chacun peut poser des questions au dirigeant et voir apparaître en temps réel des réponses lisibles simultanément par toutes les personnes connectées.

Contexte

En période de crise, la communication interne devrait être une des priorités de l'entreprise. Or, elle est particulièrement difficile à mettre en œuvre notamment parce que les managers ne transmettent pas toujours l'intégralité des messages ou ne savent pas comment les diffuser et que répondre à leurs équipes. Les questions posées portent fréquemment sur l'avenir (« mon service ou mon site sera-t-il concerné ? », « allez-vous vous séparer de la branche Y ? »).

Le chat interne montre l'implication de la direction générale dans le traitement et la résolution de la crise. C'est une manière efficace de couper court aux rumeurs et de souder les équipes.

Comment l'utiliser ?

Étapes

- **Rédigez un cahier des charges.** Précisez vos objectifs et les modalités de l'opération sous tous ses aspects (technique, communication, animation).
- **Faites un brief interne ou externe** pour constituer l'équipe chargée de la mise en œuvre du projet (direction informatique ou prestataire, agence de communication pour réaliser les supports ou chargés de communication interne, traducteurs et assistants).
- **Préparez l'échange et communiquez sur l'opération**. Annoncez le chat par voie d'affiche et par mail. Expliquez clairement les règles.

Demandez au personnel d'envoyer ses questions quelques jours avant le chat. La direction pourra mieux préparer ses réponses.

- **Organisez l'animation du chat.** Demandez à chaque direction de rédiger des éléments de réponse précis et concrets. Préparez également les modalités de réponses aux questions. Pendant un temps limité, le directeur devra répondre à un flot de questions. Prévoyez des assistants pour assurer la saisie et la traduction des textes dans un contexte international.
- **Faites un test avant le jour « j ».** Vous vérifierez la fiabilité de la solution retenue. Et vous éviterez que le personnel pense que la direction se dérobe face à ses responsabilités.
- **Faites le bilan de l'opération.** Faites une synthèse en direct. Demandez à la direction informatique ou à votre prestataire d'analyser les questions posées, de les classer par thème en indiquant les pourcentages. Un jour plus tard, tirez le bilan de l'opération avec les membres de la cellule de crise.

Méthodologie et conseils

Si tous vos salariés ne disposent pas d'une connexion Internet, vous pouvez organiser un chat interne dans une salle de réunion équipée d'un ordinateur et d'un vidéo-projecteur. Comme dans tout exercice de communication de crise, les réponses doivent être rédigées dans un style direct avec le plus de sincérité possible. ■

Avantages

✔ Le chat interne dépasse le cadre des frontières et les décalages horaires. Il permet de réunir des milliers de salariés et de répondre rapidement à leurs questions, par exemple dans le cadre d'une OPA hostile ou d'une crise sanitaire. En outre, le personnel est sensible à l'intérêt que le directeur lui porte.

Précautions à prendre

✔ La direction doit s'engager à répondre à toutes les questions en dehors des propos injurieux et diffamatoires. Elle doit également veiller à respecter le cadre législatif et à ne pas tomber dans le délit d'entrave.

Outil 43

Le journal de bord

Les rubriques du journal de bord

Manuel de gestion de crise	• Procédures internes et fiches d'action • Scénarios de référence et plans d'actions associés • Plans d'accès aux bâtiments
Annuaires et fichiers	• Membres de la cellule de crise (noms, téléphones, rôles) • Liste des porte-parole (noms, téléphones, champ et domaines d'expertise) • Liste des téléphones utiles • Fichier presse
Journal de la crise	• Recensement chronologique de tous les événements et toutes les actions du début à la fin de la crise (y compris les plus anodines)
Outils de communication	• Positions d'entreprise • Communiqués de presse (versions successives, validées ou non) • Tous les textes et articles rédigés et mis en ligne sur Internet et intranet, les supports de communication utilisés pour les présentations • Affichettes posées auprès des machines à café et des points d'accueil • Questions-réponses (pour les journalistes et pour l'interne)
Ressources documentaires	• Potentiel de crise de l'entreprise • Scénarios de crise • Argumentaires classés en fonction des sujets de crise • Données scientifiques et techniques • Retours d'expériences des crises passées
Retombées	• Copies des articles, reportages, interviews parus dans la presse • Messages émis par les concurrents, les politiques, les syndicats, les alliés de l'entreprise

En résumé

Le journal de bord recense les événements, les actions et l'actualité liés à la crise.

Ce document interne constitue une ressource incontournable pour analyser la gestion de la crise et prendre des mesures correctives.

Insight

The crisis log records the events, the actions and all current events linked to a crisis.

This internal document constitutes an invaluable resource for analyzing crisis management and for taking corrective measures.

Pourquoi l'utiliser ?

Objectif

Le journal de bord garde trace de tous les événements internes et externes liés à une crise. Tous les faits y sont consignés, même ceux qui – dans le feu de l'action – peuvent paraître anodins (pas de pause déjeuner, point presse décalé d'une demi-heure, fax en panne à 18 h 30...). L'objectif est de disposer d'un document exhaustif pour ensuite tirer les enseignements de la crise, évaluer les dysfonctionnements et valoriser les points forts.

Contexte

Dans l'urgence, il est difficile de prendre du recul. Tenir un journal de bord peut sembler fastidieux et superflu. Or, cette étape est incontournable si vous voulez améliorer vos procédures et envisager avec sérénité les autres crises qui peuvent survenir.

Ne faites pas confiance à vos souvenirs. Commencez dès le début de la crise à constituer le journal de bord.

Comment l'utiliser ?

Étapes

• **Définissez le sommaire et préparez les ressources.** Inspirez-vous du modèle ci-contre. Identifiez les documents nécessaires (fichier presse, coordonnées et téléphones des contacts, argumentaires...), actualisez régulièrement (par exemple sur intranet).

• **Remplissez scrupuleusement le journal de bord.** Soyez à l'affût de tous les événements. Notez tout ce qui se passe de façon chronologique dans le journal de la crise. Par exemple : 5 h 30 : explosion du site d'Orléans, 5 h 40 : Sylvie, l'attachée de presse est alertée par le responsable de la production, 6 heures : flash info sur RTL : l'explosion du site d'Orléans fait l'ouverture du journal, 6 h 15 : mobilisation de la cellule de crise (Sylvie alerte tous les membres par téléphone), 6 h 30 : Benoît, Marie et Sylvie ouvrent les bureaux et démarrent le dispositif de crise, 6 h 45 : rédaction d'un premier communiqué de presse.

• **Analysez.** Le journal de bord comporte des ressources précieuses pour analyser les phénomènes d'amplification de la crise, identifier l'impact des interventions... Et mesurer les retombées dans la presse (nombre d'articles positifs ou négatifs, durée de la crise médiatique, évolution des messages au fil de la crise). Faites part de vos conclusions aux membres de la cellule de crise pour envisager les suites (actualisation du plan de communication, modification des membres de la cellule de crise ou des porte-parole, planification d'exercices de simulation, média-training...).

• **Archivez.** À la fin de la crise, stockez le document dans un lieu accessible à tout moment en cas de nouvelle crise (armoire, site fantôme...).

Méthodologie et conseils

Pensez à garder et archiver tous les documents produits. Enregistrez les émissions à la radio et à la TV. Sous-traitez si nécessaire la revue de presse en demandant à un organisme de recenser tous les articles parus sur la crise.

Laissez du temps à la personne en charge de tenir le journal de bord. Sa mission est tout aussi importante que celles des autres membres de la cellule de crise. ■

Avantages

✔ Le journal de bord constitue la mémoire de la crise. Vous pouvez vous consacrer à répondre aux urgences, tout en sachant que les ressources nécessaires sont disponibles à tout moment pour valider un message, enrichir un argumentaire, se référer aux procédures ou aux décisions antérieures.

Précautions à prendre

✔ Désignez un seul responsable du journal. En nommant deux ou trois responsables, vous vous exposez au risque d'oubli. Dans le feu de l'action, chacun pensera que son collègue a consigné tel ou tel événement.

✔ Tenez le journal en un seul exemplaire. En multipliant les supports, vous risquez, en effet, de perdre des documents et de ne pas disposer d'un document de référence fiable.

Outil 44 Le media-training

Un décodage du fond et de la forme

Communiquer avec les médias en situation de crise est un exercice de haute voltige. Le discours des porte-parole et des dirigeants est passé au crible par les journalistes et l'opinion publique. Les attitudes et les expressions du visage retiennent l'attention du téléspectateur, alors que le ton de la voix crée ou non un climat de confiance à la radio.

Face à ce qui peut être vécu comme un harcèlement médiatique, les porte-parole de l'entreprise doivent savoir résister à la pression et adapter leur message en fonction du média.

Une bonne préparation requiert beaucoup d'entraînement, un décorticage attentif des prestations tant sur le fond que sur la forme et un « filage » comme au théâtre pour s'assurer que les réflexes sont acquis. En fin de séance, l'animateur du media-training remet à chaque participant des conseils pratiques et un carnet de route pour améliorer ses prestations.

En résumé

Outre un travail sur l'image et l'anticipation des questions, **le media training** apprend à transmettre au mieux un message.

Le media-training est une formation destinée aux dirigeants et porte-parole de l'entreprise pour les préparer à affronter les médias en situation de crise.

Encadrés par un ancien journaliste, ils s'entraînent à déjouer les pièges d'une interview.

Insight

More than working on image and anticipating possible questions, ***media training*** *teaches us how to best transmit our message.*

Media training is intended for managers and corporate spokesmen and women who need to be prepared to confront the media in a crisis situation.

Led by a former journalist, each participant learns how to handle traps in a journalistic interview.

Pourquoi l'utiliser ?

Objectif

Le media-training est un entraînement à la prise de parole face aux médias (presse, radio, TV). Animées par d'anciens journalistes, ces séquences permettent aux participants de mieux cerner les attentes des journalistes, d'identifier les contraintes et les spécificités des médias. L'objectif prioritaire est de réussir à faire passer le message essentiel en fonction de la crise, sans tomber dans les travers des débutants : manque de clarté ou de cohérence, réponses décalées (trop longues ou trop courtes), vocabulaire abstrait...

Contexte

Les séances de media-training peuvent être organisées pendant la crise pour préparer les interviews. Dans l'idéal, il est préférable de prévoir des exercices à titre préventif.

N'attendez pas la crise pour communiquer avec les médias.

Comment l'utiliser ?

Étapes

• **Préparez les sujets à travailler.** Le journaliste va vous aider à préparer les réponses des porte-parole sur tous les sujets sensibles liés à la crise. Si le séminaire a lieu en dehors d'une crise, choisissez deux ou trois thèmes de crise probable.

• **Impliquez les participants**. Avant la formation, envoyez un dossier aux participants en indiquant les sujets abordés pendant la formation et les méthodes pédagogiques et les modalités pratiques (lieu, horaires, entraînement face à la caméra...). Demandez à chaque porte-parole d'apporter des informations pour contribuer à rédiger les messages clés à communiquer selon les crises. Invitez chacun à venir avec plusieurs pièces de sa garde-robe pour faire des essais (chemises de différences couleurs, cravates à motifs, vestes à rayures, costumes en pied-de-poule...).

• **Variez les exercices**. Le media-training privilégie avant tout la pratique. Les participants sont filmés dans différentes circonstances (débat contradictoire entre invités arbitré par le journaliste, questions-réponses en face-à-face avec un journaliste, test de cohérence des réponses des porte-parole qui sont filmés les uns après les autres).

• **Inscrivez la formation dans le processus de gestion de crise**. Les messages médiatiques définis pendant la session seront proposés aux membres de la cellule de crise et intégrés après validation dans le manuel de gestion de crise.

Méthodologie et conseils

Limitez le nombre de participants à huit au maximum ! Si vous avez davantage de porte-parole à former, organisez plusieurs sessions. Vous pourrez ainsi éviter des confrontations difficiles (par exemple entre un hiérarchique médiocre face à la caméra et un de ses collaborateurs plus à l'aise).

Si possible, essayez d'organiser le média-training en dehors de vos locaux (pendant un jour ou deux). Les porte-parole seront moins dérangés et pourront se concentrer davantage.

Avantages

✔ Le média-training permet d'éviter certaines erreurs ou contre-performances face aux médias. Les porte-parole connaissent mieux les codes des médias et peuvent affronter plus sereinement les interviews.

Précautions à prendre

✔ Faites appel à un ancien journaliste. Il a, en effet, l'expérience et la crédibilité nécessaires pour vous entraîner. Avec son œil extérieur, il sera en mesure de vous critiquer... Et ne sera pas tenté d'utiliser les informations stratégiques que vous lui communiquerez.

• • •

Comment être plus efficace

Répétez encore et toujours votre message

À la télévision ou à la radio, les journalistes doivent communiquer un maximum d'informations en un minimum de temps. Les entreprises sont souvent confrontées à des équipes de tournage ou à des reporters de radio qui arrivent très vite après avoir été avertis de l'événement à l'origine de la crise. Les journalistes se documentent durant le trajet. Une fois sur place, ils interviewent les responsables, les syndicats, les autorités locales, les riverains ou les témoins. Une fois les interviews enregistrées, ils partent monter leur sujet pour qu'il soit diffusé lors de la prochaine édition du journal télévisé, des informations à la radio. La plupart du temps, seules 10 à 20 secondes sont reprises à l'antenne. Vous ne savez pas lesquelles. Vous devez donc répéter votre message essentiel à chaque question posée par le journaliste. Cela vous évitera d'être piégé par une question technique comme « la qualité n'est-elle pas une priorité pour votre groupe ? » à laquelle vous répondrez spontanément « bien sûr, nous sommes certifiés ISO et nous auditons régulièrement nos installations ». Si un opérateur vient de trouver la mort et que votre message de compassion n'est pas repris, vous risquez de paraître inhumain auprès de la famille de la victime et de votre personnel.

Questionnez le journaliste avant l'interview

Même en situation de crise, il est d'usage de faire le point avec le journaliste avant un reportage ou une émission en direct. Quels seront les thèmes abordés ? Combien de temps durera l'entretien ? Y aura-t-il d'autres invités ?

Soignez votre image

Choisissez attentivement vos vêtements en fonction de votre rôle et du contexte. On a beaucoup reproché au ministre de la Santé de répondre aux journalistes dans son jardin, vêtu d'un polo alors des milliers de personnes âgées étaient hospitalisées durant la canicule de l'été 2003 et que la situation sanitaire devenait alarmante. Soyez vigilant, veillez aux moindres détails. Refusez d'endosser le mauvais rôle et ne laissez pas le journaliste procéder à des amalgames. Osez reformuler les questions que vous ne comprenez pas.

Trouvez le ton juste

Les meilleurs porte-parole savent trouver le ton juste, les mots et l'attitude pour montrer leur émotion et leur compassion vis-à-vis des victimes tout en les rassurant sur leur capacité à gérer la crise. Inspirez-vous des techniques des comédiens. Sans chercher à travestir la réalité, entraînez-vous à exprimer vos sentiments. Faites l'apprentissage de l'art de convaincre tout en restant vous-même.

Étudiez les reportages consacrés aux crises

Observez attentivement les dirigeants d'entreprise lorsqu'ils sont interviewés en situation de crise. Leurs propos sont-ils cohérents avec leurs gestes et leurs attitudes ? Répètent-ils de messages ou des idées clés supposant une préparation ? Font-ils preuve de compassion et montrent-ils leur détermination à trouver une solution à la crise que traverse leur entreprise ? Cette veille médiatique vous aidera à mieux vous situer et à appréhender plus tranquillement les questions des journalistes.

Exemple : **Quelques règles pour bien communiquer en situation de crise**

• Gérez votre communication

Soyez à l'origine des messages, prenez l'initiative des échanges avec les médias. Vous pourrez ainsi plus facilement contrôler le calendrier de l'information et éviterez de vous trouver en position d'accusé.

• Prenez la mesure du pouvoir des médias

Beaucoup de crises se seraient réglées plus simplement si les médias n'avaient pas mis l'accent sur le manque d'humanité des dirigeants ou sur le silence ou les hésitations de tel ou tel responsable industriel après une marée noire. Quand la presse ne dispose pas d'informations suffisantes à ses yeux, elle émet des suppositions. Des informations réelles ou imaginaires inlassablement reprises par les médias finissent par devenir une référence pour tous, même si la réalité est parfois tout autre.

• Concevez des messages médiatiques

Parlez d'abord des hommes, bannissez le vocabulaire technique, soyez à la fois précis, déterminé, responsable et authentique... Et entraînez-vous à aller à l'essentiel. Pour des professionnels habitués à avoir du temps et à garder le meilleur pour la fin, aller droit au but c'est le monde à l'envers ! En situation de crise, vous disposez de très peu de temps. Votre auditoire doit se souvenir de ce que vous avez dit.

• Simulez la crise médiatique

Imaginez des scénarios de crise et procédez à des simulations. Les simulations se déroulent au même rythme et avec la même intensité qu'une crise réelle. Faites appel à un spécialiste du media-training pour vous préparer à communiquer avec les médias (conception d'articles ou de reportages, demandes d'interviews, point presse...).

• Simulez la crise médiatique

Imaginez des scénarios de crise et procédez à des simulations. Les simulations se déroulent au même rythme et avec la même intensité qu'une crise réelle. Faites appel à un spécialiste du media-training pour vous préparer à communiquer avec les médias (conception d'articles ou de reportages, demandes d'interviews, point presse...)

• Appuyez-vous sur des professionnels

Si vous n'avez pas d'attaché de presse ou de spécialistes des relations avec la presse, faites appel à une agence de relations avec la presse pour gérer vos relations avec les médias durant la crise. Intégrez ces experts dans la cellule de crise. Il est bien sûr préférable de gérer ses relations presse avant la crise. Et bien sûr, organisez des séances de media-training durant la crise pour préparer vos interviews et prises de parole.

• Envisagez le pire et préparez-vous à l'improbable

Depuis le 11 septembre 2001, beaucoup d'entreprises et d'administrations font appel à des scénaristes ou des romanciers pour imaginer des situations improbables et se préparer à y faire face. Des exemples récents montrent, en effet, que la crise arrive souvent quand on ne veut pas ou ne peut pas l'imaginer (canicule, sang contaminé, attentats terroristes...). ■

Outil 45 La position d'entreprise

Une trame en quatre points

1. Les faits

- Hier soir, vous avez appris par les médias que des enfants ont été hospitalisés d'urgence après avoir consommé notre produit…
- Ou depuis quelques jours, le bruit court que notre société va être achetée par le groupe allemand Z…

2. L'explication

- Il s'agit de deux enfants qui ont été victimes de malaises après avoir pris leur goûter dans la cour de récréation de l'école. L'un d'eux avait apporté une bouteille de… qu'il a partagée avec son camarade…
- Ou cette rumeur trouve sans doute son origine dans le développement récent de nos relations commerciales avec l'Allemagne et dans la faiblesse de nos outils de communication interne.

Lister les éléments d'explication, de façon factuelle.

3. La position

- En vertu du principe de précaution, nous avons retiré notre produit de la vente. Nous avons pu récupérer la bouteille incriminée. Les analyses sont en cours, nous les publierons dans deux jours.
- Ou nous affirmons qu'aucun projet de fusion ou de rachat n'est actuellement à l'étude. Nos actionnaires ont renouvelé leur confiance lors de la dernière assemblée générale…

Préciser en quelques lignes le positionnement de l'entreprise (idées clés, engagements, messages).

4. L'avenir proche

- Depuis toujours, nous sommes attachés au développement de la qualité nos produits. Nous mettrons tout en œuvre pour trouver et expliquer l'origine de cet incident qui nous rappelle notre responsabilité face aux consommateurs.
- Ou us nous engageons à développer des outils de communication interne pour couper court aux rumeurs et vous donnons rendez-vous sur le nouveau site intranet…

En résumé

La position d'entreprise ou « position paper » en anglais est un document qui précise le point de vue de l'entreprise sur une question sensible ou un événement critique (explosion d'un site de production, contamination de produit, mise en examen d'un cadre…).

Insight

***The corporate position** or the "paper position" in English, is a document used to precise the company's point of view on a sensitive question or a important event (an explosion on a production site, the questioning by legal authorities of a manager…).*

Pourquoi l'utiliser ?

Objectif

La position d'entreprise est utilisée dans une situation de crise lorsque l'entreprise souhaite faire le point tout en se laissant le temps d'analyser la situation et de déterminer sa stratégie. Il s'agit d'une première étape dans la communication. L'entreprise se pose en acteur impliqué dans la gestion de la crise. Elle énonce les faits, montre leurs conséquences et précise les mesures qui sont prises. Elle s'engage à répondre aux questions des journalistes et des salariés dès qu'elle disposera d'informations complémentaires.

Contexte

En situation de crise, les journalistes veulent comprendre ce qui se passe et recueillir des témoignages. La lecture d'une position d'entreprise apporte quelques éléments de cadrage... Mais laisse beaucoup de questions en suspens.

Le document n'est pas destiné à être commenté. L'information est lue ou envoyée par télécopie ou courrier électronique aux journalistes qui le souhaitent.

Comment l'utiliser ?

Étapes

• **Vérifiez vos informations et définissez votre message.** Centrez-vous sur les faits, inspirez-vous de la trame du communiqué de presse (quoi, qui, quand, où, comment, pourquoi). Pensez à votre message essentiel. Précisez votre stratégie et analysez ses effets : pourquoi adopter cette position, est-ce cohérent avec la politique de communication, en quoi ce texte contribue-t-il à résoudre la crise... Indiquez les premières mesures que vous avez prises (retrait du produit, analyse, évacuation des victimes, numéro vert...). Annoncez les modalités de communication (qui sera porte-parole, organisation de point presse, où et quand...).

• **Rédigez la position d'entreprise.** Prenez appui sur la trame (les faits, l'explication, la position, l'avenir). Le document tient sur une page (et seulement une page). Faites relire votre texte au porte-parole (chef d'entreprise, directeur de la communication, expert...). Suggérez-lui de s'entraîner en le lisant à voix haute. Sa prestation sera sans doute filmée et diffusée sur les médias (TV, radios, sites Internet...).

• **Lisez votre texte.** Le porte-parole lit le document face au public concerné (personnel, journalistes...). Il ne répond pas aux questions.

Méthodologie et conseils

Vérifiez et croisez vos sources pour être certain de ce que vous écrivez.

Ne vous limitez pas à la rédaction et la lecture de la position d'entreprise. Donnez rapidement rendez-vous aux journalistes (quelques heures à un jour plus tard au plus). Veillez à ne pas rompre le dialogue avec les médias... Mais ne tombez pas dans le piège de l'interview. Le porte-parole doit quitter les lieux, une fois son texte lu, après avoir remercié les journalistes de leur présence.

Montrez que vous assumez vos responsabilités et que vous faites face à la situation. ■

Avantages

✔ La position d'entreprise est un document factuel, structuré, rapide à rédiger. Il permet d'affirmer un point de vue et de gagner du temps avant d'engager le dialogue avec la presse ou les salariés. L'entreprise peut se centrer sur le message principal à faire passer et éviter les dérapages liés à des interviews mal préparés.

Précautions à prendre

✔ Votre message sera repris par les médias. Pesez chaque mot et essayez de ne rien oublier, même si le texte est rédigé dans l'urgence... Et préparez-vous à la seconde étape : celle de la prise de parole face aux médias (voir média-training). N'oubliez pas : c'est le premier qui parle qui donne le ton.

Outil 46

Le site fantôme

Un outil prêt à être activé en situation de crise

Contenus	Objectifs
Outils interactifs (blogs, forums, chats…)	Engager et maintenir le dialogue avec les publics de l'entreprise
Informations institutionnelles	Fournir aux internautes des informations sur l'histoire de l'entreprise, ses chiffres clés, ses valeurs, ses hommes, ses produits et ses services (textes, photos, cartes, liens vers d'autres sites…)
Liste des contacts et outils de gestion des contacts	Permettre aux internautes de s'adresser au bon interlocuteur Gérer les courriers électroniques (répondre, classer et tracer)
Bases de données et listes de diffusion	Regrouper les contacts utiles pour la cellule de crise (journalistes, experts, institutionnels, leaders d'opinion, associations…)
Modèles prêts à l'emploi	Préparer des modèles de page prêts à l'emploi pour la cellule de crise sans avoir à se soucier des standards de fonctionnement et de mise en forme (pages d'informations, communiqués de presse, position d'entreprise, sommaire et matrices du journal de bord)

En résumé

Le site fantôme également nommé « dark site » ou « site shadow » fait partie de la palette des outils utilisés par les entreprises en situation de crise.

Il s'agit d'un site Internet spécifique avec une adresse, une architecture et une charte graphique prédéfinies.

Le public ne peut pas y accéder tans que la crise n'est pas déclarée.

Activable en quelques heures, le site fantôme contribue à gérer la crise en délivrant des informations mises à jour en temps réel.

Insight

A dark site is not made viewable to the public until a crisis breaks out. It is created in advance as part of the company's crisis communication plan.

Objective : Help manage crisis communication by delivering critical and updated information in real time.

A dark site is defined and developed before a crisis erupts and must include updated databases and corporate information. Blank templates allow insertion of crisis information.

Pourquoi l'utiliser ?

Objectif

En situation de crise, le site fantôme joue un relais d'information indispensable entre l'entreprise et le monde extérieur (clients, fournisseurs, partenaires, journalistes...). Les internautes trouvent des réponses à leurs questions sans passer par un intermédiaire. Et l'entreprise dispose d'un média spécifique actualisable tout au long de la crise.

Contexte

Internet peut être à l'origine de crises en propageant des rumeurs (les fameux « hoax ») à travers le monde, en favorisant le piratage des données ou appelant au boycott. L'un des cas les plus célèbres est celui de Nike accusé d'employer des enfants en Asie. En quelques secondes, une information peut faire le tour de la planète, être reprise par les principaux médias et rester accessible pendant des années. Dans ce contexte, il est primordial de contre-attaquer rapidement en jouant sur l'interactivité et la réactivité du Web.

Comment l'utiliser ?

Étapes

• **Préparez la structure du site fantôme**. Le site doit être conçu avant la crise pour éviter de perdre des heures précieuses. Préparez les informations générales (historique, domaines d'activité, produits, chiffres clés, contacts...).

• **Faites des tests préalables**. Profitez d'un exercice de simulation pour tester le site fantôme et vérifier sa pertinence.

• **En cas de crise, mettez le site en ligne.** En une ou deux heures, le site peut être activé. N'oubliez pas que l'information constitue le nerf de la résolution de la crise. Publiez au fur et à mesure les communiqués de presse et les positions d'entreprise, apportez des réponses ciblées aux questions des internautes, veillez à la précision des messages, mettez à jour la base documentaire.

• **Évaluez l'efficacité de l'outil**. Faites des statistiques de fréquentation : nombre de visiteurs, pages consultées. Identifiez l'impact de votre communication Internet : nombre de citations reprises dans d'autres sites ou dans d'autres médias, analyse qualitative (messages positifs, négatifs, neutres).

> En ligne dès les premières heures de la crise, le site fantôme permet à l'entreprise d'occuper le terrain médiatique. Avec une apparition précoce dans les moteurs de recherche, le référencement à long terme est meilleur.

Méthodologie et conseils

Les sites fantômes conviennent particulièrement aux crises liées aux rappels de produits et aux retraits de lots de marchandises. Ils permettent de donner des informations précises et concrètes sur les lots concernés et sur les procédures engagées.

Ils sont également très efficaces lors d'accidents. Le 25 juillet 2000, moins de 10 minutes après le crash du Concorde, Air France rendait compte de l'accident et donnait aux familles de numéros d'urgence.

La conception d'un site fantôme n'est pas très onéreuse et peut rapporter beaucoup. Une PME gasconne productrice de foie gras pourrait perdre 80 à 90 % de son chiffre d'affaires en quelques mois si elle était confrontée à un cas de Listeria. L'investissement initial serait vite amorti. ■

Avantages

✔ Le site fantôme permet d'éviter d'encombrer le serveur du site principal et de séparer les genres. La communication de crise a son outil dédié. L'entreprise peut traiter des sujets graves et difficiles dans un environnement adapté.

Précautions à prendre

✔ Attention à ne pas vous précipiter et vous déclarer trop rapidement en situation de crise. L'opinion publique pourrait s'inquiéter d'une trop grande réactivité. Vous devez trouver un juste équilibre entre la préparation et la prétention d'avoir une réponse à tout.

Outil 47 Les typologies de crises

Types de crises d'après Mitrof, Pearson et Harrington

Le tableau ci-dessous détermine les familles en fonction de l'origine de la crise.

Famille de crises	Exemples
Agression criminelle	Sabotage, terrorisme
Agression économique	OPA hostile, boycottage des produits, grèves
Dissémination d'informations	Espionnage industriel, contrefaçon
Accident industriel	Marée noire, accident de transport (avion, train, bus...)
Catastrophes naturelles	Tempête, inondation, raz-de-marée, tremblement de terre
Défaillance partielle ou totale d'un équipement	Destruction d'un site, défectuosité d'un produit, défaut majeur de qualité, panne des systèmes d'information
Crise légale	Fraude, procès, mise en examen d'un responsable
Réputation	Scandale médiatique, rumeur diffamatoire
Crise sociale	Conflit social, violence sur le lieu de travail, harcèlement moral ou sexuel, séquestration
Santé	Contamination de produit, accident du travail, disparition d'un responsable
Réglementation	Modification des lois et décrets, lobbying pour défendre des intérêts contraires

En résumé

Il existe plusieurs typologies de crises.

Les classements peuvent être opérés en fonction de la nature, de l'origine ou de la cible.

Ces documents permettent aux entreprises d'identifier leur potentiel de crise et mettre en œuvre des dispositifs préventifs.

Insight

There are many kinds of crises typology.

They can be classed by the nature of the crisis, its origin or its target.

These documents allow companies to identify their crisis potential so that they can put appropriate preventative measures in place.

Pourquoi l'utiliser ?

Objectif

Avant de définir sa stratégie de communication de crise, l'entreprise doit identifier les types de crises qui la menacent. Cette première étape est essentielle pour prendre conscience des dangers, cibler les crises les plus critiques auxquelles se préparer et déterminer les moyens à mettre en place.

Contexte

La démarche d'analyse des risques est fréquemment menée par la direction de la qualité ou les services de sécurité. Il est important d'associer d'emblée la communication à cette réflexion.

Se préparer aux crises suppose de bouleverser les évidences et de mettre à mal les fondements de l'efficacité de notre gestion et de nos actes.

Comment l'utiliser ?

Étapes

• **Impliquez le comité de direction**. La gestion et la communication de crise sont des sujets très sensibles qui ne peuvent être conduits sans le soutien actif de la direction. En effet, il s'agit de se préparer à l'improbable, de penser l'impensable avant qu'une crise ne s'en charge pour vous. Rappelez-vous l'incrédulité des Américains lorsque les tours jumelles se sont effondrées à Manhattan.

• **Choisissez une typologie.** La grille présentée en illustration peut servir de base à votre réflexion. N'écartez pas *a priori* des crises. Pour chacune des familles, tâchez de voir ce qui pourrait se passer concrètement dans votre entreprise (par exemple : l'irruption d'un terroriste dans le hall du siège, l'infiltration du comité de direction par une secte, le piratage de système informatique, des rumeurs diffamatoires sur Internet…).

• **Identifiez les crises les plus probables**. Certaines entreprises sont plus exposées que d'autres aux accidents industriels, à la pollution ou aux agressions économiques. Repérez les crises qui risquent le plus probablement de vous toucher.

• **Évaluez la gravité et l'impact des crises pour votre entreprise.** La probabilité d'une crise n'est pas le seul critère à étudier. Il faut également envisager les crises sous l'angle de leurs effets (coût économique, dégradation de l'image et du capital confiance…).

Méthodologie et conseils

L'évaluation de l'exposition aux crises peut difficilement se faire sans l'aide d'un spécialiste de la gestion et la communication de crise. La démarche doit, en effet, être conduite de façon très ouverte, sous peine de centrer son attention sur des considérations étroites ou des événements trop évidents.

Vous devez laisser une place importante à la remise en question. Surtout ne vous arrêtez pas en chemin : identifier votre potentiel de crise n'est pas suffisant, toutes les procédures du monde ne vous mettront pas à l'abri. Vous devez être en veille constante pour analyser votre environnement. ■

Avantages

✔ La typologie de crises est un outil facile à utiliser. Il permet d'ouvrir la discussion et d'inviter les membres du comité de direction à donner des exemples de crise.

Précautions à prendre

✔ Choisissez un consultant ou un animateur spécialiste de la gestion de crise. L'attitude psychologique des intervenants joue un rôle fondamental. Celui qui parle de crise doit être en droit de soulever l'inacceptable, de projeter ses collaborateurs et lui-même dans l'inconfort et l'inconnu.

Dynamiser la communication interne

Longtemps perçue comme quantité négligeable ou comme territoire réservé des ressources humaines, la communication interne joue un rôle important dans la réussite des entreprises et des organisations. Facteur clé de cohésion sociale et de performance, elle a pour mission de donner du sens à la stratégie de l'entreprise et de permettre à chaque salarié de situer sa contribution. La communication interne a pour ambition de dépasser la logique individuelle des activités quotidiennes pour atteindre une logique d'ensemble en donnant à chacun des clés pour mieux comprendre l'entreprise, ses objectifs, ses contraintes, ses activités, ses hommes.

Considérer la communication interne comme une des facettes de l'image de l'entreprise

Un des enjeux de la communication interne est de veiller à la qualité et à la cohérence de l'image diffusée par les salariés. Ces derniers sont, en effet, les ambassadeurs de leur entreprise. Leur comportement et leurs propos contribuent à améliorer ou dégrader l'image et la réputation de l'entreprise. L'expérience montre que les entreprises les plus appréciées par l'opinion publique sont souvent celles dont les salariés sont capables de parler clairement.

Passer du parent pauvre de la communication à un outil privilégié du management

Certaines entreprises ont tendance à confondre information et communication. La communication interne s'y résume trop souvent à une addition de supports (notes et mails pléthoriques, réunions innombrables, journaux multiples…). Faute de réflexion stratégique, les budgets consacrés à la communication interne sont parmi les premiers à être réduits ou supprimés. Les rumeurs internes, le manque de motivation y sont monnaie courante.

D'autres ont compris que la communication interne est l'outil privilégié du management pour faire passer des messages en tenant compte de la réalité de l'entreprise. Elles savent qu'il ne s'agit pas de plaquer des idées toutes faites ou de tenir des discours incantatoires mais de trouver les mots justes et les actions cohérentes pour expliquer les décisions stratégiques et faciliter leur mise en œuvre. En effet, un message qui ne se traduit pas dans l'action ou dans l'organisation a peu de crédibilité. Pour être efficace, il doit être incarné par des actions visibles. Le management par la parole doit être appuyé par le management par l'exemple. L'art de la communication interne est de parvenir à créer un langage commun qui ne soit pas une langue de bois.

Segmenter, définir les caractéristiques des cibles internes

En communication interne comme ailleurs, il est important de bien comprendre le contexte, les caractéristiques et les motivations des cibles visées. Or, trop d'actions de communication sont destinées à « tout le personnel », sont montées sans analyse préalable et se soldent par un échec. Ainsi, il n'est pas judicieux de choisir un lieu prestigieux comme la cour carrée du Louvre ou le musée des Arts forains pour fêter l'anniversaire de l'entreprise si le climat social est morose (pas d'augmentation de salaire depuis plusieurs années, restructurations internes vécues difficilement...). Les salariés risqueraient de ne pas comprendre le décalage entre le discours ambiant de rigueur et une dépense considérée comme inutile.

Jouer la complémentarité entre l'interne et l'externe

Champ d'intervention	Communication interne	Communication externe
Place de la communication au sein de l'entreprise	Communication liée à l'identité et à la culture, en lien avec la stratégie et la politique générale de l'entreprise	Communication liée à la politique générale de l'entreprise et au marketing
Enjeux stratégiques	Fédérer les salariés autour d'un projet cohérent et homogène Développer la solidarité et la cohésion entre les équipes	Développer la notoriété et l'image de l'entreprise Promouvoir les produits et les marques Garantir la cohérence des messages et de l'image
Cibles	Les salariés (avec un découpage ciblé selon les catégories) ; le management, la direction ; les syndicats de l'entreprise ; les filiales, le groupe ; les actionnaires	Tous les autres publics (en veillant à systématiquement informer l'interne).
Message	Identitaire	Commercial, identitaire et citoyen
Durée du message	En partie « intemporel » pour l'identité, à moyen/long terme pour la stratégie et la politique générale de l'entreprise	À court/moyen terme pour le marketing et à long terme pour la stratégie et la politique générale de l'entreprise
Types de communication	Communication ascendante, descendante, latérale	Communication institutionnelle, commerciale

Les OUTILS

Outil 48 L'audit de culture

La grille d'analyse des signes et des symboles

Signes	Symboles
Occupation de l'espace • Architecture • Aménagement des locaux • Organisation de la circulation **Gestion du temps** • Partage entre temps professionnel et temps privé • Horaires • Attitudes vis-à-vis de la gestion du temps **Comportements des salariés** • Langage (expressions utilisées) • Habillement (codes vestimentaires, distinction entre les services, les catégories socioprofessionnelles) • Standards de consommation apparents (voiture, vacances, outils de communication…) • Usages lors du déjeuner (restaurant, cafétéria, cantine…) **Attitudes vis-à-vis de l'extérieur** • Type d'accueil téléphonique (messagerie, musique, standardiste, lignes directes…) • Accueil des visiteurs (fournisseurs, clients, candidats, autres…) • Communication interne (publicité, journaux, plaquettes, événements…)	**Rites** • Pots et fêtes • Information du personnel • Annonces des mouvements internes (arrivées, départs, mutations, promotions) • Activités du comité d'entreprise **Histoires** • Racontées sur les fondateurs et les dirigeants • Les événements, l'histoire de l'entreprise **Icônes** • Logos • Cartes de vœux • Égéries ou héros

En résumé

L'audit de culture permet d'identifier les valeurs d'une entreprise en analysant ses codes, ses pratiques, son histoire, ses mythes fondateurs.

Il étaye la réflexion lorsqu'une entreprise s'engage dans une démarche de changement (fusion, nouveau positionnement, ouverture du marché, introduction en Bourse…).

Comme toute enquête, il constitue une ressource pour bâtir et actualiser le plan de communication interne.

Il est également utilisé comme baromètre pour mesurer l'évolution de la culture interne.

Insight

A cultural audit identifies a company's values through an analysis of its codes, its practices, its history, and its underlying myths.

It shores up reflection when a company begins to think about change (merger, new positioning, new market opening, IPO…).

Like any inquiry, it constitutes a resource that can be used to construct and update an internal communication plan.

It is also used as a barometer to measure the evolution of the internal culture.

Pourquoi l'utiliser ?

Objectif

L'audit de culture vise à identifier les rituels et les pratiques d'une entreprise ou d'une organisation en s'appuyant sur cinq grilles d'analyse :

- Les fondateurs ou le « roman » de l'entreprise (origine des fondateurs, milieu social, région, croyances philosophiques ou religieuses…).
- L'histoire de l'entreprise avec un regard particulier sur les hommes qui l'ont marquée, les structures, les dates et l'environnement.
- Les métiers de l'entreprise avec leurs différentes dimensions (métier perçu, métier apparent, métier lié à l'activité ou au savoir-faire).
- Les valeurs ou les principes qui régissent l'activité de l'entreprise (valeurs affichées, apparentes ou opérationnelles, attitudes).
- Les signes et les symboles qui permettent de repérer ce qui est important pour l'entreprise.

L'addition de tous ces éléments et leur analyse permettent de dégager les grands traits de culture de l'entreprise.

La culture d'entreprise ne se décrète pas. Elle est le fruit de pratiques et de rituels ancrés dans l'inconscient collectif.

Contexte

L'audit de culture prend toute son importance lorsque l'entreprise envisage des changements importants. Il permet d'identifier si les stratégies sont compatibles avec les motivations du personnel, les talents et la culture dominante.

Comment l'utiliser ?

Étapes

- **Définissez un cahier des charges** (objectifs de l'audit, grandes phases, méthodes de travail, planning pour chacune des phases, budget et modalités de restitution).
- **Constituez le panel d'interviewés.** Il n'est pas nécessaire d'interroger tout le personnel. En revanche, vous devez constituer un panel représentatif (anciens, nouveaux, hommes, femmes, cadres, employés, opérateurs…). La participation à l'enquête n'étant pas obligatoire, vous devez préparer des solutions de repli (autres personnes avec le même profil susceptibles d'être interviewées).
- **Recueillez les données**. L'objectif de l'enquêteur est d'amener ses interlocuteurs à parler de leur entreprise, mais pas de leur demander de répondre à des questions fermées. Certains points des cinq grilles peuvent ne pas être abordés. Cette absence, surtout si elle se retrouve dans plusieurs entretiens, peut apporter un éclairage sur la culture d'entreprise.
- **Rédigez le rapport de synthèse.**
- **Communiquez sur les résultats**. Cette dernière étape est incontournable. Trop d'entreprises négligent de rendre compte des résultats des études qu'elles mènent. C'est le plus sûr moyen de décourager les personnes interrogées qui ont le sentiment de ne pas avoir été entendues.

Méthodologie et conseils

Il est préférable de faire appel à un cabinet extérieur pour mener l'étude. Vous éviterez ainsi d'être juge et partie et vous bénéficierez d'un regard extérieur mieux à même de décoder la culture dans laquelle vous baignez. ■

Avantages

✔ L'audit de culture est un outil incontournable pour identifier les leviers possibles pour accompagner les changements organisationnels et sociaux.

Précautions à prendre

✔ Vous ne pourrez pas convertir du jour au lendemain aux charmes de la mondialisation des salariés attachés aux spécificités locales de leur région ! Les changements doivent tenir compte du contexte, de la culture, être expliqués avec clarté et transparence pour avoir une chance d'être adoptés par les salariés.

Outil 49 La communication managériale

La communication : un rôle clé pour les managers ?

À la question « aujourd'hui, avez-vous le sentiment de jouer un rôle décisif dans la transmission de l'information au sein de votre entreprise », 65 % des managers répondent « oui ». Un tiers d'entre eux reste à convaincre.

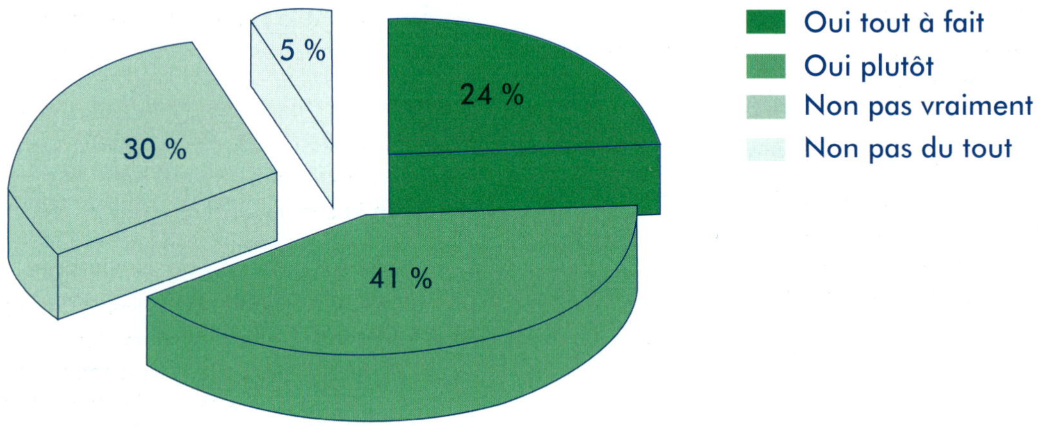

D'après une étude réalisée en 2006 par l'AFCI, l'ANDCP et Inergie Opinion auprès de 20 entreprises de différents secteurs, soit 3 500 managers représentés et plus de 1 300 répondants.

En résumé

La communication managériale est un des vecteurs clés de la communication interne. Les études montrent, en effet, que les cadres jouent un rôle décisif dans la transmission des informations et l'adhésion des salariés aux décisions stratégiques.

Un des enjeux de la communication interne est de jouer un rôle de conseil auprès des managers et de leur préparer des supports de communication efficaces (messages clairs et structurés, supports objectifs et attractifs).

Insight

Managerial communication is one of the key vectors of internal communication. Studies show that managers play a decisive role in information transmission and in employee support for strategic decision making.

One of the stakes of internal communication is the role it plays when supporting managers in the preparation of efficient communication (clear and structured messages; objective and attractive communication support).

Pourquoi l'utiliser ?

Objectif

La communication managériale vise à amener les managers à incarner la stratégie d'entreprise auprès de leurs équipes. En effet, les entreprises qui mettent la communication au cœur de leur management quotidien connaissent moins d'absentéisme, moins de conflit, une meilleure ambiance de travail... Et plus de productivité. Leurs équipes sont plus performantes et peuvent mieux répondre aux exigences du marché ou de la société civile.

Contexte

L'implication des cadres s'avère indispensable pour permettre aux équipes d'adhérer à des décisions stratégiques de plus en souvent difficiles à comprendre, paradoxales, voir en contradiction avec les valeurs affichées.

Montrez l'exemple. Écoutez les managers si vous voulez qu'ils écoutent leurs équipes.

Comment l'utiliser ?

Étapes

- **Impliquez les managers dans les processus de prise de décision**, en particulier dans la déclinaison opérationnelle de la stratégie. Les études montrent, en effet, que les managers sont plus enclins à relayer les messages lorsqu'ils sont associés à leur production et lorsqu'ils sont convaincus de leur bien fondé.
- **Associez la direction des ressources humaines.** Les managers sont rarement évalués sur leurs capacités à communiquer. Il importe donc de fixer à chaque cadre des objectifs quantifiables et mesurables lors des entretiens d'évaluation.
- **Définissez les rôles.** La communication managériale est une fonction partagée entre les cadres et les professionnels de la communication. Les communicants doivent avant tout jouer un rôle de conseil et de formation auprès des cadres pour élaborer des stratégies, des plans et des actions. Les managers opérationnels sont en première ligne vis-à-vis de leurs équipes et doivent porter les messages.
- **Définissez un plan d'actions.**
- **Évaluez ses effets chaque année.**

Méthodologie et conseils

Limitez le recours abusif aux outils de communication. Les managers assimilent souvent, à tort, les outils avec la communication. Or le meilleur kit de communication ne sera efficace que commenté et discuté. L'essentiel de la communication managériale repose sur la qualité du dialogue et de l'échange. Le recours massif aux nouvelles technologies, notamment aux messages électroniques, ne conduit pas les personnes à communiquer davantage, mais débouche souvent sur une profusion d'informations en ligne.

Jouez sur la communication relationnelle. Au-delà de leurs compétences techniques, les managers doivent aussi posséder des compétences relationnelles. Ils doivent répondre aux aspirations de leurs collaborateurs en les écoutant, développant leur autonomie et en les associant le plus possible. Ils doivent être capables de valoriser les réussites individuelles et collectives et être en mesure de répondre aux interrogations lors des changements de toute nature (déménagement, fusion, entrée en Bourse...).

Avantage

✔ La communication managériale est le vecteur le plus efficace pour impliquer les salariés et les mobiliser.

Précautions à prendre

✔ Jouez un rôle de conseil auprès de l'encadrement. Ne négligez pas les difficultés rencontrées par les managers qui ont souvent l'impression d'être envoyés en éclaireurs pour défendre des positions auxquelles ils ne croient pas ou qui sont décalées par rapport aux attentes des équipes.

...

Comment être plus efficace

Apporter des réponses concrètes aux difficultés rencontrées par les cadres :

Montrez l'efficacité de la communication interne au quotidien

Problème posé : Les managers identifient ce que leur coûte la communication : du temps, de l'énergie, mais ne voient pas ce qu'elle peut leur apporter ni comment elle peut contribuer à résoudre des problèmes.
Solutions possibles : Un tableau de bord très simple peut y contribuer. Proposez-leur plusieurs exemples de suivi (nombre de réunions, thèmes abordés, décisions prises, ajustement, évolution de la productivité et de l'absentéisme).

Trouvez les arguments clés

Problème posé : Les managers sont souvent inquiets face aux évolutions constantes et aux orientations stratégiques. Ils ne savent pas comment relayer auprès de leurs équipes des informations auxquelles ils n'adhèrent pas nécessairement.
Solutions possibles : Une boîte aux questions destinée à recueillir les interrogations des managers. Un engagement de la direction à répondre aux questions posées.
Rédiger des argumentaires pour traduire les orientations en langage clair et accessible par tous. Associer les managers à la rédaction et la validation de ces messages.

Hiérarchisez les messages

Problème posé : Les managers sont pris dans un système de double contrainte. L'entreprise leur demande tout à la fois : augmenter la production, réduire le temps de travail mais aussi prendre du temps pour communiquer et créer une bonne ambiance au sein des équipes…
Solutions possibles : Rechercher l'appui de la direction générale pour développer une culture de la communication et de l'échange. Créer des points d'information au plus près des équipes de travail. Rédiger des messages clairs et accessibles par tous. Hiérarchiser l'information.

Passez d'une logique de l'encadrement à une culture du management

Problème posé : La culture du management n'est pas encore entrée dans les mœurs. Beaucoup de responsables pensent « manager » en transmettant des instructions à leurs subordonnés. Alors qu'ils doivent être capables de favoriser la coopération au sein des équipes.
Solutions possibles : Développer avec les ressources humaines des dispositifs de formation au management. Concevoir des dispositifs de communication dédiés aux managers pour les aider à développer leurs compétences relationnelles. Organiser des ateliers sur le thème du management en invitant des consultants et des experts. Développer les échanges entre managers (prix du meilleur manager interne, foire aux meilleures idées…).

Exemples d'**Opérations de communication managériale**

• La communauté des managers

L'idée : créer un espace d'échanges entre pairs qui aide les managers à mieux communiquer. Échanger de façon informelle sur l'actualité (évolution du marché ou des technologies, changement d'organisation, mouvements internes, rumeurs, crise…)

L'outil :

– Des rencontres informelles organisées par la communication interne, chaque manager peut exprimer librement ses interrogations, ses doutes face à un événement ou une nouvelle orientation.

– La fréquence de ces réunions dépend de l'actualité. Les managers peuvent se réunir une fois par semaine ou une fois par mois.

– Un message électronique prévient les participants, la veille ou le jour même de la réunion.

– Durée : entre une demi-heure et une heure.

• Les petits-déjeuners de l'information

L'idée : informer les cadres de l'actualité, les amener à dialoguer régulièrement avec la direction pour faire de ce moment un exercice d'entraînement à la prise de parole en public.

L'outil :

– Des petits-déjeuners hebdomadaires sur site réunissant une dizaine de cadres, animés par deux représentants du comité de direction.

– Sujets abordés : thèmes liés à l'actualité.

– Modalités : comme précédemment, il s'agit d'amener les cadres à s'exprimer, à poser des questions et débattre.

– Durée : une heure et demie.

• La réunion annuelle des cadres

L'idée : permettre un échange direct entre les cadres et la direction générale, donner aux cadres des clés pour répondre à leurs équipes.

L'outil :

– Une table ronde entre la direction générale et les cadres, à l'issue de la présentation des résultats financiers annuels.

– Toutes les questions peuvent être posées.

– Durée : une heure et demie.

• La boîte à outils du manager

L'idée : permettre aux managers de communiquer plus efficacement avec leurs équipes

L'outil :

– Une formation de deux jours par groupe d'une dizaine de participants.

– Thèmes abordés : tous les outils utiles aux managers (conduite d'entretien, animation d'une réunion d'information, attitudes à privilégier dans la communication, les règles de la communication électronique, les dispositifs de communication interne).

– La pédagogie met l'accent sur l'analyse des pratiques et privilégie les échanges entre participants (toujours dans l'idée de développer les capacités à communiquer). ■

Outil 50 Le réseau de managers-communicants

Un maillage de terrain pour mieux communiquer au quotidien

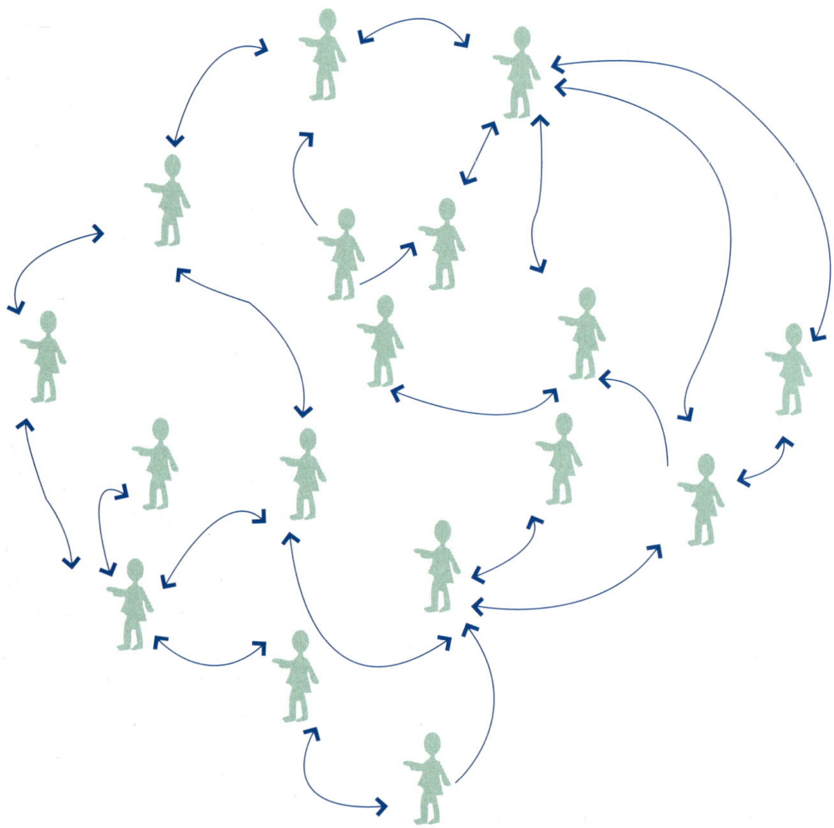

Un réseau vit au rythme de ses rencontres. Les thèmes abordés doivent intéresser votre auditoire. Proposez systématiquement de faire un point d'actualité pour répondre aux questions des participants. Apportez des réponses claires et précises sur les nouvelles orientations, les nouveaux projets et les événements programmés. Demandez à chacun de collecter dans son service ou son site les questions posées par ses collègues.

En résumé

Le réseau permet de créer des liens réguliers entre la direction de la communication et les managers sur le terrain. Les membres du réseau sont porte-parole des préoccupations de leurs collègues. Ils expriment les questions et les attentes locales. Mieux informés de la stratégie et des orientations, ils peuvent plus facilement relayer les messages sur le terrain.

Insight

This network creates a link between communication management and the managers in the field. Network members are, in fact, spokespeople who convey their colleagues' fears and preoccupations to management. People in the network give voice to local questions and expectations. Since they are better informed about corporate strategy and direction, they can more easily relay messages in the field.

Pourquoi l'utiliser ?

Objectif

La communication interne ne peut rien si elle est coupée des réalités de terrain. La mise en œuvre et l'animation d'un réseau de correspondants permet de mesurer le climat au sein de l'entreprise. C'est aussi un moyen d'impliquer les managers, de leur donner des outils pour communiquer plus efficacement... Et de contribuer à décloisonner les services. En participant à un même réseau, les cadres du marketing et ceux de la production vont mieux se comprendre et trouver des centres communs d'intérêt.

Contexte

Les réseaux de communicants, mais aussi d'experts dans tous les domaines se développent de plus en plus. La communication interne n'échappe pas à ce mouvement.

Ne monopolisez pas la parole. Laissez les correspondants s'exprimer si vous voulez recueillir des informations et comprendre les problématiques locales.

Comment l'utiliser ?

Étapes

- **Recensez les territoires de votre entreprise.** Ne vous arrêtez pas à la liste des différentes filiales ou directions : identifiez aussi les types d'intérêt et de préoccupation (vente, recherche, production, analyse des résultats, qualité...).
- **Définissez le profil idéal des correspondants.** Choisissez de préférence des personnalités légitimes vis-à-vis de leurs équipes et de leurs collègues, déjà reconnues pour leurs qualités relationnelles.
- **Communiquez sur les atouts du réseau**. Vous devez séduire vos interlocuteurs et leur démontrer ce qu'ils ont à gagner en participant au réseau.
- **Organisez des rencontres régulières et structurées**.
- **Alimentez la réflexion et la vie du réseau.** Rédigez les comptes rendus de réunion au plus tard 48 heures après la réunion. Mettez en ligne l'actualité de la communication interne et sollicitez régulièrement vos correspondants.
- **Tenez compte des propositions des correspondants**. Ces derniers doivent avoir l'impression d'être indispensables et de contribuer à l'avancement de la politique de communication interne, faute de quoi, votre réseau s'étiolera.
- **Affichez les résultats**. Rédigez chaque année un bilan du réseau : thèmes abordés, suggestions proposées, actions mises en œuvre. N'oubliez pas de communiquer les résultats aux correspondants du réseau, à leur hiérarchie et au comité de direction.

Méthodologie et conseils

Au-delà de vingt participants (et en deçà d'une dizaine), vous aurez du mal à créer une dynamique de travail. Rien n'empêche chaque correspondant d'animer son propre réseau sur son site.

Pensez à organiser (ou à proposer) une rotation au sein du réseau. Vos correspondants peuvent avoir envie de tourner la page et vous de faire entrer « du sang neuf » dans le groupe.

Une fréquence mensuelle des réunions constitue un bon rythme. En revanche, vous devez alimenter l'intranet tous les jours ou au moins toutes les semaines.

Avantage

✔ Un réseau est un lieu d'échanges. Il sert à alimenter la réflexion de la communication interne et à préparer les orientations stratégiques et opérationnelles.

Précautions à prendre

✔ Ne demandez pas à vos correspondants d'être des professionnels de la communication. En tant que managers, ils exercent cette fonction de façon épisodique. À vous de leur donner des méthodes et des outils pratiques et faciles à mettre en œuvre pour communiquer.

Comment être plus efficace

Valorisez les correspondants

L'activité des correspondants doit être reconnue par la hiérarchie, notamment lors des entretiens d'évaluation annuels (contrats d'objectifs annuels et collectifs). N'hésitez pas à mettre à l'honneur les bonnes idées et les réalisations (sur intranet, dans le journal interne ou lors des réunions). Vous contribuerez ainsi à développer la dynamique d'échanges au sein de l'entreprise en montrant l'intérêt de partager les informations et de débattre avec ses pairs.

Jouez sur l'exclusivité et l'effet « avant-première »

Les animateurs de réseaux de dirigeants d'entreprise ou de journalistes ont compris depuis longtemps qu'ils doivent privilégier leurs adhérents s'ils veulent continuer à être attractifs. Pensez à toujours informer vos correspondants dès que possible et à jouer sur l'effet d'exclusivité. Envoyez-leur les communiqués de presse dès que vous les adressez aux journalistes, les invitations à une soirée ou un salon dès que les cartons sortent de chez l'imprimeur. Procédez de même pour tous les outils et supports (affiches, plaquettes, jeux-concours, livre d'histoire, BD, cartes de vœux, cadeaux...).

Recherchez la complémentarité avec les autres réseaux

Pour autant, vous ne devez pas garder les informations pour vous. Le réseau des communicants doit contribuer à développer le système de connaissances de l'entreprise. Le partage de l'information est capital pour accompagner les changements et amener les salariés à modifier leurs comportements.

Pensez globalement et agissez au plus près du terrain

Le réseau n'a pas vocation à gommer toutes les différences. Les remarques et propositions des correspondants permettent d'affiner la stratégie globale. Les échanges entre participants peuvent enrichir les pratiques et donner jour à différentes expériences sur le terrain.

Créez un espace coopératif

À l'heure des nouvelles technologies, il serait dommage de se priver des ressources offertes par le Net. Un espace dédié au réseau permet de donner vie à la communauté des correspondants. En accord avec eux, vous décidez des ressources à partager (liste de diffusion, comptes rendus de réunions, descriptifs d'outils, messages à relayer, fiches pratiques, base de données d'agences et d'intervenants, exemples de réalisations). Si vous souhaitez développer les échanges interactifs, pensez aux outils comme le « blog » ou le « chat ».
Un blog peut compléter l'outil et permettre des échanges interactifs.

Rédigez des comptes rendus limités à l'essentiel

Inutile d'écrire des pages et des pages de texte. Limitez-vous à l'essentiel : les thèmes abordés durant la réunion ; les intervenants ; les questions posées ; les réponses apportées ; les acteurs (qui fait quoi) ; le planning.
Chaque compte rendu est envoyé dans les quarante-huit heures à tous les membres du réseau (y compris les absents à la réunion). Le plus simple est d'utiliser la messagerie électronique.

Exemple du **Club des managers com'**

• Enjeux

Échanger les bonnes pratiques ; renforcer la culture d'entreprise.

• Cible

Les managers opérationnels de l'entreprise.

• Conditions d'accès

Participer au moins à une action de communication dans l'année (organisation d'un événement, conférence de presse, cellule de crise...).

• Offre de communication

Tables-rondes, petits-déjeuners ou soirées animés par des experts de la communication et du management (ex. : communiquer en situation de crise, les outils de la communication de projet, la communication interne dans un contexte international) ; ateliers-débats sur des thèmes liés à l'actualité de l'entreprise ; proposition d'outils partagés (plate-forme, revue de presse, comptes rendus des conférences et des ateliers, visites de sites ou de services). ■

EXEMPLE : LES PETITS DÉJ' DE LA COM'INTERNE

Thème	« Le tableau de bord de la communication interne »
Intervenant	M. X, consultant, professeur associé à Sciences Po Paris
Invités cibles	Les 25 managers du réseau des communicants
Pilote du projet	Communication interne
Contact	Valérie Martin Fax : 01 34 56 89 00 E-mail : petidej@clubmanagers.com Téléphone : 01 34 56 89 12 Site Internet : http://clubmanagers.com
Envoi des invitations	J – 3 semaines (par courrier électronique)
Date limite des retours	J – 8 jours
Lieu	Salons de la Marine, 15 rue Charlot, 75008 Paris
Dates et horaires	7 novembre 2008 de 8 h 45 à 10 h 30

Outil 51 Le théâtre d'entreprise

Un outil pour animer une convention ou un séminaire interne

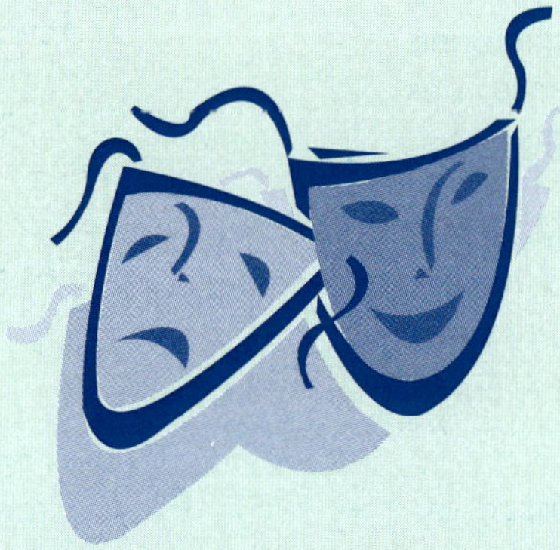

L'effet du théâtre d'entreprise sera d'autant plus grand que les participants ne seront pas prévenus.

La convention ou le séminaire se déroule selon l'ordre du jour et, tout à coup, la surprise va être créée par l'intervention « inopinée » d'un ou plusieurs comédien(s) mêlé(s) au public ou par la métamorphose de la salle de réunion en théâtre durant une pause.

En résumé

Le théâtre d'entreprise vise à accroître la performance des équipes et à accompagner les changements culturels et organisationnels.

Il s'utilise dans le cadre d'une convention, une assemblée générale ou un séminaire.

Des comédiens jouent sur l'effet de surprise pour offrir au public un miroir de l'entreprise et à éclairer les dysfonctionnements, notamment les faiblesses et les difficultés.

Les thèmes abordés sont ensuite repris et analysés de façon plus traditionnelle.

Insight

The goal of Corporate theatre is to augment team performance and accompany cultural and organizational change.

It usually takes the form of a general assembly or a seminar.

Actors use the effect of surprise to offer participants a mirror of their company to clarify malfunctions, most often weaknesses or difficulties.

The themes that are presented theatrically are then taken and traditionally analyzed.

Pourquoi l'utiliser ?

Objectif

Le théâtre d'entreprise est utilisé pour initier le changement. Il présente un miroir souvent déformant de la réalité de l'entreprise. Les comédiens jouent sur les émotions : surprise, rire, étonnement, tristesse. Les participants (les spectateurs) prennent conscience des pratiques dominantes dans l'entreprise (tics de langage, comportements agressifs ou décalés, paradoxes entre les directives et la réalité de terrain). Une fois le rideau tombé, vient le temps de l'exploration de pistes de réflexion individuelles et collectives.

Contexte

Le théâtre d'entreprise est en plein essor. Les entreprises sont de plus en plus nombreuses à y recourir lors de séminaires ou de conventions pour aborder des questions sensibles : gestion du stress au travail, pratique de l'entretien d'évaluation, travail en équipe, communication des résultats financiers…

La technique théâtrale introduit une distance par rapport aux thèmes abordés. Vous pouvez ainsi dédramatiser des situations pénibles et valoriser les salariés.

Comment l'utiliser ?

Étapes

• **Rédigez un brief pour l'agence**. Comme toute action de communication, le théâtre d'entreprise doit répondre à un objectif stratégique et permettre de toucher une cible déterminée. Avant de consulter votre agence, vous devez préciser votre brief.

• **Validez le scénario proposé.** L'agence vous propose un ou plusieurs scénarios possibles, à partir de l'analyse du brief et des éléments que vous aurez fournis (culture d'entreprise, messages clés, situations vécues, anecdotes, rituels…). Vérifiez bien l'adéquation entre ces propositions et votre cahier des charges.

• **Organisez une répétition**. Dans la mesure du possible, laissez les comédiens répéter leur saynète dans le lieu prévu pour la manifestation. Vous participerez à la répétition générale et pourrez ainsi régler les derniers ajustements de fond et de forme (éclairage, sonorisation mais aussi durée, vocabulaire, attitudes).

• **Jouez sur l'effet de surprise le jour « j ».**

• **Évaluez**. Établissez un questionnaire de satisfaction.

• Action pour mesurer l'impact de l'outil et vérifier notamment si vous avez atteint vos objectifs (prise de conscience, recul…). Des tests sur les pratiques de management peuvent être proposés à l'issue du spectacle pour inviter les participants à prolonger la réflexion.

Méthodologie et conseils

Vous devez obligatoirement faire appel à une agence spécialisée dans le théâtre d'entreprise. Il en existe plusieurs en France. La plupart ont un site Internet et présente leur méthodologie d'intervention, leurs références et des extraits de saynètes. N'hésitez pas à mettre en concurrence deux ou trois agences et à leur demander plusieurs projets.

Avantages

✔ Le théâtre d'entreprise introduit une dimension ludique et vivante dans un séminaire ou une assemblée générale. Les participants se souviennent longtemps après de ce temps fort où les managers et la direction ont été tournés en dérision.

Précautions à prendre

✔ Soyez très vigilants dans le choix des sujets et des thèmes abordés. Il n'est pas toujours facile d'être l'objet de moqueries ou de rires, même si c'est pour la bonne cause.

✔ Il est préférable de composer des personnages mêlant plusieurs traits de personnalités. Personne ne pourra ainsi s'identifier à eux et tout le monde pourra s'y reconnaître.

• • •

Comment être plus efficace

Choisissez la formule la plus adaptée à votre besoin.

L'imitateur

Principe. Un comédien participe à votre réunion ou votre événement. Il observe les orateurs, note leur vocabulaire, leurs attitudes, leurs tics... Au moment choisi par vous, il monte sur scène et imite les personnes que vous lui aurez demandé d'observer.

En réponse à quel besoin ? L'imitation vise avant tout la détente et le rire. Vous pouvez faire appel à un imitateur si vos dirigeants sont prêts à se moquer d'eux-mêmes et à se rapprocher ainsi des salariés. Vous devez cependant être attentifs à ne pas laisser le comédien aller trop loin dans la caricature.

Le clown

Principe. Un ou plusieurs clowns se glissent dans votre salle de réunion. Leurs costumes et leur maquillage contribuent à créer avec le public une distance encore plus grande que celle qui existe avec les comédiens. Ils ont pour objectif de parodier la réalité, tout en faisant passer des messages sérieux.

En réponse à quel besoin. Le clown joue sur les registres du rire et de l'émotion. Les spectateurs sont ramenés à leur enfance. Sous couvert de rire, vous pouvez dédramatiser une situation et désamorcer les rumeurs liées à un changement (déménagement, nouvelle organisation, implantation d'un nouveau système d'information...).

L'intervention surprise

Principe. Un ou plusieurs comédiens interviennent de façon décalée ou abrupte lors d'une convention. Leurs questions et leurs comportements ne collent pas avec les attitudes attendues. Un comédien peut ainsi demander le montant de son salaire au directeur général ou dire tout haut ce que beaucoup pensent tout bas.

En réponse à quel besoin. L'intervention « surprise » vise à animer les réunions où personne n'ose s'exprimer. Les questions des comédiens ont été préparées, le plus souvent il s'agit de rumeurs ou de points délicats difficiles à aborder de front.

La saynète

Principe. Les comédiens sont sur scène face au public et jouent une pièce sur un thème choisi par l'entreprise.

En réponse à quel besoin. La saynète permet de traiter de sujets d'actualité et implique moins les spectateurs que les autres formules, notamment l'ntervention surprise. Cette formule est bien adaptée si vous ne souhaitez pas bousculer votre public. Les agences proposent souvent deux formules : le scénario déjà rodé ou un projet personnalisé adapté à votre cas. À vous de voir si la formule clé en mains se justifie : ce n'est pas forcément le cas si vous traitez des questions récurrentes comme la motivation des commerciaux. Et les coûts ne sont pas les mêmes.

Exemple de **La « Murder party »**

Public cible : Des personnes dispersées dans différents sites ou filiales qui ont peu l'occasion de se rencontrer (commerciaux, consultants, formateurs...) mais appartiennent à la même structure (entreprise, syndicat, association...). La murder-party peut également s'adresser à des salariés qui ne prennent plus le temps de se parler ou qui s'ignorent.

Objectif : Décloisonner, provoquer des rencontres et des échanges. Amener les participants à se connaître et à communiquer.

Modalités pratiques : Les participants sont réunis pour un séminaire ou une convention classique qui débute par la présentation des orientations générales et l'analyse des résultats de l'année ou du semestre.

Les animateurs commencent la réunion de façon classique. À un moment décidé par les organisateurs, deux policiers en tenue frappent à la porte. Ils interrompent les orateurs et demandent à parler au directeur. L'un des policiers sort avec ce dernier. Les participants s'interrogent sous le regard du policier resté dans la salle. La tension monte. Des rires cherchent à détendre l'atmosphère. Le policier et le directeur reviennent dans la salle et lancent la « murder party » et en expliquent le principe : il s'agit de résoudre une énigme. Les participants comprennent qu'il s'agit d'un canular. Des dossiers sont distribués à chacun. Des équipes sont constituées. Le principe du jeu est de reconstituer ce qui s'est passé à travers les indices laissés. Les participants doivent interroger des suspects joués par des comédiens. Ils tâchent de reconstituer l'emploi du temps, d'identifier le lien avec la victime, de vérifier les alibis... Ils doivent remettre leurs conclusions aux policiers. Une reconstitution a lieu. Elle est jouée par les comédiens. Dans la majorité des cas, c'est un moment de détente.

Durée du jeu : deux heures. Les participants doivent résoudre l'énigme en un temps limité.

Résultats attendus : Le jeu contribue à créer une cohésion de groupe. Chaque équipe s'organise à sa manière pour résoudre l'enquête. Les participants s'impliquent dans l'enquête. Ils dessinent des schémas, analysent collectivement un cas pratique et apprennent à se connaître. Le jeu permet de dévoiler des qualités insoupçonnées (imagination, créativité, intuition...) qui pourront se révéler très utiles dans des situations de crise ou dans la conduite du changement.

Conditions nécessaires : Pour être efficace, le jeu doit avoir été minutieusement préparé. Les documents remis aux participants doivent être d'une qualité irréprochable, le cas proposé doit être vraisemblable. Dans l'idéal, les supports remis sont authentiques : contrats d'assurances, certificats d'origine de tableaux ou de bijoux, billets de trains ou d'avion. Les comédiens doivent avoir réponse à toutes les questions. Il est préférable de chercher à harmoniser le thème de l'enquête et le lieu dans lequel elle se déroule. Vous pouvez ainsi créer plus facilement un climat propice (un manoir pour la disparition de toiles de maître, un yacht pour une noyade, la Bourse pour une escroquerie financière...).

La « murder party » doit pouvoir se dérouler dans au moins deux espaces distincts : la chambre du crime dans laquelle sont disposés les indices et un lieu pour organiser la reconstitution. ■

Outil 52 « Vis mon job »

Une expérience pour mieux travailler ensemble

En résumé

Le dispositif « vis mon job » est une opération de relations publiques destinée à l'interne.

Pendant une journée, un salarié est invité à se mettre dans la peau d'un de ses collègues et à découvrir son métier.

Objectif de l'opération : contribuer à décloisonner les services, lever les incompréhensions et faciliter la communication au sein de l'entreprise.

Insight

*The method "**live my job**" is an internal public relations operation.*

A salaried employee is asked to place him/herself in another colleague's position for a day to discover a new job.

Objective: Decompartmentalize services, reduce or eliminate incomprehension and facilitate internal communication.

Pourquoi l'utiliser ?

Objectif

Le dispositif « vis mon job » vise à faire concrètement prendre conscience aux salariés des contraintes et de la nature de l'activité de leurs collègues en leur offrant de vivre « un autre job » pendant une journée.

Contexte

Les ressources humaines et la communication interne unissent leurs efforts pour faire passer les messages de façon pragmatique et impliquer le plus possible les salariés dans les démarches de changement. Plusieurs formules peuvent être utilisées : découverte d'une direction, choix de deux ou trois services cibles, immersion d'une dizaine de candidats dans dix services différents. L'opération peut être conduite une ou deux fois par an.

Faites de la journée un événement interne. Pensez à faire des affiches pour inviter les salariés à participer.

Comment l'utiliser ?

Étapes

- **Définissez le cahier des charges**. Précisez les objectifs de l'action, les profils des candidats et des guides-métiers, l'organisation de la journée, le budget, les modalités de communication et d'évaluation.
- **Annoncez le projet.** L'opération concerne un nombre restreint de candidats. Pensez à communiquer un mois ou deux avant le jour « j » pour recueillir les candidatures sans oublier d'associer les managers.
- **Sélectionnez les candidats, formez des binômes**. Choisissez les candidats et les guides-métiers en fonction de votre cahier des charges. Expliquez les raisons de votre choix et proposez aux candidats non retenus de participer à une autre session.
- **Structurez la journée.** Tout est une question de timing. Accueillez les binômes, remettez à chacun un programme et une feuille de route. Donnez rendez-vous à tout le groupe pour l'évaluation.
- **Faites une évaluation « à chaud »**. À l'issue de la journée, réunissez tous les protagonistes et demandez-leur de noter les temps forts. Que retirent-ils de cette aventure : qu'est-ce qui les a surpris ? qu'ont-ils appris sur le métier de leur collègue (contraintes, nature de l'activité...) ? qu'est-ce que cela va changer pour eux ?
- **Communiquez.** La démarche « vis mon job » est encore peu mise en pratique par les entreprises. Envoyez un communiqué de presse aux journalistes concernés (économie, emploi, ressources humaines) si vous souhaitez vous démarquer de vos concurrents et attirer des candidats. N'oubliez pas l'interne ! Relayez votre communiqué de presse sur le site intranet. Rédigez un article dans le journal interne, organisez une exposition de photos...

Méthodologie et conseils

À la fin de la journée, vous pouvez organiser un pot et inviter les différents managers des services concernés (ceux des candidats et ceux des guides) à venir vous rejoindre. ■

Avantages

✔ L'opération ne nécessite pas d'importants moyens financiers. Elle permet une prise de conscience très rapide des dysfonctionnements et contribue à créer des liens entre les équipes.

Précautions à prendre

✔ Proposez l'opération à une dizaine de salariés au maximum afin de ne pas désorganiser l'entreprise et de leur permettre de réellement « vivre » une journée ordinaire.

Outil 53 Le journal audio

Découpage et minutage types

	Durée
Virgule (ou jingle)	2-5′
Titres	10′
Titre 1 + développement	20 – 30′
Titre 2 + développement	20 – 30′
Titre 3 + développement	20 – 30′
Titre 4 + développement (+ reportage ou interview)	20 – 45′
Titre 5 + développement (+ reportage ou interview)	20 – 45′
Virgule (ou jingle)	2-5′

En résumé

Le journal audio délivre des informations factuelles à usage interne, condensées dans un « format court », calibré pour une durée d'écoute de **deux à trois minutes**.

L'effet « humanisant » de la voix est un des facteurs les plus attrayants du journal audio, en particulier dans les grandes entreprises multilocalisées où les salariés se connaissent peu les uns les autres.

Insight

Recorded news delivers factual information, destined for internal use, in a "short audio format". It should be calibrated to last for a period of two to three minutes.

The humanizing effect of a person's voice is one of the most appealing factors of recorded news, especially in large organizations, with dispersed workforces, where few people know each other personally.

Pourquoi l'utiliser ?

Objectif

Comparable, dans sa forme, au « flash info » d'une chaîne radio, le journal audio a pour vocation d'informer les salariés en temps réel (orientations stratégiques, annonce de nouveaux produits ou de nouveaux marchés, agenda, témoignages de clients ou de salariés...). Particulièrement indiqué en temps de crise pour répondre aux inquiétudes et couper court aux rumeurs, il trouve sa raison d'être en apportant une **proximité** et une chaleur qu'aucun autre média n'est en mesure de donner.

Le journal audio peut également être utilisé en communication externe pour annoncer les nouveautés de l'entreprise.

Contexte

Le journal audio ponctue et rythme la communication interne en donnant un rendez-vous régulier aux collaborateurs, dès le **début de semaine**, de préférence. Le flash peut être préparé, réalisé et validé en fin de semaine précédente. Le journal peut être diffusé et **téléchargé en podcast**, via Internet ou intranet, ou encore enregistré sur une clé USB ou un lecteur MP3... L'intérêt est évident pour le réseau de franchisés, les travailleurs distants et les populations **nomades**, les commerciaux notamment, rarement présents au siège de l'entreprise. Vous les tenez régulièrement informés et vous contribuez à créer une culture d'entreprise.

Comment l'utiliser ?

Étapes

- Établissez le **conducteur**, c'est-à-dire le fil rouge du journal audio. Hiérarchisez les informations en fonction de leur actualité et de leur importance stratégique.
- Recueillez les **sources** sonores : enregistrez interviews et reportages (témoignages d'experts ou de managers, déclarations, présentation d'initiatives individuelles, participation à des événements...).
- Écrivez les **textes** du journal audio.
- Enregistrez la **voix** du speaker chargé de présenter le journal.
- **Montez** le journal audio.
- **Enregistrez** le journal sur une boîte vocale (ou d'autres supports numériques audio).

Méthodologie et conseils

Les titres sont annoncés au début. Ils s'enchaînent par ordre d'importance puis sont repris et développés un à un. L'actualité principale peut être enrichie par un reportage ou une interview. Prévoyez un habillage sonore (jingles) pour le lancement et la fin de votre journal audio. Les dictaphones numériques permettent aujourd'hui de récupérer du « son » (interview, ambiances sonores, etc.) d'excellente qualité et de le diffuser ensuite sur tout type de support numérique. Des logiciels (parfois gratuits, comme audacity) permettent de monter facilement un journal audio. ■

Avantages

- ✔ Le journal audio est très simple à consulter. Il suffit de composer un numéro de téléphone (ou de se connecter à un site Web). Comme la radio, il joue la carte de la communication de proximité.
- ✔ Le journal audio offre une grande souplesse : chacun peut s'informer au moment où il le souhaite.

Précautions à prendre

- ✔ Le journal audio suppose de fidéliser ses auditeurs en assurant une fréquence au minimum hebdomadaire. Faites appel à une voix professionnelle (animateur, comédien). Les speakers doivent être enregistrés dans de bonnes conditions (idéalement, dans un studio d'enregistrement). Le numéro de téléphone attribué au journal audio doit être facilement mémorisable.

Travailler avec une agence

Qu'elle soit conseil en stratégie, créateur d'événements, spécialistes des relations presse, de la communication de crise ou de la communication financière, une agence de communication est avant tout un prestataire de services choisi pour ses compétences, son objectivité et son regard neuf sur les problèmes de communication.

Pour être efficace, la relation entre une entreprise et son agence doit être fondée sur des bases claires et des règles de travail posées dès le départ.

Travailler avec un seul interlocuteur

Le plus simple et le plus efficace est d'avoir un interlocuteur identifié. À lui ou elle de se débrouiller pour répartir les tâches entre les différents acteurs au sein de l'agence. Cette organisation représente un gain de temps pour l'annonceur. C'est aussi un gage d'efficacité et une garantie contre la dilution des responsabilités. Quand plusieurs chargés de clientèle ou de budget travaillent pour le même client, il n'est pas rare qu'ils se renvoient la balle. Cela ne facilite pas le travail…
Une fois le rapport de confiance établi avec votre interlocuteur, abstenez-vous de vous prononcer sur le choix de ses intervenants. Sinon, vous risquez de lui rendre la vie impossible.

Demander un suivi périodique

Impossible de bien travailler avec une agence sans un suivi périodique formalisé. En général rédigé une fois par mois, ce document rend compte des réunions qui se sont déroulées durant le mois écoulé et des dernières décisions. Il fait le point sur l'avancement des travaux et délivre des justificatifs (décompte du temps passé, devis, factures). L'entreprise a tout intérêt à organiser, une fois par an, une réunion avec son agence conseil en communication pour dresser le bilan des actions et évaluer les résultats de l'année. Vous pouvez également évaluer la communication tout au long de l'année par exemple à la fin d'un salon, après un événement ou lors du lancement d'un site Internet. Cette méthode présente l'avantage de l'immédiateté et contribue à la clarification des relations entre l'entreprise et l'agence.

Surveiller les budgets

Les frais techniques sont à l'origine de la plupart des mauvaises surprises. Les commanditaires novices ne se rendent pas compte à quel point ce poste peut être exponentiel. Si vous voulez limiter les dépassements budgétaires, vous devez faire preuve de la plus grande vigilance et en particulier : exiger des devis précis pour toutes les opérations ; disposer de ces devis suffisamment tôt pour les comparer aux prix du marché pour, le cas échéant, avoir recours à d'autres fournisseurs ; exiger de signer tous les documents d'impression ou d'exécution avant la fabrication définitive ; vérifier si la production est réalisée au sein de l'agence ou sous-traitée. Dans ce cas, l'agence retient généralement 5 à 10 % sur les frais techniques.
Vous pouvez aussi signifier à votre agence que vous refuserez d'honorer les dépassements supérieurs à un montant déterminé *a priori*, par exemple en notant sur le contrat « la facture finale n'excédera pas 10 % du devis initial ».

Pourquoi travailler avec une agence ?

• Pour bénéficier d'une expertise ou de compétences pointues dans un domaine que vous ne maîtrisez pas (communication financière, organisation d'un salon à l'étranger, communication de crise, relations presse...).
• Pour réaliser dans l'urgence une action si les ressources internes vous font défaut (cadeau pour des invités de marque, vidéo d'un séminaire, affichage surprise...).
• Pour prendre du recul et bénéficier d'un regard extérieur.
• Par besoin de confidentialité lorsque vous voulez réfléchir à une nouvelle stratégie.

Des interventions très diversifiées

En 2007, les entreprises ont fait appel aux agences pour des opérations très diverses. La part de la publicité reste dominante avec un développement important d'Internet.

Dossier

Les OUTILS

Outil 54 Le brief

Quatre rubriques et des annexes

1. L'entreprise	• Données clés : secteur d'activité, taille, effectifs, implantation, structure juridique, actionnaires, produits et services, clients, position sur le marché, objectifs de développement • Histoire, culture, valeurs, pratique et bilan de la communication • Organisation de l'entreprise, personnalité des dirigeants, styles de management.
2. Le contexte	• Le secteur d'activité et le marché (état de la concurrence, positionnement des produits et services de l'entreprise, évolution du marché et du secteur d'activité) • L'image de l'entreprise auprès de l'opinion publique, des médias, des clients, des partenaires, des concurrents
3. L'objectif de la consultation	• Objectifs stratégiques et objectifs de communication • Cibles visées • Type de prestation attendue (conseil, accompagnement, prestation de service…) • Méthode d'évaluation souhaitée
4. Les contraintes	• Contraintes légales • Contraintes techniques (charte graphique, logo, environnement technologique…) • Budget • Délais de réalisation du projet • Conditions de la consultation (mise en concurrence, date de remise des propositions, nature des éléments à remettre, décision de l'entreprise) • Interlocuteurs de l'entreprise
Les annexes	• Supports de communication (plaquettes, journaux, affiches, vidéos…) • Revue de presse • Études d'image, sondages d'opinion, enquêtes internes, études de marché, audit de communication…

En résumé

Le brief formalise la demande de l'entreprise qui souhaite faire appel à une agence ou un prestataire.

Ce document sert de base aux agences pour rédiger leur proposition.

Il est généralement présenté par l'entreprise au cours d'une réunion dite de « brief ».

Insight

A brief formalizes a need or a request when a company calls in an agency or a service provider.

This document is the basis for their proposition development.

It is generally presented by the company to an agency or service provider in a meeting called "brief".

Pourquoi l'utiliser ?

Objectif

Le brief ou cahier des charges s'utilise lorsqu'une entreprise souhaite faire appel à une agence de communication. Ce document écrit situe le contexte, précise les intentions et les attentes de l'entreprise (note d'analyse de la problématique de communication, proposition de stratégie de communication, axes de création, campagne publicitaire...). Il présente les règles du jeu de la consultation : délais de remise des propositions, modalités de prise de décision, nom des agences consultées, budget et modalités de rémunération envisagés, dédommagement prévu.

Contexte

La rédaction du cahier des charges constitue la phase préparatoire à la sélection d'une agence de communication ou d'un prestataire. Ce document est généralement remis lors d'une rencontre entre l'entreprise et l'agence ou le conseil en communication.

La qualité de la proposition de l'agence est étroitement liée à la qualité du brief. Soyez attentifs aux détails et à la présentation.

Comment l'utiliser ?

Étapes

- **Précisez vos attentes** : qu'attendez-vous de l'agence (de la créativité, une prestation clés en mains, un partenariat, une qualité d'exécution...) ? souhaitez-vous des résultats immédiats ou vous inscrivez-vous dans une démarche à long terme ? quel est votre budget maximal ? quelles sont vos contraintes ?
- **Rédigez le cahier des charges.** Même si le document est destiné à l'interne, définissez clairement le contexte, les cibles et les objectifs.
- **Faites valider le cahier des charges en interne.** Pensez à faire relire le document par un collègue et par votre hiérarchie pour limiter les imprécisions.
- **Sélectionnez les agences** (voir outil de sélection) Il est d'usage de présenter le brief à trois agences, voire cinq. Sauf cas particulier (projet sensible et stratégique), vous aurez du mal à analyser toutes les réponses si vous élargissez la consultation. Vous devez, en effet, consacrer du temps à rencontrer chaque agence et à analyser chacun des dossiers... Et le résultat ne sera pas toujours à la mesure de votre investissement.

Méthodologie et conseils

Le cahier des charges est un document de travail professionnel. Il est souhaitable qu'il soit établi par les personnes les plus directement concernées.

Sa présentation doit être structurée pour identifier les éléments clés et faciliter la lecture. Le style utilisé est factuel, les phrases sont courtes sur le modèle « sujet, verbe, complément », les termes utilisés sont précis. Prévoyez des schémas et des graphiques pour illustrer votre propos.

Précisez si la compétition a ou non un caractère confidentiel et dans tous les cas demandez aux agences de ne pas communiquer les informations que vous leur transmettrez.

Avantages

✔ Le cahier des charges est l'outil idéal pour vous aider à clarifier vos attentes. Les agences disposent des mêmes informations pour élaborer leurs propositions et leurs recommandations. Vous limitez ainsi les éventuels malentendus et vous disposez de repères pour encadrer le travail à venir.

Précautions à prendre

✔ Soyez suffisamment précis pour cadrer vos attentes et exprimer votre demande. Mais veillez à laisser de la place à la créativité des agences.

• • •

Comment être plus efficace

Sélectionnez des agences conformes à vos attentes

Éliminez d'emblée les agences que vous ne pourrez pas retenir pour des raisons de taille, d'implantation, de structure, de spécialité ou de concurrence. Ainsi si vous ne souhaitez pas travailler avec une agence américaine qui réalise les campagnes de votre principal concurrent, il est inutile de la solliciter.

Invitez les bons interlocuteurs à la réunion de brief

En interne, le brief doit être présenté par un décideur (directeur de la communication ou dirigeant) qui pourra répondre aux questions posées par l'agence. Pensez à demander à l'agence de venir avec les principaux acteurs concernés (chef de projet, directeur artistique, responsable du plan-média...).

Rencontrez chaque agence séparément

Il semble plus simple et plus facile de réunir toutes les agences le même jour et de leur présenter collectivement le brief. Cette solution offre l'avantage de donner les mêmes informations à tous, mais n'est pas propice aux échanges. En général, les entreprises et les agences préfèrent une rencontre en tête-à-tête. Cette formule plus coûteuse en temps permet en effet d'engager un dialogue ouvert et d'enrichir la problématique de communication.

Soyez disponibles pour répondre aux questions complémentaires

Même si votre brief est précis et détaillé, les agences peuvent avoir besoin de renseignements complémentaires. Il est d'usage d'accorder un entretien téléphonique ou un entretien aux agences qui en font la demande.

Initiez un dialogue

Chacune des deux parties doit connaître l'autre si vous souhaitez travailler de façon efficace. L'agence doit bien vous connaître pour être en phase avec vos attentes. Vous rappellerez l'historique de votre entreprise et décrirez votre situation sur votre marché. Vous donnerez les grandes lignes de votre politique générale, notamment en matière de marketing et de communication. Ces éléments permettront à l'agence d'ajuster ses recommandations à votre problématique. Profitez de cette rencontre pour identifier les caractéristiques de l'agence. Demandez à cette dernière de se présenter (taille, structure, résultats, position sur le marché, équipes, principaux clients) et d'exposer sa philosophie de travail, ses compétences (métiers, prestations, secteurs d'activité, exemples de réalisation), sa conception de la relation entre une agence et un annonceur. Parlez de l'importance du budget, du type de contrat et des modalités de rémunération que vous envisagez... Plus l'échange sera précis et détaillé, moins grands seront les risques de malentendus et de conflits. Et plus grandes seront les chances de développer une relation de confiance tout au long de la collaboration.

Laissez du temps aux agences pour vous répondre

Les délais accordés doivent être adaptés à la nature de la demande exprimée dans le brief. Ils doivent permettre à l'agence d'élaborer une proposition qui corresponde aux attentes de l'entreprise. Il est raisonnable de donner une à deux semaines pour une note de réflexion, trois à quatre semaines pour une proposition de stratégie, cinq à six semaines pour des concepts créatifs et sept à huit semaines pour un véritable projet de campagne publicitaire.

Exemple de **Trame d'un brief pour réaliser un journal d'entreprise**

1. Contexte	* Activité de l'entreprise. Marché, concurrence.* Chiffres clés. * Structure, organigramme. * Implantations. * Stratégie.
2. Objectifs de la consultation	* Expression du besoin (la demande). Origine (direction générale, marketing, communication). * Stratégie de communication.
3. Organisation de la communication	* Outils existants (supports, brochures, dépliants, vidéos, sites Internet). Moyens humains (qui fait quoi). Organisation de l'équipe de communication.
4. Le projet de journal	**Positionnement** Contexte. * Objectif. * Cible. Messages. Tonalité. **Contenu** Type d'informations souhaitées (actualités, chiffres, événements...), Rubriquage. Formes journalistiques (enquêtes, interviews, dossiers, reportages, portraits, brèves, people, tribune, édito...), Iconographie. Rapport texte/image. **Caractéristiques techniques** Pagination. Format, * Tirage, Papier, Grammage, Couvertures (1re et 4e), Titre, Nombre de couleurs, * Nombre de langues (ou nombre d'éditions étrangères), Iconographie, * Charte et contraintes graphiques, Présence de publicité, * Périodicité.* Contraintes de délais, Mode de diffusion.* Livraison (nombre de points de livraison), Conditionnement, Routage. **Opérations de lancement** Numéro zéro. Test. Promotion.
5. Budget	Contraintes budgétaires de l'entreprise, Budget première année, Budget année normale, * Indemnisation de la consultation.
6. Réponse attendue	* **Délai de réponse exigé** (3 semaines minimum pour un projet complet). * **Devis détaillé** Création/maquette : Conception éditoriale, Création artistique, Frais techniques de création. Coût au numéro : Conseil, Coordination. Rédaction, Réécriture, Maquette/mise en page, Iconographie, Secrétariat de rédaction, Photogravure, Flashage. Corrections d'auteur, Impression/livraison, Routage, Affranchissement. * **Maquette (taille, contenu)** **Exemples d'articles** **Compositions de l'équipe intervenante.** * Planning de réalisation.

Adaptez la trame ci-dessus en fonction des spécificités de la demande. Seuls les items précédés d'un * sont indispensables. ■

Outil 55 La sélection des agences

Grille d'analyse

CRITÈRES / ÉVALUATION	+ +	+	–	– –
Taille de l'agence (effectifs, chiffre d'affaires, marge brute...)				
Les managers, les équipes (personnalités, expériences)				
La première impression (contact téléphonique, qualité de la relation)				
Les prestations, les services offerts (généraliste ou spécialiste)				
L'expertise dans le domaine du projet				
Les références (campagnes et actions menées)				
Les clients, les budgets (risque ou pas de conflit avec un concurrent)				
La réputation, la notoriété				
L'appartenance à un groupe				
Les partenaires				
Les modes de rémunération				
La solidité financière				

En résumé

La phase de sélection des agences se fait en fonction de critères précis définis par l'entreprise.

Ces derniers peuvent être à la fois subjectifs et objectifs : structure de l'agence (effectifs, chiffre d'affaires, appartenance à un groupe...), références et notoriété, dimension locale, nationale ou internationale, feeling, qualité d'écoute, œil neuf...

Insight

*The **pre-selection phase** takes into consideration the precise and defined criteria established by the company.*

Criteria may be both subjective and objective: agency structure (number of employees, turnover, any groups they may belong to...) references and reputation, appropriate dimension (local, national or international), ability to listen and the quality of that active listening, a new perspective...

Pourquoi l'utiliser ?

Objectif

La phase de sélection vise à identifier les caractéristiques des agences les plus à même de répondre à vos attentes. Une grande agence implantée dans le monde entier, gérant de gros budgets publicitaires, avec des créatifs reconnus pourra sans doute mieux vous aider qu'une petite agence locale à vous implanter aux États-Unis ou en Chine tout en veillant à la cohérence globale de votre image. *A contrario*, une petite agence bordelaise spécialisée dans la presse d'entreprise sera peut-être plus proche de vos préoccupations si vous souhaitez lancer une nouvelle formule de journal et que vous êtes installés en Gironde.

Il n'y a pas d'agence idéale dans l'absolu. Précisez avant tout ce que vous attendez d'elle.

Contexte

Le secteur des agences de communication est très vaste. Quatre sources différences permettent de l'appréhender :

- Les annuaires professionnels comme celui de *Stratégies*.
- Les organismes professionnels, en particulier ceux qui représentent les annonceurs (Union des annonceurs) ou les agences (Association des agences conseils en communication).
- Les cabinets en choix d'agences dont la mission est d'aider les entreprises à faire leur sélection en France et dans le monde.
- Le bouche-à-oreille.

Comment l'utiliser ?

Étapes

- **Définissez vos critères** : la taille de l'agence, la renommée de ses créatifs, sa notoriété, son implantation internationale, la qualité d'écoute de son directeur de clientèle, la proximité de ses bureaux.
- **Classez-les** en fonction de trois catégories : la structure (taille, organisation, effectifs), la performance (portefeuille de clients, campagnes ou actions de communication, notoriété, expertise, créativité, capacité d'analyse, réflexion stratégique), l'affinité (écoute, empathie, qualité du contact).
- **Hiérarchisez :** réfléchissez aux deux ou trois points les plus importants pour vous. Préférez-vous vous reposer sur l'expertise de l'agence, souhaitez-vous travailler dans un climat de confiance, voulez-vous créer la surprise et rompre avec une image ?
- **Établissez une liste de trois à cinq agences :** appuyez-vous sur vos critères pour identifier les agences qui semblent le mieux répondre, *a priori*, à vos attentes.

Méthodologie et conseils

Établissez vos critères de choix sans *a priori*. Une petite entreprise qui se lance sur le marché peut très bien faire appel à une grande agence ayant pignon sur rue... Et une grande entreprise pourra tirer profit du talent d'un jeune créatif installé en free-lance.

Allez sur les sites des organismes professionnels ou sur ceux de *Stratégies* ou de *CB. news*, vous y trouverez des exemples de réalisations, des articles, des témoignages et des conseils pratiques. ■

Avantages

✔ L'élaboration de critères de sélection permet à l'entreprise de clarifier ses attentes et de préciser le type de collaboration qu'elle envisage avec une agence.

Précautions à prendre

✔ Assurez-vous de l'actualité des informations consultées. Recoupez-les pour en mesurer la pertinence et l'exactitude. N'hésitez pas à faire appel à votre réseau. Vous récolterez ainsi des informations précieuses sur la façon dont les agences travaillent (tarifs, délais, implication, personne à contacter...).

Outil 56 La grille d'évaluation des propositions

Huit critères d'évaluation

Nom de l'agence : Date :

Objet de la consultation :

CRITÈRES / ÉVALUATION	+ +	+	–	– –
Pertinence de la réponse (par rapport à la problématique)				
Réponse aux objectifs				
Prise en compte des caractéristiques de la cible				
Implication de la cible				
Originalité, créativité				
Qualité de réalisation				
Résistance au temps				
Rapport qualité/prix				

En résumé

La grille d'évaluation est construite à partir des objectifs du brief.

On distingue trois catégories de critères :

- l'agence (structure, taille, prestations, compétences, implantation et réseau...) ;
- la qualité des contacts (réactivité, écoute, ouverture) ;
- la pertinence de la proposition (créativité, rigueur, respect des objectifs, adéquation à la demande, rapport qualité/prix).

Insight

An evaluation grid is constructed from the objectives of a « brief ». There are three categories or criteria :

- *agency (Structure, size, services, competencies, location, network...);*
- *contact Quality (reactivity, listening abilities, openness to ideas...);*
- *pertinence of the proposition (creativity, rigor, respect for the objectives, appropriateness of the response, ratio quality/price).*

Pourquoi l'utiliser ?

Objectif

La grille d'évaluation des propositions permet de disposer de critères objectifs et partagés pour analyser les propositions des agences.

Contexte

Le choix d'une agence se fait après le brief, sur la base des réponses et propositions élaborées par les agences.

Comment l'utiliser ?

Étapes

• **Composez l'équipe qui prendra la décision** : dans l'idéal, cette équipe est celle qui a reçu les agences et leur a remis le brief ; elle comporte au moins le chef de projet interne, le responsable ou directeur de la communication, le directeur général ou un membre de l'équipe de direction.

• **Définissez une grille d'évaluation** : ce document commun à tous les membres de l'équipe est étroitement lié aux objectifs définis dans le brief et à la stratégie de communication. Plus ces derniers sont précis, plus la grille est facile à construire.

• **Recevez les agences.** La présentation doit se faire dans des conditions de neutralité et d'équité. Le temps accordé aux agences doit être précisé à l'avance et doit être le même pour chaque candidat. Prévoyez une réunion d'une à deux heures pour laisser les équipes de chaque agence présenter et défendre leur projet. L'ordre de passage est tiré au sort. Dans l'idéal, il est souhaitable de recevoir le même jour les agences en compétition. Cette formule permet de mieux pouvoir comparer les approches. Si plusieurs réunions sont programmées à des dates différentes, veillez à ce que tous les acteurs concernés soient présents.

• **Analysez les réponses et les prestations des agences.** Après chaque rencontre, remplissez individuellement la grille d'évaluation, sans vous concerter avec les autres décideurs. Confrontez ensuite vos points de vue en effectuant un tour de table à chaud pour évaluer la perception immédiate.

Ne négligez pas vos premières impressions (coups de cœur, indifférence, rejet...). Elles sont tout aussi importantes que les autres critères.

• **Prenez une décision collective et argumentée.** Organisez une réunion de bilan et appuyez-vous sur les grilles d'analyse complétées par chacun pour prendre votre décision. La décision doit être rapide. Efforcez-vous de donner aux agences une date butoir.

• **Informez les agences.** Dès que votre décision est prise, informez chacun des compétiteurs et expliquez votre choix en quelques mots (créativité, adéquation à la demande, tarif...). Entendez-vous sur les conditions de retour des éléments de création.

Méthodologie et conseils

Respectez le travail effectué par les agences. Renvoyez les propositions et les maquettes que vous n'avez pas retenues. Ces documents restent, en effet, leur propriété. Même si vous aimez le graphisme proposé par une agence et le concept créatif avancé par une autre, vous ne pouvez pas les mélanger, à moins que les deux agences acceptent de travailler conjointement.

Plus généralement, n'organisez pas de « fausses compétitions » qui auraient pour objet de collecter des idées. ■

Avantages

✔ La grille d'évaluation permet de disposer de critères objectifs et partagés pour évaluer les propositions.

Précautions à prendre

✔ Veillez à ce que les critères de choix soient bien compris par tous les membres de l'équipe. Cela facilitera la prise de décision.

Outil 57 Le contrat

Rubriques types d'un contrat

1. Les parties concernées	Le contrat est conclu entre l'annonceur, raison sociale, adresse, représenté par X et l'agence, raison sociale, adresse, représentée par Y.
2. Objet	Conditions selon lesquelles l'annonceur confie à l'agence une mission de conseil en communication (pour l'entreprise… (filiale(s), groupe), ou le produit… ; pour la France ou l'international ou un (des) pays étrangers en particulier).
3. Durée et dénonciation	Mission ponctuelle avec précision des dates de début et de fin ; mission à durée indéterminée ou pour une période déterminée renouvelable par tacite reconduction. Modalités de dénonciation (préavis de trois mois ou plus par lettre recommandée avec AR pour les contrats à durée indéterminée ou renouvelables par tacite reconduction ; rupture pour faute grave ou inexécution).
4. Définition de la mission	Description des services et missions que l'agence s'engage à réaliser (cf. cahier des charges). Calendrier prévisionnel et nombre minimal de réunions (points d'étapes, réunion de bilan).
5. Exécution de la mission	Composition de l'équipe chargée par l'agence de concevoir, mettre en œuvre, suivre, contrôler et piloter le projet de communication.
6. Droits et obligations de l'annonceur	Mise à disposition des informations et documents. Désignation d'un interlocuteur unique habilité à prendre des décisions.
7. Droits et obligation de l'agence	Clauses de confidentialité et de non-concurrence. Restitution des documents à l'annonceur à l'issue du contrat. Responsabilité juridique.
8. Propriété intellectuelle	Conditions de cession de droits de propriété intellectuelle, artistique et industrielle.
9. Conditions financières	Modalités de rémunération selon les différents postes (conseil, travaux techniques, frais annexes, achat d'espace). Modalités de paiement. Budget prévisionnel.
10. Modifications du contrat	Conditions (échange de lettres s'il n'y a pas d'incidences financières ou avenant dans le cas contraire).
11. Caractère personnel du contrat	Événements susceptibles de mettre fin au contrat en raison du caractère personnel du contrat (modification de l'équipe, changement de la structure sociale de l'agence, transfert du contrôle de l'agence à un tiers).
12. Litiges	En cas de litige, les deux parties déclarent expressément reconnaître la compétence du tribunal de… Elles doivent auparavant saisir de leur différend la commission paritaire de conciliation prévue par le code de déontologie.

En résumé

Les relations entre une agence et un annonceur sont précisées par des dispositions contractuelles adoptées d'un commun accord par les parties. Depuis la loi Sapin du 29 janvier 1993, la rédaction d'un contrat écrit de mandat est obligatoire pour tout achat publicitaire ou de prestations ayant pour objet l'édition et la distribution d'imprimés publicitaires réalisés par un intermédiaire (*cf.* texte de loi et décret d'application du 19 septembre 1994).

Insight

The relationship between an agency and an advertiser is detailed in a contractual arrangement and adopted by common agreement by all parties.

*The Sapin Law came into effect on January 29, 1993. Since then, a written **contract** is obligatory for all media "buys" or services that have anything to do with the publication and distribution of printed advertising created by an intermediary (ref.: text of the law and statutory order, dated 19 September 1994).*

Pourquoi l'utiliser ?

Objectif

L'élaboration d'un contrat entre un annonceur et une agence a pour objectif de préciser les modalités de travail : planning, composition de l'équipe, conditions de rupture, rémunération et paiement des différents postes (création, frais techniques...).

Contexte

La loi Sapin du 29 janvier 1993 impose la technique du mandat lorsque les agences achètent de l'espace publicitaire pour le compte des annonceurs. Le contrat reste d'usage pour toutes les autres actions de communication (conception de campagne, conseil stratégique, conception d'outils de communication, mécénat, parrainage...).

En tant que prestataire de services, l'agence doit communiquer à tout annonceur qui en fait la demande son barème de prix et ses conditions de vente (art. L. 441-6 du Code de commerce).

Comment l'utiliser ?

Étapes

1. Veillez à bien préciser :

• **L'objet du contrat.** Définissez la mission et le contenu détaillé des prestations qu'apporte l'agence. Précisez si cette mission est confiée en exclusivité ou non à l'agence.

• **La mission de l'agence.** Décrivez les services et les prestations à apporter. Précisez le calendrier de réalisation. Indiquez que l'agence s'engage à le respecter. Prévoyez un nombre minimum de réunions d'informations et une réunion de bilan.

• **La composition de l'équipe**. Avec votre accord, l'agence confie la réalisation et le pilotage du projet à un chargé de contrat (le vocable peut varier selon les structures) ou à une équipe dont la composition figure dans le contrat. L'agence conseil en relations publiques informera l'annonceur des changements intervenant dans l'équipe affectée au dossier.

• **Vos engagements**. L'agence doit pouvoir disposer d'informations – y compris stratégiques – pour mener à bien sa mission. Pensez à désigner en interne un interlocuteur disponible et capable de prendre des décisions.

• **Les engagements de l'agence**. L'agence doit s'engager à vous rendre compte des réunions et des décisions prises. Elle s'engage à une clause de confidentialité et à garder secrètes les informations dont elle aura eu connaissance sur votre activité ainsi que sur les actions, budgets et créations dont elle est chargée. Tous les documents de travail échangés durant la collaboration seront remis à la fin du contrat. En principe, l'agence est soumise à une obligation de non-concurrence vis-à-vis de vos concurrents.

• **Le budget et les conditions de paiement**. Définir les différents postes et préciser les modalités de paiement (forfait, honoraires au temps, commission calculée sur les factures des fournisseurs...).

2. Signez le contrat en deux exemplaires (un pour chaque partie). Indiquez les noms et les fonctions des signataires. Les deux exemplaires originaux feront foi. Chaque page du contrat devra être paraphée par les signataires.

Méthodologie et conseils

Consultez votre service juridique ou appuyez-vous sur les conseils d'un avocat. Vous éviterez de signer des clauses qui vous seraient défavorables (exemples frais d'exécution) et serez en meilleure position pour négocier avec l'agence.

Avantages

✔ Le contrat sert de référence durant la mise en œuvre du projet. Il clarifie les relations de travail et permet de régler les différences d'interprétation et d'éviter les litiges.

Précautions à prendre

✔ L'agence peut vous proposer un contrat type. Vérifiez bien toutes les clauses, notamment la cession des droits de propriété intellectuelle, le calcul des honoraires et les clauses de dénonciation.

• • •

Comment être plus efficace

Ne négligez aucun détail dans le contrat :

Clarifiez les termes de la responsabilité juridique

Toute agence conseil est tenue au strict respect des lois et réglementations en vigueur, ainsi qu'à celui du code professionnel de déontologie, et plus généralement tout code d'autodiscipline relatif à la communication. À ce titre, elle doit s'engager à ne soumettre aucune proposition qui serait contraire à ces textes. Toutefois, en tant qu'annonceur, vous êtes responsables de la véracité des informations transmises à l'agence sur le nom, la composition, les qualités et performances du produit ou du service faisant l'objet du contrat.

L'agence doit déployer tous les soins et la diligence nécessaires à la réussite de sa mission. Elle assume la responsabilité de la réalisation et du contrôle des opérations qu'elle préconise, et garantit la bonne fin de l'exécution des opérations. L'agence apporte à l'annonceur sa pleine et entière garantie que les créations cédées en vertu du contrat sont juridiquement disponibles et ne sont pas grevées, à quelque titre que ce soit, partiellement ou totalement, directement ou indirectement, de droit de tiers. L'agence supportera et garantira l'annonceur de toutes charges, condamnations et débours divers pouvant découler d'un manquement à ses obligations.

Respectez les obligations de la loi Sapin

Lorsque vous demandez à une agence d'acheter de l'espace publicitaire, pensez à bien préciser le cadre du mandat (avec ou sans exclusivité). L'agence agit en votre nom et pour votre compte et s'engage à respecter les obligations prévues par les articles 1984 à 1997 du Code civil, ainsi que celles résultant de la loi du 29 janvier 1993 dite « loi Sapin ».

Vérifiez les clauses de propriété intellectuelle

L'annonceur devient propriétaire exclusif et total des droits de propriété intellectuelle, artistique ou industrielle liés à la création, la conception ou l'invention des propositions de l'agence, dès lors qu'elles ont été acceptées et rémunérées. L'agence cède ainsi les droits de reproduction, de représentation, d'adaptation et de traduction, pour le temps de la propriété littéraire et artistique et pour le monde entier. Lorsque l'agence ne possède pas ces droits (en totalité ou en partie), elle s'engage à le préciser à l'annonceur avant approbation de la proposition. Elle indique alors les conditions et les limites dont fait l'objet la cession de ces droits (prix, durée, zone géographique…).

Déterminez les modes de rémunération

Les prestations de conseil peuvent être rémunérées forfaitairement par des versements mensuels ou selon une périodicité à préciser. Elles peuvent également être calculées au temps passé par les collaborateurs de l'agence. En général, l'annonceur s'engage à un abonnement mensuel minimum avec un plafond pour l'année. En cas de dépassement de ce plafond, l'agence doit obtenir l'accord de l'annonceur.

Les travaux techniques (édition, audiovisuel, études, aménagement de stands, organisation de voyages…) peuvent être payés sur la base d'honoraires forfaitaires proposés par l'agence et acceptés par l'annonceur. Ils peuvent être calculés sur la base d'une commission estimée à partir du montant net des factures des fournisseurs de l'agence. L'annonceur accepte les factures et le montant de la commission. L'agence peut également proposer un taux de marge inclus dans les devis des prestations techniques. Certains frais engagés par l'agence et nécessaires à l'exécution de la mission, comme des frais de déplacement, l'appel à des coursiers, des abonnements à des revues ou des services spécifiques, peuvent faire l'objet de facture de remboursement sur présentation des justificatifs ou d'un forfait convenu entre l'annonceur et l'agence.

Extraits de la **Loi Sapin**

Chapitre II du Titre II de la Loi N° 93-122 du 29 janvier 1993 relative à la prévention de la corruption et à la transparence de la vie économique et des procédures publiques.

• Prestations de publicité

Art. 20 - Tout achat d'espace publicitaire ou de prestation ayant pour objet l'édition ou la distribution d'imprimés publicitaires ne peut être réalisé par un intermédiaire que pour le compte d'un annonceur et dans le cadre d'un contrat écrit de mandat. Ce contrat fixe les conditions de la rémunération du mandataire en détaillant, s'il y a lieu, les diverses prestations qui seront effectuées dans le cadre de ce contrat de mandat et le montant de leur rémunération respective. Il mentionne également les autres prestations rendues par l'intermédiaire en dehors du contrat de mandat et le montant global de leur rémunération. Tout rabais ou avantage tarifaire de quelque nature que ce soit accordé par le vendeur doit figurer sur la facture délivrée à l'annonceur et ne peut être conservé en tout ou partie par l'intermédiaire qu'en vertu d'une stipulation expresse du contrat de mandat.

Même si les achats mentionnés au premier alinéa ne sont pas payés directement par l'annonceur au vendeur, la facture est communiquée directement par ce dernier à l'annonceur.

Art. 21 - Le mandataire mentionné au premier alinéa de l'article 20 ne peut ni recevoir d'autre paiement que celui qui lui est versé par son mandant pour la rémunération de l'exercice de son mandat ni aucune rémunération ou avantage quelconque de la part du vendeur.

Art. 22 - Le prestataire qui fournit des services de conseil en plan média ou de préconisation de support d'espace publicitaire ne peut recevoir aucune rémunération ni avantage quelconque de la part du vendeur d'espace.

Art. 23 - Le vendeur d'espace publicitaire en qualité de support ou de régie rend compte directement à l'annonceur dans le mois qui suit la diffusion du message publicitaire des conditions dans lesquelles les prestations ont été effectuées. En cas de modification devant intervenir dans les conditions de diffusion du message publicitaire, le vendeur d'espace publicitaire avertit l'annonceur et recueille son accord sur les changements prévus. Il lui rend compte des modifications intervenues.

Dans le cas où l'achat d'espace publicitaire est effectué par l'intermédiaire d'un mandataire, les obligations prévues à l'alinéa précédent incombent tant au vendeur à l'égard du mandataire qu'au mandataire à l'égard de l'annonceur.

Art. 24 - Toute personne qui fournit des services de conseil en plan média ou de préconisation de support d'espace publicitaire doit indiquer dans ses conditions générales de vente les liens financiers qu'elle entretient ou que son groupe entretient avec des vendeurs mentionnés à l'article 20, en précisant le montant de ces participations.

Les articles suivants précisent les amendes et sanctions. ■

Source : www.legifrance.gouv.fr

Outil 58 Le tableau de bord de suivi des agences

Exemple de rubriques

BUDGET						
Action	Budget prévu	Date	Budget réel	Date	Raisons de l'écart	Mesure corrective

AVANCEMENT DU PROJET						
Projet	Actions prévues	Date d'échéance	Actions réalisées	Date réelle	Raisons de l'écart	Mesure corrective

RÉUNIONS ET POINTS D'ÉTAPES						
Projet	Nombre de réunions prévues	Nombre de réunions tenues	Date	Thèmes abordés	Décisions prises	Pilote

RÉPARTITION DES RÔLES		
Tâches	Rôle de l'entreprise	Rôle de l'agence

ÉVALUATION DE LA PRESTATION DE L'AGENCE						
Composition de l'équipe		Objectifs visés		Points forts	Points faibles	Pistes d'amélioration
Prévue	Réelle	Prévus	Réalisés			

En résumé

Le tableau de bord de suivi des agences permet de coordonner les actions et de veiller à la bonne exécution des projets.

Les rubriques qui le composent varient en fonction des entreprises et de leur stratégie de communication.

Insight

The communication dashboard allows a company to consistently follow each step in the communication plan and adjust decisions according to the results obtained.

It may consist of several supplementary documents (general dashboard, specific dashboards, internal communication, financial communication, crisis communication…).

Pourquoi l'utiliser ?

Objectif

Seul un suivi régulier des relations entre une agence et un annonceur permet de vérifier si les actions menées sont cohérentes avec le brief et si la qualité des services fournis par l'agence est conforme à la demande.

Contexte

Dès le démarrage de la collaboration, l'entreprise doit prévoir du temps pour piloter le projet, répondre aux questions de l'agence et valider les orientations prises. Il est souhaitable de prévoir dans le contrat un planning de réunions de suivi et d'avancement.

Votre implication et votre investissement dans le pilotage sont fondamentaux dans la réussite du projet confié à l'agence.

Comment l'utiliser ?

Étapes

• **Définissez les règles du jeu**, notamment le mode de contact privilégié (portable, messagerie électronique...), les interlocuteurs au sein de l'agence et chez l'annonceur, le degré de latitude laissée à l'agence (choix de prestataires ou des lieux, engagements de budgets...), l'organisation des réunions (nombre, durée, ordre du jour, modalités d'animation, rédaction et diffusion des comptes rendus...).

• **Prévoyez un planning d'avancement.** Une réunion mensuelle est un minimum. Des réunions hebdomadaires ou journalières peuvent être envisagées lorsque le contexte l'exige (événement international, communication de crise...).

• **Créez et actualisez votre tableau de bord.** Mettez à jour régulièrement votre tableau de bord (au moins une fois par mois). Le suivi de ces indicateurs vous permettra de réagir à temps et d'ajuster si nécessaire votre politique de communication.

• **Faites le bilan du projet ou des actions de l'année.** Lorsque vous travaillez à l'année avec une agence, il est indispensable de procéder une fois par an à l'évaluation des actions. Cette réunion vous permettra de juger de la qualité de la prestation et de négocier ou renégocier avec l'agence les objectifs de l'année suivante. Dans le cas d'un projet ponctuel, la réunion de bilan permet d'identifier les points forts et les points faibles de la collaboration.

Méthodologies et conseils

Évitez les réunions « marathon » avec des ordres du jour impossibles à tenir. Préférez les réunions régulières limitées à une ou deux heures, avec un ordre du jour précis et un compte rendu rédigé et diffusé au plus tard 48 heures après la rencontre.

Les réunions d'avancement doivent permettre un échange d'informations et de points de vue. Pensez à informer vos interlocuteurs des évolutions et des faits marquants (nouveaux produits, lancement ou abandon d'une marque, évolution du marché et de la concurrence, climat interne, bilan de la politique de communication...).

Avantages

✔ Le tableau de bord permet de vérifier si les objectifs sont atteints, de mettre en lumière les écarts entre les prévisions et les résultats... Et de prendre des mesures correctives au moment opportun.

Précautions à prendre

✔ Même si vous vous entendez bien avec vos interlocuteurs, veillez à conserver une bonne distance et à ne pas laisser s'installer un « copinage » difficilement compatible avec des relations professionnelles. *A contrario*, ne mettez pas l'agence sous une pression constante. Laissez-lui du temps pour créer, prendre du recul et vous apporter un regard neuf sur votre entreprise, vos produits, votre problématique de communication.

• • •

Comment être plus efficace

Identifiez les rôles de vos interlocuteurs. Les équipes des agences sont composées pour partie de salariés et pour partie de free-lance qui interviennent en fonction de la spécificité des projets (réalisateurs, photographes, scénographes, traiteurs, voyagistes...).

Le chef de publicité ou directeur de clientèle

C'est votre interlocuteur privilégié. Il suit votre demande du début à la fin de la collaboration. Il est responsable devant vous des résultats des campagnes et des actions de communication que vous confiez à l'agence. Après avoir analysé votre brief, vos forces, vos faiblesses, il vous propose un projet de communication (campagne publicitaire, événement, parrainage, édition...) et doit s'assurer de sa bonne exécution et de sa cohérence avec vos objectifs.

Le directeur artistique

Issu des Beaux-arts, de l'École des arts décoratifs ou de l'école Estienne, il est responsable de la création. Il supervise le travail des maquettistes et des illustrateurs formés dans des écoles audiovisuelles ou graphiques.

Le concepteur rédacteur

De formation littéraire, il rédige les messages, les accroches, les slogans, les signatures et les textes du projet de communication confié à l'agence.

Le directeur de la production

Il supervise les travaux de fabrication des messages publicitaires et fait appel à des sous-traitants spécialistes de l'édition, l'impression et la production audiovisuelle.

Le media-planning

Le directeur des médias réalise des études d'audience, supervise l'achat d'espace et s'assure de la bonne exécution des plans médias. Les média-planneurs proposent les plans médias et réservent les espaces publicitaires (cinéma, presse, TV, radio, affichage, Internet).

Le service « trafic »

Spécialiste de la réalisation des supports publicitaires, il sait quand débuter la création d'un spot radio, d'une annonce dans la presse, d'une affiche, d'un film ou d'un jingle. Il définit les priorités d'exécution en fonction des médias choisis.

Les centrales d'achat d'espace

Depuis la loi Sapin, l'achat d'espace ne peut être pratiqué sans mandat. Tout rabais accordé par un média (TV, radio, presse, affichage, cinéma, Internet) à l'agence est restitué à l'annonceur. À l'origine grossistes en achat d'espace publicitaire, les centrales d'achat d'espace sont peu à peu devenues conseils en élaboration de plans médias. Certains gros annonceurs comme l'Oréal ont créé leur propre centrale.

Exemple de **Suivi de la réalisation d'un journal interne**

• Numéro « zéro »

Tâches	Rôle de l'entreprise	Date limite	Rôle de l'agence	Date limite
Charte éditoriale				
Création du titre				
Dépôt du titre				
Création de la maquette				
Dépôt légal				

• Pour chaque numéro

Tâches	Rôle de l'entreprise	Date limite	Rôle de l'agence	Date limite
Rétroplanning				
Animation du comité de rédaction				
Rédaction des articles				
Réécriture				
Validations				
Recherche iconographique				
Reportages photographiques				
Dessins d'illustration				
Infographie				
Secrétariat de rédaction				
Maquette (exécution)				
Relecture, correction, révision				
Traduction				
Régie publicitaire				
Signature du BAT				
Suivi de fabrication				
Photogravure				
Papier (achat et stock)				
Impression				
Routage				
Distribution, affranchissement				

Bibliographie

Approche globale de la communication

Thierry LIBAERT, *La communication d'entreprise*, Economica, 2005.
Marie-Hélène WESTPHALEN, *Le communicator*, Dunod, 2004.

Pilotage

Thierry LIBAERT, *Le plan de communication*, Dunod, 2003.
André DE MARCO, Thierry Libaert, *Les tableaux de bord de la communication*, Dunod, 2006.

Image

Gérard BLANCHARD, *Aide au choix de la typographie*, Ateliers Perousseaux, 1998.
Jean-Luc DUSONG, *Identité visuelle : du signe au logotype*, Dessain et Tolra, 2003.
Emmanuel FLORIÉ, *Guide de la couleur et de l'image imprimée*, Ateliers Perousseaux, 2001.
Michel PASTOUREAU, *Dictionnaire des couleurs de notre temps*, Bonneton, 1999.

Web

Nicola CHU, *Réussir un projet de site Web*, Eyrolles, 2006.
Michel GERMAIN, Claude MALAISON, *L'intranet dans tous ses états*, Isabelle Quentin, 2005.

Loïc LE MEUR, Laurence BEAUVAIS, *Blog et podcasts*, Dunod, 2007.
Joël RONEZ, *L'écrit Web*, CFPJ éditions, 2007.

Édition, écrit

Dave CUYPERS, *Question de style*, CFPJ éditions, 2007.

Relations presse et relations publiques

Jean-François BÈGUE, *Manuel de la rédaction*, CFPJ éditions, 2007.
Jean-Marie BRIGNIER *et alii*, *Mesurer l'audience des médias*, Dunod, 2002.
Philippe MOREL, *Pratique des relations presse*, Dunod, 2005.
Philippe MOREL, *Les relations publiques au cas par cas*, Dunod, 2002.
Björn WALLISER, *Le parrainage*, Dunod, 2006.
MediaSig, l'annuaire des médias, la Documentation française (guide annuel).

Sites : www.admical.org (association pour le développement du mécénat industriel et commercial) ; www.strategies.fr (actualité du marketing, des médias et de la communication).

Communication interne

Nicole D'ALMEIDA, Thierry LIBAERT, *La communication interne*, Dunod, 2007.
Cahiers de la communication interne de l'AFCI (voir site de l'association française de communication interne : www.afci.asso.fr).

Communication de crise

Thierry LIBAERT, *La communication de crise*, Dunod, 2005.
Christophe ROUX-DUFORT, *Gérer et décider en situation de crise*, Dunod, 2003.

Site : communication stratégique et communication de crise, www.communication-sensible.com.

Relations avec les agences de communication

Voir le site de l'association des agences conseil en communication : www.aacc.fr.

50831-(V)-(1,5)-CSB 100°-PMS 294+356-NOC-VCT
Dépôt légal : mai 2008 - suite du tirage : septembre 2011
Imprimé en France par I.M.E. - 25110 Baume-les-Dames